解除心智枷鎖，戰勝內在自我

我，沒有極限

《我，刀槍不入》進化再升級！

大衛·哥金斯 DAVID GOGGINS——著
甘鎮隴——譯

NEVER FINISHED

UNSHACKLE YOUR MIND AND WIN THE WAR WITHIN

謹將本書獻給我的北極星，
即使在最黑暗的夜晚也閃耀如一。

預備命令

時區：時時刻刻

任務組織：單兵任務

1.**狀況**：在社會與自我設限的阻礙下，你的視野受到限制。

2.**任務**：殺出血路、找出未知領域、重新定義何謂「可能」。

3.**執行**：

a.把這本書從第一頁讀到最後一頁，吸收書中的哲學，盡你所能將其中所有理論投入實測。重複以上三步驟，能幫助你磨練新技能，並刺激成長。

b.這並不容易。想獲得成功，你必須面對殘酷的現實，並透過前所未有的方式來嚴厲地挑戰自己。這項任務的重點是接受並學習每一次「進化」所提供的教訓，好讓你能發現你究竟是什麼樣的人、能成為什麼樣的人。

c.「主宰自己的思想」是一個永無止境的過程。在這方面，你**沒有極限**！

4.**機密**：真正的努力是看不見的。沒人看著你的時候，你的表現才尤為重要。

下令者：大衛．哥金斯

簽名：

軍階與服務內容：美國海軍海豹部隊軍士長，已退役

〈前言〉「希望」不能拯救你，但「信念」可以！

這不是一本所謂的「自救書」。

沒人需要那種以十個步驟、七個階段或每週努力十六個鐘頭，就一定能把自己從停滯不前或混亂不堪的生活中解救出來的說教書。只要去逛逛你家附近的書店或上亞馬遜網站看看，你就會陷入提供「自救法則」的無底洞。這類書閱讀起來通常很爽，也的確很暢銷。

可惜這種書大部分都沒用，至少不是眞的有用，就算有用也很短暫。或許能讓你在某方面有些進步，但如果你跟我以前一樣意志消沉，或像是在一片無盡的高原上來回踱步，任憑自己眞正的潛力日漸荒廢，那麼光是看書也救不了你。

「自救」，其實是「自我改善」的一個花俏術語，雖然我們應該天天努力變得更好，但「改善」往往是不夠的。在生活中，我們有時會與自我嚴重脫節，以至於必須深入自己的內心、心靈和靈魂，重新修復那些被切斷的連結，因爲只有這麼做，才能重新發現並點燃信念——**信念就像在黑暗中閃爍的燭火，具有激發你進化的力量**。

信念是一種堅韌、強大而原始的力量。一九五〇年代，科學家柯特．里克特博士證明了這一點。他準備了幾十隻老鼠，放進三十吋（編按：一吋＝二．五四公分）深、裝滿水的玻璃圓筒裡。第一隻老鼠在水面上游了一會，接著游到底部尋找逃生口，結果在兩分鐘內就死了。其他幾隻也依循同樣的行爲模式，有的堅持到十五分鐘，但最終都放棄了。里克特很驚訝，因爲老鼠其實是游泳好手，但在實驗中，牠們沒怎麼拚命求生就溺水而亡。因此，他對測試進行了調整。

里克特把下一批老鼠同樣放進圓筒裡觀察，就在牠們看起來快要放棄之前，他和助手把老鼠撈起來，用毛巾擦乾後捧著一段時間，以確保牠們的心跳和呼吸系統回到正常的數值範圍。這段時間夠長，讓老鼠在生理上意識到自己已經得救。這樣反覆做了幾次，里克特又把老鼠放回那些邪惡的圓筒裡，看牠們靠自己能撐多久。這一次老鼠們並沒有放棄，盡情地發揮了游泳的本領，平均游了六十個小時，中途沒獲得任何食物或休息，其中一隻甚至游了八十一個小時。

里克特在報告中表示，第一輪受試者之所以放棄，是出於絕望，而第二批受試者之所以堅持了那麼久，是因爲知道可能會有人來拯救牠們這些苦命的老鼠。

如今針對這項實驗有一項見解很受好評，那就是里克特的干預打開了老鼠大腦裡的某個開關，而這讓我們每個人都看到了**「希望」的力量**。

我很喜歡這個實驗，但救了那些老鼠的並不是希望。說真的，希望能撐多久？希望或許在一開始觸發了一些情緒反應，但沒有任何生物會在沒有食物的情況下，單靠「希望」連續游六十個鐘頭以求生存。牠們需要某種更強大的力量來激勵牠們繼續呼吸、踢水、奮戰到底。

登山者在攀登最高峰和最陡峭的山壁時，通常會把自己拴在一條固定於冰層或岩石的錨釘的繩子上，這樣在滑倒時就不會墜崖致死，頂多滑落十到十二呎（編按：一呎＝〇・三公尺），然後站起來，拍掉身上的灰塵，再爬一次。人生是每個人都在攀爬的高山，但「希望」並不是一個錨點。名爲「希望」的玩意兒太柔軟、蓬鬆、轉瞬即逝，沒有任何實質內容。它不是你能鍛鍊的肌肉，也沒有在任何地方牢牢扎根，只是一種來來去去的情緒。

里克特在老鼠身上發現的，是一種幾乎堅不可摧的東西。他可能沒注意到牠們適應了生死考驗，但牠們想必找到了一種更有效的游泳技巧來保存體力。隨著時間一分一秒過去，牠們變得越來越有韌性，直到開始相信自己能活下去。牠們的信心並沒有隨著時間流逝而消退，而是不減反增。牠們當時並不是「希望」能獲救，而是「拒絕」受死！在我看來，是「信念」使那些普通的實驗鼠變成了海軍陸戰鼠。

信念有兩個層次。首先是表面上的層次，我們的教練、老師、心理治療師和家長喜歡宣揚的那一面。他們都愛高嚷著「相信自己」，彷彿在人生的戰鬥中遇到困境，光靠「相信自己」就能撐下去。但一旦我們感到疲憊不堪，懷疑和不安全感就會滲透並打散這種脆弱的信念。

而另一種信念，是源自**韌性**。它來自你透過層層痛苦、疲憊和理性的努力，無視「放棄算了」這種永遠存在的誘惑，直到你找到一個甚至不知道它存在的燃料來源。這種信念消除了所有的自我懷疑，讓你對自己的力量充滿信心，深信只要繼續前進，最終一定能凱旋而歸。這種程度的信念，能超越科學家的期望並改變一切。這不是一種能夠分享的情感，也不是某種智力的概念，而且沒人能把它送給你，它必須從你心中油然而生。

當迷失於茫茫大海，孤立無援時，你只有兩個選擇。要麼拚命游泳、弄清楚怎樣盡量撐下去，要麼注定會溺死。我天生心臟就有破洞和患有「鐮刀型血球性狀」，童年時期深受有毒壓力和學習障礙所折磨。我的潛力小得可憐，二十四歲時，我知道再這樣下去將虛耗人生。

很多人都誤以爲我的成就與潛力有直接關聯，但我的成就並不等於我的潛能。每個人擁有的那一點點潛能，在心中埋得太深，大多數人永遠找不到，而我不僅找到了，並學會將它最大化。

我知道自己的人生故事可以變得更爲精采，不只是因爲那時看到自己的頹廢破敗，覺得該做出決定了：而在於是否有能力全力以赴、繼續努力，直到成爲一個更爲「自我賦權」的人。我對抗了自我懷疑和不安全感，當時每天都想放棄，但最終，信念開始顯現。我相信自己能進化，在於這二十多年來，每當遇到挑戰時，那同樣的信念給了我力量讓我堅持下去。我經常自我挑戰，看能把極限推到多遠，能爲我的人生故事添加多少章節。我仍在尋找新的領域，仍好奇自己能從上述老鼠實驗中的筒底往上爬到多高。

很多人覺得他們的人生中缺少了某種（錢買不到的）東西，而這讓他們感到痛苦。他們試圖用看得見、摸得著的物質來填補，但這種空虛感不會完全消失，只是會稍微淡化，直到痛苦再度來襲。他們目前的人生，並不能最充分地表達他們是誰或可能成爲誰。

不幸的是，大多數人並沒有走投無路到會對此現象採取行動。當你被矛盾的情緒和他人的觀點五花大綁時，就不可能汲取信念所提供的力量，而且很容易偏離「試圖自我進化」的衝動。你可能非常渴望體驗不同的東西、去不同的地方或成爲不同的人，但當最輕微的阻力出現並挑戰你的決心時，你就會倒退，變回那個心中充滿不滿的人。你依然蠢蠢欲動，依然渴望成爲一個新的人，但依然被困在你不滿足的現狀中，而有太多的人跟你一樣。

社群媒體加劇傳播了這種不滿的病毒，這就是爲什麼現在世界上到處都是那些消費著虛幻滿足感的受損之人，他們尋求能立即讓大腦分泌多巴胺的快感來源——儘管這種東西根本沒有任何實質內容。數以百萬計的人不專注於自我成長，而是被「匱乏」所感染，讓他們自覺更爲渺小。隨著這些軟弱、覺得想要什麼就該獲得什麼的人生受害者數量不斷增加，他們的內心對話變得更加有毒。

有意思的是，我們對自己的生活方式提出許多質疑。我們想知道，如果我們在外表上看起來不一樣，如果在起跑點上有更多優勢，或在某個時刻得到幫助，我們會變成什麼樣子——但很少人會質疑自己扭曲的思想。相反的，他們蒐集羞辱、生活鬧劇和心理問題，將它們囤積起來，直到心中充滿陳腐的悔恨和嫉妒，這些東西成了障礙，使他們無法成爲最眞實、最強大的自己。

在世界各地，數以億計的人選擇這樣過日子，但其實有另一種思考和存在方式。它幫助我重新掌控人生，清除道路上所有的障礙，直到我的生長因子變得接近無限。我現在仍有心煩意亂的時候，但我已經把心魔換成了邪惡的天使；而現在，包圍我的是好的心煩意亂：我被未來的目標所困擾，而不是過去的失敗——是對自己能變成什麼樣子、對進化的持續渴望而心煩意亂。

與此相關的工作和以前一樣痛苦，且吃力不討好，儘管我開發了一些能提供幫助的技術和技巧，但這個過程並沒有一定的原則、時數或步驟。重點是持續不斷地努力、學習和適應，而這需要堅定不移的紀律和信念——看起來很像走投無路的那種。你瞧，我就是那隻拒絕受死的實驗鼠！我現在在這裡，是爲了向你展示如何抵達地獄的另一邊。

大多數關於「表現」和「可能性」的理論，都是在無菌實驗室的受控環境中孕育出來的，通常在人學演講廳中傳播。但我不是理論家，而是實踐家。與已故偉大的史蒂芬·霍金探索宇宙暗物質的方式類似，我對探索心靈中的暗物質（我們所有未開發的能量、能力和力量）充滿熱忱。我的人生哲學，已經在自己的心智實驗室裡透過無數的譏笑、失敗和成功得到驗證。

每個章節的尾聲，會有一篇「進化」單元。在軍中，「進化」指的是提高作戰技能的演習、練習或實踐。**在本書中，進化是我們每個人都該面對的殘酷事實，也是你可以用來克服一切障礙，並在人生中脫穎而出的哲學和策略。**

就像我前面說過的，本書絕對不是所謂的自救書，而是提供給你大腦的新兵訓練營。本書要說的是你他媽還要虛耗人生到什麼時候？本書是你心裡不想要，但你需要的 Morning Call。

給我醒來，你們這些王八蛋！

開工了！

CONTENTS

CONTENTS

第一章

和心魔正面對決，將最小潛力最大化

榮耀時刻

我坐在擁擠的堪薩斯城會議中心，與數千名退伍軍人參加二〇一八年「海外作戰退伍軍人協會」全國大會。我不僅是活躍的成員，也是來賓。協會贊助機票，讓我前來領取享有盛譽的「美國主義獎」，這是一項年度榮譽，旨在表彰那些具有愛國意識、對改善美國社會和幫助退伍軍人付出極大心血的人。過去最著名的得獎者是我心目中的英雄之一，那就是參議員約翰．馬侃，他是越戰老兵，曾在戰俘營度過了五年半的時間。我向來欽佩他在當時展現的勇氣，從他為人所知的公開生活中，他繼續為我認為男子漢應該如何面對困難，設下了新的標竿。而此刻，我的名字將與他並列。

我即將獲得這輩子目前為止最大的榮譽。我應該感到自豪，而不是一頭霧水。我坐在觀眾席上，在母親賈桂琳和舅舅約翰．加德納之間。在這一個多小時裡，我有很多時間能思考這一刻的意義，但我唯一能想到的，只有我不該在那裡的原因。我覺得沒人應該知道大衛．哥金斯這個名字，更別說把我的名字和馬侃參議員的名字放在一起。並不是因為我沒贏得這個位置，而是因為我的人生境遇不應該把我帶到這裡。

沒錯，現在我是個勝利者，但我生來是個失敗者。外頭有很多天生的失敗者，他媽的每一天都有嬰兒出生在貧困和破碎的家庭中，就像我一樣。有些人在事故中失去了雙親，有些人受到虐待或忽視。當中有許多人一生下來就有障礙，有些是身體方面，有些則是精神或情緒方面。

就好像每個人在離開子宮之前，都被分發了屬於自己的皮納塔（譯注：生日或慶典時懸掛的紙容器，敲開裡面有玩具和糖果）。沒人能事先一睹裡面有什麼東西，但無論裡頭是什麼，都以某種方式決定了這個人的人生。有些人敲開該死的皮納塔，繽紛糖果就如雨般撒下，這些人的人生相對輕鬆，至少一開始是這樣。有些人的皮納塔則空如枯井，有些人的則更慘，他們的皮納塔裡充滿了惡夢，而且一出生惡夢就開始了。我就是這種，一出生就處在恐怖的人生裡。

臺上的演講者們輪流接過麥克風時，我沉浸在自己黑暗的洞穴深處，重溫父親對母親、哥哥和我的無數次血腥毆打。我看著我們逃到印第安納州的巴西鎮，卻在距離三K黨的一個活躍分部只有十哩（編按：一哩＝一．六公里）的地方定居下來。猜猜那些王八蛋把他們的孩子送去哪兒上學？回想起一些同學源源不絕的種族歧視威脅，還有我在學校怎樣天天作弊結果最終什麼也沒學到。

我想起母親當年的未婚夫威爾莫斯，他原本將成為我的父親，卻在成為我的繼父之前慘遭謀殺。回想起我多次嘗試通過「軍事職業性向組合測驗」（ASVAB，一項所有新兵都必須通過的標準化測驗），以實現我成為傘降救援者的夢想。我最終通過了可怕的考試，但入伍後發現水中訓練太過困難，我退出了傘降救援訓練。這個「偉大」的決定最終使我成為藝康公司一名體重高達三百磅（編按：一磅≒〇．四五公斤）的大夜班滅蟲員，二十四歲時每月的收入為一千美元。

當時的我如同空殼子，沒有自尊，沒有自我價值。到現在仍被那些從出生起就尾隨著我的心魔所困擾，而且殘酷的現實是，我缺乏讓自己成為想成為之人所需的一切。

別誤會，我在會場想著那些並不是為了懲罰自己，而是在篩選資料，尋找某個催化劑，尋找是哪一刻重新點燃了我心中的火焰，點燃了內心的某種原始力量。我需要準確地想起是如何以及何時翻轉了劇本，設法建立了一種充滿榮譽和服務精神的人生，卻一直想不起來。我當時沉浸在腦洞深處，甚至沒聽到他們叫我的名字。要不是媽媽觸碰我的手臂，我根本沒反應過來，即使到現在，仍舊不記得和她一起走上講臺的過程，因為當時仍漂浮在我的過去和令人困惑的當下之間。

聽到他們朗誦我的經歷，詳細介紹我為退伍軍人籌集的資金，以及我在職業生涯中實現的成果。在我意識到之前，他們把一枚獎牌戴在我的脖子上，觀眾皆站身鼓掌。這是當時最明確的跡象，表明這個天生的魯蛇在途中的某個地方重生了，有某個時刻引發了我的蛻變。

輪到我站在麥克風前時，我凝視著前方所有陌生的臉孔，他們和我一樣將永遠是這個兄弟姊妹會的成員。這項認可來自他們，對我來說是莫大的榮幸，但我不知道該如何感謝他們。當時的我已經是個廣受歡迎的演講者，在大大小小的人群面前感到自在。再加上我曾是軍隊的招募員，十多年來一直是專業的公共演說者，我很少感到緊張，但在堪薩斯城的那個夏日，我緊張得要命，腦子裡依然烏雲密布。我試著擺脫這種情緒，首先開口感謝我的外公傑克中士。

「他如果現在看到我在這兒，一定會是世界上最自豪的人。」我說。我因哽咽停了下來，深吸一口氣，讓自己冷靜點，然後再次開口。「我要感謝我的媽媽，她……。」我轉向母親，當四目交會時，永久改變我人生的那一刻終於擊中了我，這項認知強烈得令我不知所措。「我要感謝我的媽媽，她……。」我的嗓音再次沙啞，再也壓不住淚水，閉上眼睛開始啜泣。就像一個只持續幾秒卻漫長得像幾個鐘頭的夢，時間被拉長了，我人生中最重大的轉折點的那個場景——最

我終於想起那一刻，而那些為了來到這一刻所付出的諸多努力，使我不知所措。

後一次見到父親的那一刻——占據了我的腦海。如果我當時沒踏上那個旅程，你就永遠不會聽說我這一號人物。

要逃離地獄，得先面對惡魔

意識到自己是個廢人，是在我二十四歲的時候。那時我的靈魂中有些東西變得麻木，而那種麻木——那種缺乏深刻感受的感覺，決定了我的人生的樣貌。這就是爲什麼每當事情變得困難時，我就會放棄追求目標、最大的夢想。「放棄」只是另一條繞道，不會太困擾我，因爲當你麻木時，便完全無法處理發生在身上或內心的狀況。當時我還不知道心靈的力量，而正因如此，我把自己吃成了一個大胖子，還找了一份在餐廳殺蟑螂的工作。

當然，我有我的藉口。麻木是一種生存機制，是挨父親打而打進我體內的機制，到我七歲的時候，已經形成了一種戰俘心態。麻木讓我能忍受毆打，並維持某種程度的自尊。即使在和母親逃離他之後，悲劇與失敗依然緊抓著我不放，而麻木是應對「我這個人只懂得失敗」這一事實的方式。

如果生下來就是廢物，那麼你的目標就只是生存而已。學會說謊、欺騙，爲了融入所在的環境而無所不用其極。你或許會成爲求生者，但這是一種悲慘的生存方式。就像我當年被派去殺掉的那些蟑螂，牠們必須從陰影中匆忙逃竄，尋找最基本的必需品，同時不惜任何代價地隱藏眞實的自我。天生的魯蛇就是終極的蟑螂，我們只做我們必須做的，而這種態度往往會導致相當嚴重的人格缺陷。

我就有過一些缺陷。我原本總是半途而廢，是個騙子，又胖又懶的混蛋，而且在內心深處一蹶不振，能感覺到自己一天比一天更加分崩離析。我受夠了這種日子，沮喪不堪，苦悶又憤怒，再也無法忍受自己那可憐的人生。如果再不改變——而且若不盡快改變，我知道自己將以廢物的身分死去，或是落得更糟糕的下場。最終可能會變得像父親那樣，成爲一個動不動就暴力相向的騙徒。我幾乎要被痛苦呑噬，摸索著尋找某種精神立足點，免得自己徹底放棄人生。唯一能想到的，就是回到「天堂路」上那棟依然害我做惡夢的房子。我必須去紐約水牛城，看著父親的眼睛。因爲當你活在地獄時，找到出路的唯一方法，就是面對魔鬼本人。

我當時希望能找到一些答案，來幫助自己改變人生。至少在從印第安納州進入俄亥俄州，當車子轉向東北方時，我是這麼告訴自己的。已經十二年沒見過老爸，原本決定這輩子都不要再見到他，那時的法院允許兒童在年滿十二歲時做出這種決定，而我做出這個選擇，主要是出於對媽媽的尊重和忠誠。我們離開水牛城後，他就不再打我們了，但有一件事永遠不會讓我麻木，那就是母親在他手中所承受的那些痛苦感受。儘管如此，多年來我一直質疑這個決定，並開始懷疑我的記憶是否正確，常常自問那些故事是否屬實。

在那趟長途駕駛中，我沒聽音樂，聽到的只有腦海中彼此抗爭的說話聲，第一個聲音接受了我原本的樣子。

那不是你的錯，大衛，那一切都不是你的錯。你正在盡你所能。

這是我一生都在聆聽的聲音，「那不是你的錯」曾是我最喜歡的一句話。

它解釋並合理化了我的命運以及眼前的遭遇，而且這聲音時時刻刻都在播放著。然而在那一天，另一個聲音初次進入腦海，又或許那是我第一次不再只聽想聽的話。

收到。你受到了不好的對待，這他媽確實錯不在你，但是……責任在你。在你終於開始掌控自己的未來之前，還要讓過去阻礙你多久？

跟我腦海中第一個溫柔的聲音相比，這個聲音冷若寒冰，我盡力裝作沒聽見。

離水牛城越近，就越覺得自己年幼無助。當離水牛城只剩一百五十哩時，我感覺自己回到了十六歲。下了高速公路的交流道，蜿蜒穿過水牛城的街道時，感覺自己就像八歲，而當年八歲的我把所有家當裝進垃圾袋，走出家門。我走進那棟房子時，時間又回到了一九八三年八月。牆面油漆、地板、電器和家具……一切都沒變，雖然看起來小了很多，且顯得老舊，卻依然是我記憶中的鬼屋，充滿著多年的可怕記憶和真實可觸及的黑暗能量。

然而，父親比我印象中熱情慈愛。特倫尼斯向來很有魅力，而且見到我時表現得由衷開心。我們敘舊時，我忍不住被他的笑話逗得哈哈大笑，我對面前這個人感到有點困惑。過了一會兒，他看了看手錶，抓起了外套。我們走向汽車，他爲他的妻子蘇和我開了車門。

「我們要去哪兒？」我問。

「你記得時間表，」他說，「該營業了。」

從外觀注意到「溜冰樂園」的第一件事，是它需要重新上漆。室內的地板和牆壁都破爛不堪、汙跡斑斑，整個地方有股怪味。辦公室也年久失修，小時候睡過的那張沙發（媽媽不只一次發現老爸在那裡上演出軌戲碼），到現在還沒換。那張沙發髒得要命，我在參觀了店裡後就坐在那兒，父親則上樓在「硃砂房」酒吧裡播放嘻哈唱片。

我感到頭暈、迷失方向。看到這個老頭把昔日的嚴格要求放得這麼鬆，讓我感覺很怪。他不再是印象中那個強壯、嚴苛、要求一大堆的人。現在的他年老體衰，挺著大肚子，而且懶散。他甚至看起來沒以前那麼刻薄，他根本不是魔鬼，而是凡人。我是不是一直在給自己灌輸某種虛構的歷史？在辦公室裡徘徊，沉浸於昔日時光時，好奇自己是不是還記錯了什麼？

晚上十點左右，樓上出現重低音，天花板開始震顫。幾秒內，我就聽到了叫喊聲和笑聲，以及跟著節拍的穩定踩踏聲。正如一首歌能帶你回到某個特定的時間和地點，那咚咚作響的重低音讓我回到了最黑暗的日子。我再次陷入了童年惡夢。

我閉上眼睛，想像自己是小一的學生，在那張沙發上翻來覆去，在工作了一整晚後試著睡覺，但除了眨眼之外根本睡不著。我母親也在這裡，在狹窄的辦公室裡用小型電爐準備「家常」晚餐，盡力掩飾我們的痛苦。我看到她眼中的無助和恐懼，讓我想起隨之而來的所有壓力、痛苦、沮喪和憂愁。那些記憶都是眞的！無可否認！

坐在那張沙發上令我反感。我感到噁心，因爲我放鬆了警惕，享受了父親的陪伴——即使只有幾分鐘。我覺得自己在傷害母親，而坐在那裡看著天花板顫抖越久，內心的憤怒就越強烈，直到我站起來，衝上後側的樓梯，進入砯砂房，我的心魔來源正在那裡啜飲威士忌，這種帶有煙燻味的靈丹妙藥賦予了他力量。

我小時候很少親眼看到這個空間人滿爲患，雖然現在它已經失去了昔日榮景，但還是很熱鬧。原本爲衣冠楚楚的人群提供放克音樂的這家華麗夜總會，現在成了充斥著嘻哈音樂和人潮的廉價酒吧。特倫尼斯在ＤＪ臺上精心營造氣氛，播放唱片，灌下一杯又一杯蘇格蘭威士忌，直到打烊爲止。我看著他工作、喝酒、調情，他喝得越醉，我的記憶就越與當年的現實同步。等到打烊、店鋪上鎖後，我開車帶大家去丹尼餐廳吃下班後的早餐，就和以前一樣。十五年過去了，這個儀式卻依然如故。

特倫尼斯這時已經爛醉如泥，他看得出來這讓我很不自在，而這讓他惱火。等候上餐時，他怒瞪著我，辱罵我的外公外婆，聲稱是他們害他家庭破碎。酒精總是暴露出他的醜陋面，我以前也多次聽過他把一切怪在外公外婆頭上，所以這對我沒有太大影響。但他開始辱罵媽媽時，我忍無可忍。

「不許罵她。」我輕聲說。但他不在乎。他咆哮說每個人都背叛了他，我們每個人都多麼軟弱又沒用。他罵得口沫橫飛，太陽穴青筋跳動。

「特倫尼斯，請別再說了。」蘇開口。我聽出了她語氣中的某些情緒，混合著恐懼和驚恐。她並沒有站起來表達她的感受，而是在懇求他。這讓我想起了母親，她在特倫尼斯大發雷霆時多麼無能爲力。他是那種會在下午三點五十五分把女人叫來家裡的人，因爲他知道母親會在四點回家。他希望她當場逮到他偷吃，因爲要顯示他大權在握，能在白天或晚上的任何時間爲所欲爲。他以前在母親面前毆打我，在我面前毆打她，也是出於同樣原因。

我和母親離開的那天，蘇就搬了進來，但他經常告訴她，以及其他願意聆聽的人，說我母親多麼美麗又聰明，彷彿她是離開的至寶。他需要讓蘇覺得自己配不上他，而且永遠配不上。

我這輩子第一次對蘇產生了同情，並意識到特倫尼斯的專長是把「不尊重」當成武器。這是他用來脅迫婦女和兒童屈服的策略。他知道一旦在精神上掐得一個人無法呼吸，那人就會失去所有的鬥志和自尊，從而更容易被他操弄和支配，這就是他追求的，而不是愛。他渴望統治和服從，這對他來說就像氧氣，他透過暴力和憤怒來收割靈魂。他希望最親近的人感到受傷和空虛，儘管過了幾十年，我的母親仍在自尊、決策和自信方面苦苦掙扎。

特倫尼斯的臉因酒精而漲紅。他繼續胡言亂語，下巴繃緊。毫無疑問，他就是我記憶中的那個惡霸兼施虐者，但不是因爲他討厭我媽或蘇，或討厭哥哥和我，而是因爲他是一個病態的混蛋老頭，他不相信自己有任何價值，也沒能力或意願幫助自己。

多年後，我才得知父親小時候曾遭受虐待。祖父要他站在黑暗的房間裡，站在熊熊燃燒的煤爐前，經過痛苦的等待後，祖父會拿著皮帶出現，先用帶扣的那一面抽打他。如果他避開，就會被爐火燒傷，所以他必須接受祖父的鞭打，盡可能不動。他從未處理過自己遭遇過的創傷，那些記憶潰爛化膿，成了心魔，而在他意識到怎麼回事之前，他這個受害者已經成了施虐者。

每當他喝醉、派對結束時，就會透過欺負比他弱的人來自我安慰。他毆打並羞辱他們，有時甚至威脅要殺掉他們。但每一次施暴結束後，他就會將其從記憶中抹去。在他看來，我們遭受的毆打從未發生過。他喜歡把自己視爲男子漢，卻從不爲犯下的任何錯誤承擔責任，這點讓他根本稱不上是個男人。我和特倫尼斯一起坐在丹尼餐廳的包廂座位上，大概是因爲我希望他會道歉，但他根本不認爲有什麼好道歉的。他整個人充滿妄想，而他的妄想讓我們每個人都心灰意冷，而且他的妄想具有傳染性。

小時候那些年，他讓我流血，讓我懷疑自己。透過皮帶的鞭打和手掌的毆打，把他的心魔轉移到我身上，而和他一樣，我從小就相信妄想。我並沒有成爲邪惡的反社會者，但和他一樣，我從不爲自己的缺點或失敗負起責任。

坐在那裡聽他罵個不停，我血液沸騰，額頭上滿是汗珠，滿腦子只想著報復。該輪到他在我手上吃苦頭了。我想讓他爲我的痛苦而流血，我想在那家丹尼餐廳裡毆打這混蛋。我差一點就讓父親把我變成一個暴力狂，正如我記憶中的他！

他認出了我眼中的火焰，因爲那感覺就像在照鏡子，這把他嚇得屁滾尿流。包廂的氣氛改變了。他罵到一半，停了下來，眼睛瞪大而茫然，在餐廳的日光燈下，他顯得溫順而渺小。我點點頭，就在那一刻，我意識到激發自己前來水牛城的謊言。

在沒有力量的地方，找到力量

我從印第安納波利斯一路開車過來，並不是爲了開始自我改善。不，我來是爲了尋找一張免死金牌。我來是爲了蒐集更多證據，證明我所有的失敗和失望都源自同一個根本原因：我的父親特倫尼斯．哥金斯。原本希望這些年來我所相信的一切都是眞的，因爲如果特倫尼斯確實就是披著人皮的魔鬼，那我就有責怪的對象了。而我是在找藉口，我需要特倫尼斯成爲我的缺陷，好讓我的免死金牌能享有終生保固。

特倫尼斯確實有缺陷，他再次向我展示了這一點，但他的缺陷，不是我的缺陷。我腦海裡第二個說話聲是正確的。除非我對他加諸給我的那些心魔負起責任，否則我只可能成爲一個終生魯蛇，或另一個跟他一樣的可悲騙徒。

食物上桌時，特倫尼斯狼吞虎嚥，我則回想著這些年來送給了他多少影響力。我經歷過種族歧視，高中勉強畢業，那都不是他的錯。沒錯，他是毆打了我和哥哥，也折磨了母親。他是個人渣，但我從八歲起就沒再和他一起住了。我什麼時候才能從他手中奪回我的靈魂？我什麼時候才會對自己的選擇、失敗和未來負起責任？我什麼時候才會接受自己的人生責任，採取行動，把過去的一切一筆勾銷？

開車送大家回天堂路時，沒人說話。我從廚房流理臺上抓起車鑰匙走出門時，特倫尼斯帶著哀傷、失落和憤怒的酒醉模樣看著我。原本打算在這裡度過週末，但我實在無法忍受在他面前多待一分鐘。雖然未曾明言，但我相信我跟他都知道那是我們這輩子最後一次見面。有意思的是，我甚至不再痛恨特倫尼斯，因為我終於理解他了。在開車回家的路上，我把腦海中那個溫柔說話聲的音量調到最低，把頻道對準現實。我不再找藉口，而是坦然面對自己的醜陋面，這表示承認「我的薄臉皮絕對是問題的一部分」。

我們每個人都會面臨生活中一些完全無法控制的情況。有時候，那些事是痛苦的；有時候，是悲劇性的或不人道的。雖然「問責鏡」（我在它上面貼了便利貼，寫滿了真實的自我叮嚀、日常任務和幾個更大的目標），幫助我達到了某種程度的成就，但這些修修補補都只是表面。我從沒嘗試過深入研究並解決問題的根本原因，所以每當人生要求我深入挖掘並堅持不懈，以實現能帶來永續成功的事情時，我就會畏首畏尾。

我一輩子都在表層水域度過，希望我的運氣會變好，希望我夢想的一切都會實現。那天晚上，在開車回印第安納州的路上，我接受了一個殘酷的事實：希望和願望就像賭博，如果我想變得更好，就必須開始帶著「緊迫感」度過每天的生活，因爲只有這樣才能讓局勢對你有利。

當你剝開所有的藉口，清楚看見自己到底變成了什麼樣的人，現實的確可能討人厭，但眞相也可以讓你獲得自由。那天晚上，我接受了關於自己的眞相，終於接受了現實，而在接受後，我的未來充滿了不確定性。只要我採取新的心態，一切都有可能。我需要成爲一個拒絕屈服的人，一個努力找到出路的人。我需要變得刀槍不入，成爲「韌性」的代名詞。

想像一下撒在花園裡的一包種籽。有些種籽得到更多的陽光和水，並種植在滋養的表土中，而因爲在正確的時間被放在正確的地方，因此能從種籽成長爲幼苗，最終長成一棵茂盛的樹。種在太陰暗處或得不到充足水分的種籽，可能永遠無法長成任何東西，除非有人在爲時已晚之前移植、拯救它們。

另一些則是自行尋找光明的幼苗，它們無須移植，能靠自己從陰暗處爬到陽光下。在沒有任何人把它們挖出來、放在陽光下的情況下，就能靠自己找到光明。它們在沒有力量的地方找到力量。

這就是韌性。

打從一出生，我們的本能就是尋找讓自己成長茁壯的方法，但並不是每個人都這樣做，而有時候這出於充分理由。我是在黑暗中長大的，我的根部極為脆弱，幾乎沒有在堅硬的地面扎根。我的精神、靈魂和決心並沒有在陽光中得到滋養，但那天開車回家的路上，意識到只有我有能力決定我的未來，而且我得做個選擇。我可以繼續活在「低期望的避風港」裡，在那裡舒適又安全，相信我的人生不是我的錯或是責任，我的夢想就只是夢想——永遠不會實現的幻想，因為時間和機會永遠不會站在我這邊。但或許，我可以把這一切拋在腦後，去一個充滿可能性、更多痛苦、難以想像的艱苦工作、完全無法保證會成功的世界。我可以選擇韌性。

二十四歲那年的我，一股強大的力量正在我體內聚集，等待釋放。我很快就會召集那股力量完成兩次地獄週，成為海豹部隊的一員，並完成陸軍遊騎兵學校的訓練。我參加了一場又一場超級馬拉松，並打破引體向上的世界紀錄。多虧了紐約水牛城的那個晚上，我接受了自己的命運並決心發揮韌性時，找到了把自己變成最強韌王八蛋的意願，在沒有光明的地方尋找光明。

雖然我從未像約翰．馬侃和無數其他人那樣曾淪落為戰俘，但在我人生的前二十四年裡，我像囚犯一樣被禁錮在自己的思想中。一旦我解放了自己並開始進化，我就了解到只有百中選一的勇士能欣然接受自己出生在地獄的逆境，並透過自由意志選擇給自己添加更多挑戰，把每一天的生活改造成鍛鍊韌性的訓練營。這種人從不「見好就收」，不滿足於只是比以前更好。他們永遠在進化，並努力追求最高水準的自我。最終，我成了他們當中的一員，這也是我在退伍軍人協會全國大會上獲得殊榮的原因。

⚜

「我要感謝我的媽媽，她……。」觀眾又給了我一陣掌聲，我的啜泣聲漸漸平息，我又回到了當下。「當我跌倒時，她未曾扶起我；當我被擊倒時，她讓我靠自己的力量站起來。」

我說完的時候，所有的情緒都消失了。獲得這個大多數人認爲代表職業生涯最高成就的獎項，我感到既榮幸又謙卑，我走下舞臺，走向未知。有句老話是「鐵磨鐵」，但我當時已經離開軍隊，不再有人每天督促我。這又怎樣？我本來就注定要成爲百人當中獨一無二的勇士，我甘心當個獨自磨劍的王八蛋。

進化1　人生黃金救援時間

馬上將注意力轉移到能夠推動你前進的事情上

讓你分心的傷勢

我斷斷續續在緊急醫療服務領域工作了十五年。當救護車抵達重大創傷現場時，我們立即進入所謂的「黃金救援時間」。在絕大多數的情況下，我們能挽救重傷受害者的時間只有六十分鐘。時間從事故發生的那一刻開始計算，直到患者被送抵醫院的創傷中心。我們抵達事故現場時，其實已經落後了，這表示我們對每個患者的評估必須快速又精確。

有些傷患被判定為「上車送走」，因為他們需要具體而及時的救護措施，是急救人員無法做到的。其他則被判定為「原地處理」，因為儘管他們的狀態可能嚴峻，但我們擁有能夠處理他們問題的技能，以確保他們在被送往醫院的途中能活下來。我們來到患者身邊時，要做的第一件事就是檢查他們的ＡＢＣ：氣道（Airway）、呼吸（Breathing）和循環（Circulation）。需要確保他們的呼吸道暢通無阻，肺臟能夠充氣，而且身上或體內沒有大量出血。ＡＢＣ的相關問題通常顯而易見，但偶爾會遇到一些怵目驚心的傷勢。

想像一下，一條破碎的腿完全扭曲，甚至折到傷患的頭上。當你看到某個肢體位於不屬於它的位置，很容易會反應不過來。這種畫面看起來如此駭人，以至於人類的本能是先處理這個問題，而看不見其他一切。我看過很多急救人員因而被誤導，但一條嚴重骨折和脫臼的腿通常不會要人命，除非它轉移了我們的注意力，使我們沒注意到傷患的呼吸道也被堵住，或發出咕嚕聲是因為肺臟充滿了液體，而且有內出血致死的危險。在緊急醫療服務領域，一個「令人轉移注意力的傷勢」，是指任何導致醫療專業人員忘記遵循正常程序的傷勢。這種事可能發生在任何人身上，這就是為什麼我們被訓練在面對這種傷勢時依然保持警惕，因為這確實攸關生死。

我身上的「令人轉移注意力的傷勢」也是如此。二十四歲時，經歷過的虐待兒童、疏於照顧和種族歧視之類的問題使我分了心，以至於看不到對我人生有直接影響的那些爛事。發生在我身上的爛事算不上致命事件，但我花了很多時間擔心父親對我們所做的事情，而且感到無比孤獨，因此拒絕認真過日子。你如果一輩子都在為過去的事情後悔，或問：「為什麼我那麼倒楣？」你最終將一事無成地終老一生。

那趟水牛城之旅純粹是為了轉移我的注意力。當時還沒準備好投入心力來改變我的人生，所以我開始了一項「蒐集證據」的任務。事實上，在大澈大悟之前，我幾乎不可能成為海豹部隊的成員。我當時超重——如果再重幾磅，我將無法在規定的時間內減掉必要的體重。我必須採取極端做法（例如每天只吃兩頓輕食，連續十週每天運動六到八個小時），但體重開始變輕且改變心態時，我意識到自己其實從來沒有自認為的那麼孤獨。我當時總是告訴自己，沒有人可以理解我或我經歷過的事，但環顧四周，注意到其實有很多人帶著令人分心的舊傷，而且一直沉浸在過去。甚至時至今日，我仍會收到他們的訊息。

別將自己視為凡人

有些人在幼時遭受虐待，或很小的時候就失去了父母；有些人從小到大一直覺得自己醜陋或愚蠢，在學校遭到霸凌、毆打，或根本沒有朋友。搞爛我們人生的，不一定是童年的地雷區。成年人的生活也不乏心理和情緒障礙，每一天都有人面對破產、法拍、離婚和災難性的傷害，例如被親友背叛或欺騙、遭到性侵、在火災或洪水中失去一切、孩子早一步離開人世。

人很容易迷失在人生迷霧中。每個人都可能被悲劇盯上，如果你放任不管，任何造成痛苦的事件都會比它應有的時間持續得更久，因為悲劇故事使我們在對自己評分時特別寬容。它們給了我們繼續當個懶惰又軟弱的王八蛋的餘地和理由，而我們處理這種痛苦所需的時間越長，想奪回人生的主導權就越困難。

有時候，軟弱和懶惰源自仇恨和憤怒，除非獲得自認為應得的懺悔、道歉或補償，否則就會一直陷在自己的負面想法中，作為對折磨我們的人或甚至對人生的一種自以為是的反抗。有些人會開始變得為所欲為，認為那些痛苦使自己有資格自怨自艾，或因為從地獄中倖存而有資格獲得好運。感覺自己是宇宙的中心，並不表示真的是宇宙的中心。要知道時間總是一分一秒流逝，到了某個時間點，如果還不採取行動，你的「黃金救援時間」就會結束。

那些迷失在過去的人，那些一遍又一遍拿同樣的悲劇故事，來讓親友聽得很煩躁但自己沒有任何進步的人，讓我想起過於專注在降落傘纏結的跳傘者。他們知道有備用傘，但在修復主傘上花了太多時間，結果忘了留意高度計，而當他們切斷主傘並拉動第二條開傘繩時，為時已晚。部分問題在於他們其實害怕去拉第二條開傘繩，因為如果這條也出問題，那麼就真的完蛋了。這是恐懼所設下的心理陷阱，我們不能繼續對「透過減輕自身累贅來拯救自己」感到害怕。

我當那個滿腦子只有主傘的跳傘員太久了。父親是個暴力狂，母親有著破碎的心靈，我被欺負、嘲笑和誤解——這些都是事實，而且我任憑這些事實讓人生陷入僵局。然而，我呼吸順暢，沒有流血。從身體上來說，我還活著，身體健康，完全有能力丟下那些狗屁。我浪費了太多的人生對自己重複訴說同樣的悲劇故事，是該繼續前進了，是時候展開新頁。

如果上帝或大自然的行為破壞了你的人生，那麼好消息是你真的沒辦法怪罪任何人。然而，這一切的隨機性確實可能讓人覺得像是私人恩怨，彷彿命運在你身上劃下了擊殺令。如果你覺得被誰冤枉了，可能會等待對方懺悔或道歉才能繼續前進，但我很遺憾地告訴你，那個道歉（你一直夢想的含淚懺悔），永遠不會到來。但好消息是，不需要任何人來幫助你擺脫創傷，你自己就能做得到。

我父親從來沒有向我道歉，沒有人對我經歷過的事表示抱歉。我不得不得出這樣的結論：雖然我不應該得到那些悲慘經歷，但我就是自己最大的問題和障礙。我把所有的力量都送給了特倫尼斯．哥金斯，我必須把它拿回來。我必須驅散我的心魔，必須把我的父親人性化，把他縮小到卑微又可憐的模樣，而這就是他真實的模樣。就像除了把自己的人生過得一團糟，我當時沒有其他辦法能擺脫我惡夢般的童年，我必須明白父親因為過去的經歷，而成了病態的人渣。一旦明白了這個道理，就得決定是要努力打破這個循環，還是繼續被詛咒。

就像車禍現場的醫護人員，我們都必須帶著緊迫感採取行動，聆聽腦海中滴答作響的時鐘。因為我們一生中所做的任何事情，都有結束的時間點。所有的夢想和願景，都有著以隱形墨水寫下的有效期限。機會之窗有可能而且確實會關閉，因此不能在廢話上浪費時間。我們都不知道接下來會發生什麼，或時間什麼時候會耗盡，這就是為什麼我盡力忽略任何毫無建設性的事情。我並不是建議大家得表現得像機器人，但必須明白，**「前進」才能為我們的人生帶來動力**。請記住有時混亂會降臨，暢通的高速公路可能會在眨眼間被山洪沖毀。

這種情況發生時，許多混蛋會尋找一個舒適的地方躲起來，直到暴風雨過去。他們會說：「因為我只是個凡人。」當地獄之火撒在他們身上，他們感到筋疲力竭又無能為力時，根本無法想像要怎樣繼續前進。我理解這種衝動，但如果我屈服於「我只是個凡人」的心態，就永遠不會把自己從二十四歲時陷入的深坑裡挖出來。因為當你說出「我只是凡人」的那一刻，象徵拳擊手投降的白毛巾就會飛過空中，你的大腦不再尋找更多燃料。當年的我並不確定自己能否找到走出黑暗的出路，只知道我不能丟出毛巾，你也不能。因為我們的角落沒有毛巾，只有水和傷口處理員。如果這是你唯一擁有的，那你別無選擇，只能繼續奮戰，直到你克服所有曾經阻礙你的事情。

你已經被負面思想占據太久，現在該把注意力轉移到能夠推動你前進的事情上了。

#*DistractingInjuries*（#令人分心的傷勢）

#*NeverFinished*（#我沒有極限）

第二章

聖誕他媽的快樂，人生就是你終極的對手

直探夢魘的真相

二〇一八年聖誕節的翌日，我和伴侶珍妮佛・綺希、哥哥小特倫尼斯、母親，還有侄女艾麗絲在納什維爾的「無愛咖啡館」（這家店的名字取得還眞好）共進早餐，這裡是哥金斯家庭享用早餐的完美場所，想想我們跟「一年當中最美好的節日」有著什樣的淵源。在成長過程中，我的朋友們非常看重聖誕節，他們會提前幾星期就開始討論，還有想要什麼禮物。他們看同樣的聖誕老電影，唱同樣老土的歌曲。對我來說，因爲我成長的方式，所以聖誕節只是日曆上的另一天，跟其他日子沒什麼不同。（譯注：作者的伴侶珍妮佛・綺希，其姓氏「Kish」在前作《我，刀槍不入》中譯為「基什」，為方便辨識為人名而改譯成「綺希」。）

在水牛城，聖誕節對我父親來說是個行銷的機會。大多數的孩子忙著玩新玩具、穿上新裝備時，我們忙著刮掉溜冰場地板上的口香糖，然後擦亮地板，爲晚上做好準備。我們逃到印第安納州後，媽媽身心俱疲，對任何假期都漠不關心，忙著尋找工作和住所、建立社交生活，因此聖誕節（以及我對聖誕節的體驗），並不是她的優先事項。

上一次見到我哥並與他談話，是三年前的事，當時他的大女兒遭到殺害。我跟他的關係一直很尷尬，因爲我們對童年的觀點截然不同。父親在虐待我們時，我哥總是試著當和事佬，這表示無論父親多麼惡毒，他都會幫忙找藉口開脫，希望一切和諧。父親追打母親時，小特倫尼斯會逃回房間，我則刻意留下來觀看。我看到了事情的眞實面目，這讓我成了鬥士。小特倫尼斯對往事的印象，是他希望記得的那樣。我從來沒有爲此責怪過他，因爲我們都在盡最大努力生存下去。媽媽當時無法保護我們任何一個人，她和我們一樣被打得很慘。就好像屋裡在播放一場眞人秀，卻有四個不同的版本，這種不和諧是不可能不被感受和吸收的。

九歲的時候，我哥選擇離開我們在印第安納州的新生活，回去和父親一起住，從那時起我們的關係再也沒親近過。然而，他永遠是我唯一的兄弟，所以當聽說他女兒凱拉遇害時，我放下一切來陪伴他。我會永遠關心他，我欽佩他熬過了糟糕的童年，成爲了不起的父親，並修得了博士學位。儘管如此，我們有過太多共同的歷史，而且感受大不相同，因此聚在一起時，感覺眞的很尷尬。所以，當他在早餐後告訴我他有什麼計畫時，我一點也不感到驚訝。

「我們要開車去水牛城，」他咧嘴笑，「帶孩子們參觀那裡，然後去老爸的墳前致意。」我看了母親一眼，她將陪伴我哥和他的家人踏上回憶之旅。她無法直視我的眼睛，儘管我和她也不一定總是以同樣的方式記住每件小事，但我們知道共同經歷過地獄。就像優秀修正主義的歷史學家一樣，小特倫尼斯仍在試著說服自己相信父親並不是個爛人，這就是為什麼水牛城依然是他最喜歡的城市。他常常去那裡，而且每次都會去祭拜那位施虐者。

對於創傷倖存者來說，「否認」是一種誘人的麻醉藥。它能讓你重寫你的過去，並向自己推銷一些虛構故事。在我哥的故事中，水牛城是一個快樂的地方，我們的父親是社區的支柱。在我們小時候，他比懺悔室裡的牧師更快地原諒了我們的父親，而在長大後，他的選擇性記憶給他的童年帶來了更明亮的光澤，這讓他覺得自己受到的傷害沒有那麼大。但無論他是否願意承認，傷害都已經造成了。如果他對昔日經歷的感受跟我和媽媽一樣，他就不會帶她在他個人的幻想世界中散步，好像水牛城並不是她多年前不得不逃離的酷刑室。

到二〇一八年，我已經克服了童年的心魔。我是木偶師，衣櫥裡所有的骷髏都在我的控制繩上。母親雖然沒否認發生在我們身上的事情，但和我哥一樣，她比較喜歡逃避痛苦。她討厭討論跟我父親相關的經歷，甚至連想都不願意想。後來她描述與小特倫尼斯回到水牛城的那次旅行時，說她當時感到一片茫然。一切看起來都很陌生，甚至包括天堂路上的那棟房子。她不認得任何建築物或街道名稱，她的記憶像硬碟一樣被消除了，彷彿是第一次看到那一切——房子、溜冰樂園、所有她熟悉的昔日夢魘。

創傷就是有這種影響力。如果你不付出努力、坦然面對並消化這些令人難以接受的爛事，創傷就會擅自竄改地點、名字和事件內容。例如，你可能會像我哥一樣，把創傷藏在腦海深處（深得無法觸及），或像我母親那樣，拚命對創傷視而不見（因為痛苦得無法面對），並相信有一天，它將不再只是那些被壓抑的負面記憶——但你的人生將從你的指縫中大塊大塊地溜走。

母親本來可以在去水牛城之前先想好作戰計畫，那原本可以成為她的勝利者致謝之旅。當年離家後，父親說她將成為妓女，而我將成為黑幫分子。但相反的，她成了納什維爾一所醫學院的副校長，年薪六位數。小特倫尼斯成了大學教授，還是個顧家的男人。我是退休的海豹部隊隊員，剛剛獲得了海外作戰退伍軍人協會的表揚，還是一本新書的作者。但她並沒有去特倫尼斯的墳前告訴他這些。她像是懸在一顆泡泡裡，漂浮在那個時刻之上，就為了熬過在紐約水牛城度過的另一個週末。和大多數人一樣，她不想感受到自己的痛苦，所以沒能找到暗藏於痛苦中的力量。

許多人都被困在自己的腦海中，被早已消失、甚至可能已經死亡的心魔所束縛。我們拒絕討論或承認發生過的事，因此當克服一切後，我們無法認得，甚至感覺不到它。我媽媽在水牛城留下了她的空殼，成爲一名成功的職業女性，但在奪走她靈魂的那個心魔面前，她依然畏縮。她其實應該寫一封信給特倫尼斯，告訴他他錯過了什麼、他造就了誰成爲今日的模樣。她應該在他的墳前大聲朗誦，不是爲了讓他知道她變成了什麼樣子，而是爲了讓她自己知道！她需要奪回自己的靈魂，把自己介紹給自己認識！

否認是自我保護，但也是自我設限。**接受你所有的眞相，包括你所有的錯誤、不完美和失誤，這能讓你不斷進化，擴展可能性，找到救贖並探索你眞正的潛力**。而且除非你打開你的包袱，否則不可能知道你眞正的潛力是什麼。如果完整眞相爲你帶來了幫助，它就無法成爲你的夢魘。

聖誕節的蠢蛋

綺希和我原定當晚飛往佛羅里達州，與她親愛的家人一起舉行遲來的聖誕派對。聖誕節對綺希來說向來是件大事，雖然「舒適溫馨的度假屋」對我來說聽起來有點肉麻兮兮，但她是我見過最偉大的女人。我們成了人生和事業的合作夥伴，而且我希望她快樂。如果這表示去參加一場諾曼・洛克威爾（譯注：擅長描繪美國平民溫馨生活的畫家）風格的佛羅里達聖誕之旅，那我也配合。但我他媽才不會跟她全家人一起穿同款睡衣合照，這點我向你保證！

起飛前我們還有幾個小時，綺希利用這些時間來研究我的第一本書《我，刀槍不入》的銷售數字。出版還不到一個月，銷量已經超出了我的想像。經過五年多的時間和多次挫折，我設想的這本書終於出版了，而且大受歡迎。

雖然有些人可能不會對這本書的成功感到意外，但也有無數人肯定驚訝到下巴掉下來。這本書之前的提案曾被多家出版社拒絕，他們沒看出我這個故事的價值。舉例來說，二〇〇六年我向艾德．維克多提交了一份一百多頁的出版提案。艾德是文學界的傳奇人物，也是馬克斯．盧崔介紹給我的，馬克斯的《孤獨的倖存者》更是與他合作的暢銷作品。艾德也經紀搖滾明星，像是艾力．克萊普頓和凱斯．李察，以及業界一些最偉大的小說家。據說他曾說過，他在成長過程中「把人生視爲一路綠燈、暢行無阻的漫長公路」。在另一篇文章中，他提到他用來判斷某一本書是否具有出版潛力的標準，主要是透過三個問題：「這個人是否優秀？作品好不好？能賺到很多錢嗎？」我的出版提案並沒有通過他的判定。但我還是得稱讚他，因爲他並沒有在那封拒絕我的電郵中粉飾這個壞消息。

寄件人：艾德・維克多
日　期：二〇一六年六月二十七日，太平洋夏令時間上午6：46：16
收件人：大衛
副　本：珍妮佛・綺希
主　旨：你的書

親愛的大衛：

我說過會在星期一給你答覆，所以我回信了，但你不會喜歡我即將要說的話。

我對你這本書的價值，及其銷售潛力的評估，跟你完全不同。我可能是錯的（我以前也確實錯過！），但我不認爲這本書值得讓作者拿到大筆的預付款或是會大賣。

我當時告訴你，我會誠實地看待這個提案，你警告我，如果我說「不」，就會看到它在《紐約時報》暢銷書排行榜上名列前茅，並對我的決定深感遺憾。你可能是對的，但由於我對這本書的價值及商業前景的評估遠低於你，所以我不是適合這本書的經紀人。你需要一個擁有一〇一％熱忱、會想盡辦法證明我大錯特錯的人（我也不是第一次大錯特錯）。

祝　一切順利

艾德

PS：我會告訴馬克斯我的決定，畢竟是他試著撮合我們。

對於這個人生一路綠燈的人來說，他無法理解被紅燈、坑洞和停車號誌所窒息的人生，我不該對此感到驚訝，但他是出版界的專家，並不認爲我的故事賣得出去。這是一個問題，當時確實令我沮喪，但這並沒有讓我不高興，而且我從沒懷疑過自己的價值。我知道我的人生、故事和方法都是非傳統的。他們的餅乾模具不適合我，他們沒辦法按照業界標準來對我進行裝箱和包裝，這訊息我收到了。我這輩子什麼時候完美地適合任何事情？從來沒有。但我還是設法獲得了成功。

艾德．維克多眼中的缺點——也就是我這個人很難被定義和銷售——其實是我最大的資產。我的方法、背景和成就都證明了一件事：我是終極的劣勢者。這就是我一輩子的眞相，而如果沒人能看得出來我的潛力，我就得讓他們明白他們錯過了什麼。

這年頭的圖書館堆滿了關於「如何快樂」還有「正面心態的力量」的書籍，但沒人教你爲黑暗時刻做好準備，而我的人生故事的力量，是我如何辛苦度過艱難時期，成爲那個板著臉、激勵你永遠別滿足的狠咖。艾德和我遇到的其他出版專家對此都不感興趣，因爲他們不明白。但這並不意味這本書賣不出去，只是表示我必須在「使我與眾不同」的事情上加倍努力，保持對我自己以及我的願景的信心，並更努力地工作。

二〇一七年，我跟新的文學經紀人簽了約，提出另一份提案，讓一家大型出版社願意付三十萬美元的預付款給我。這金額很不錯，但在等合約的時候，我開始感到矛盾。我準備好把我的故事賣給別人了嗎？我想要或甚至需要某個編輯來幫助我講述它嗎？

只有我知道自己流了多少血、經歷了多少次汗水的洗禮才走到這一步。熬夜工作、天沒亮就起床的次數多得數不勝數。我被擊倒了數百次，將身心靈推到了極限，就像電影《刺激1995》的主角安迪·杜佛蘭一樣，我花了二十多年用一把鈍錘子敲碎內心的牢牆。也因此涉及到這本書的功勞、誰能從我的故事中賺到錢時，我需要最終發言權。經過日日夜夜的反覆思考後，我意識到確保這一點的唯一方法，就是自己出版這本該死的書。

終止這筆交易後，經紀人把我大罵一頓。他告訴我，他已經把我從名單中刪除了，我得走狗屎運才有可能賣出一萬本——基本上，他對我說：「聖誕他媽的快樂，哥金斯。」然後把我放生。不是只有他這樣對待我。我尋求建議的對象——那些了解出版界如何運作、怎樣才能成功的人——幾乎每一個都說我是蠢蛋。

無所謂。

人生總會給你的驚喜之禮

你不能害怕讓別人失望，而是擁有你想要的人生。有時候，這代表成為一個狠咖，有種對房間裡每個人豎起中指，而且對此毫不在意。

那麼，這是否表示你不會緊張，一切都會順利？我操，哪可能啊！你在兩萬呎高空站在C-130運輸機的貨艙門上時，如果膝蓋開始發軟，那也沒關係，因為你知道時間不多了，自由落體的那一刻即將來臨，但從飛機裡跳出去的那一刻，就必須把所有注意力集中在跳傘的過程上。如果不這麼做，就會在空中翻來覆去，失控到危險的程度，而且墜落得太快。你需要集中精神，保持身體姿勢穩定，而且千萬別往下看，專注於地平線——這就是你的觀點，你的未來。

我沒拿到大筆預付款，而是花了畢生積蓄的九〇%（比我原本能收到的預付款還要多）來出版一本與大型出版商發行的任何書籍同等品質的書，而且我用自己的方式把這本書做成了有聲書。這麼做是有風險，但開路先鋒永遠不會走成千上萬人走過的平坦道路，他們翻山越嶺，挖出自己的前進之路。我這輩子都在框架之外，將近二十年都在把餅乾模具砸得稀巴爛，而這本書就是我對自己押過的最大賭注。

「你登上了《紐約時報》暢銷書排行榜。」綺希說。她從筆記型電腦上抬起頭，露出微笑。她很自豪，我也是。不是因爲我在乎《紐約時報》暢銷書排行榜，甚至不是因爲我的書居然有人買，而是因爲我知道這本書眞實地反映了我的人生，連同我對人生投入的一切。而且說眞的，在被告知首次出書的作者自費出版能進入暢銷書排行榜是「絕對不會發生」且「不可能」之後，又一次克服萬難確實令我爽快。

小學五年級時我幾乎等於文盲。得知我的書上了暢銷榜的那天晚上，我想像和十一歲的我坐在一起，那孩子在課堂上苦苦掙扎，而且非常渴望被接納。如果我告訴他有一天他會成爲暢銷作家，那孩子一定會當著我的面捧腹大笑。

我搖搖頭，對自己呵呵笑，然後吞下一把維他命。毫無預警，我的心臟開始狂跳。我把兩根手指壓在頸動脈上，看著手錶。我的脈搏從穩定的每分鐘五十下驟升到每分鐘一百五十下，然後下降，沒有任何固定的節奏。

身爲急救人員，加上多次接受過心臟手術，我立刻知道自己處於心房顫動的狀態，即心臟的上腔室（心房）與下腔室（心室）之間失去了應有的節奏。九年前，我在接受第一次心臟手術後也有過類似的經歷，當時其中一塊補片失效了。這次也是補片失效，還是出現新的問題？

我沒立刻告訴綺希——爲了讓《我，刀槍不入》大受歡迎，她連續幾個月不間斷地工作，迫不及待返鄉和家人團聚——相反的，我試著透過「迷走神經刺激術」來控制心率，例如用「伐氏呼吸法」來平衡鼻竇的壓力，把雙膝擠壓在胸前，做出嘔吐或咳嗽反應，並按摩頸動脈竇。這些技巧已被證實能重置體內壓力，並使心臟恢復正常節奏。深呼吸也有幫助，但我做的這些都沒有任何效果，而且時間拖得越久，頭越來越暈，面臨的危險也越大。

心房顫動有可能把血塊轉化爲栓塞，進而阻塞腦部或心臟的血管，導致中風和心臟衰竭。像我這樣天生有鐮刀型血球性狀的人，出現血栓的風險更高。幾個鐘頭過去，我假裝一切都很正常，其實我的脈搏正在我的腦海中勾畫出可怕的心電圖，當綺希拉行李箱轉向我，準備動身前往佛羅里達時，她發現事情非常不對勁。我們沒去機場，而是改去急診室。

聖誕節後的第二天，大多數的公共場所都死氣沉沉，但急診室在這時候總是熱鬧非凡，也許因爲酒精、家庭紛爭或孤獨，也可能三者兼具。我十四歲那年，母親的未婚夫威爾莫斯在聖誕節後的隔天被槍殺，這就是爲什麼每年接近十二月底時，我更容易想到創傷而不是聖誕老人。

我們走進玻璃自動門，急診室裡人山人海。我癱倒在候診室爲數不多的空位上，頭暈得要命。急救人員、醫生和護理師在治療區域之間奔波，在瓷磚地板上吱嘎作響地推著輪床或舊輪椅上的病人來來去去，動作快得化爲糊影。廣播系統發出劈啪聲，日光燈在頭頂上嗡嗚。綺希坐在我旁邊塡寫文件，我閉上眼睛，再次深呼吸。

幾分鐘後，也許幾個鐘頭後，我在以簾布隔開的治療區裡，在一名年輕醫生面前再次深呼吸。他不是心臟科醫生，當我解釋做過兩次心臟手術時，他的反應有點太平淡。他聽了我的心跳，給我裝上感測器，看著我的脈搏在他的心電圖監視器上劃出節奏，然後把我剛剛跟他說的話說了一遍。

「你處於心房顫動的狀態。」

「收到。」我斜眼看了他一眼，綺希注意到我的眼神。

「你能幫他做什麼嗎，醫生？」她問。

「我們會打點滴，看看你的反應如何。」

一名護理師進來幫我吊點滴，藥物似乎發揮效果。幾分鐘之內，我的脈搏放慢了，頭暈也減輕了，但醫生在一小時後漫步回來，查看監視器時顯得困惑。

「這個嘛，你的脈搏平緩了，但仍處於心房顫動狀態，」他說，「我要打電話給樓上的心臟科醫生，看看我們還能做些什麼。」

我不用聽心臟科醫生說什麼就知道我的命運。我研究過心房顫動的病例，如果呼吸法、平衡法和藥物都無法讓心室節奏恢復同步，下一步就是電擊心臟，重新啓動它，就像重啓一臺當機的電腦。我看過相關影片，也嚇得皮皮挫。

有趣的是，我的兩次心臟手術從來沒有讓我害怕過。我知道那兩次手術都有死亡的風險，但當時根本沒意識到自己有可能會死，只是聳肩以對。但在納什維爾的那天晚上，我對生與死有了不同的感受。

《我，刀槍不入》改變了我，而我最近的蛻變不只是因爲商業上的成功，以及社會大眾對我的人生故事的熱情反應。寫那本書的過程，讓我再次消化經歷過的地獄，而且自費出版這本書，讓我的人生有了新的開始。人們總是對我有很多假設，《我，刀槍不入》終於讓我說出了自己的眞相，感覺自己得到了平反，終於能平靜地面對我的人生，連同我投入和完成的一切。然後，像是經過彩排一樣，我的心臟挑這時候像一張被刮壞的唱片一樣跳針，我又回到了名爲「人生狙擊手」的瞄準鏡中。

還眞是他媽的聖誕快樂！

綺希打電話給她爸媽並擦乾眼淚時，我面對一個令我苦悶的可能性。我相信我在這個世界上的角色就是受苦和克服萬難，這樣才能教導別人怎樣做到同樣的事，但現在我人生中的那段時期似乎已經結束了，我不禁好奇：我是否突然成了可以丟掉的人？我的自言自語在「爲自己感到難過」以及「老子眞他媽火大」之間搖擺不定，焦慮値高得破表。我不再像以前那樣嘲笑死神，這次眞的害怕了，只希望自己能多活幾年。

一名技術人員趕到，幫我剃了胸毛，把一個電極放在胸口，另一個放在我的背上。然後醫生走進來，請綺希在外面的候診室找個位子坐。他看了監視器，看了我一眼，然後按下了開關。兩百焦耳的能量流過我全身，我的腦袋變得一片空白。有那麼一瞬間，我的心跳暫停了。他再次施加電流，我醒來時放聲尖叫。遠

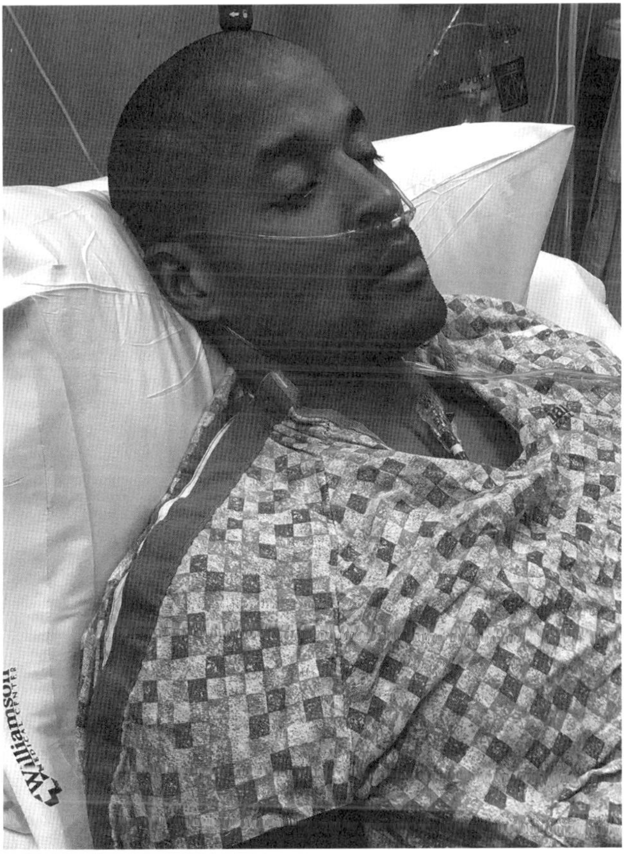

試著控制電擊帶來的恐懼。

在候診室的綺希聽到我高聲大叫著上帝，這是我以前從沒做過的舉動，因爲我就是這麼痛。但電擊奏效了，我的心臟節奏恢復了。

醫生讓脈搏恢復正常的我回家了，也預約了一系列的檢查，以確保心臟沒有任何結構性問題，我的靈魂在這時候也處於亢奮狀態。人生就是這樣，上一秒還在談論《紐約時報》暢銷書排行榜，下一秒卻面臨著無法活著看到明天的風險，「旦夕禍福」這幾個字不是講假的。

生命不是永久的。人生就是你終極的競爭對手，它從不休息，也不在乎你是不是賺到錢，是不是升了職。升官發財只是表示你暫時享有一、兩分鐘的美好時光。不管你自以爲有多屌、多成功，相信我，現在有一輛大卡車正在穿過你的視線死角，準備在你最舒服的時候撞上你的嘴。

我知道大卡車正在朝我而來，但我原本也以爲心臟的問題只在後照鏡上的遠處。現在我明白這種想法多麼可笑，當你總是在苦苦掙扎，以爲崎嶇不平、坑坑窪窪、到處都是爆胎碎片的道路終有一天會變得平坦，但事實並非如此。事實上，如果每天都期待那條平坦道路出現，那麼在一個溫暖又愉快的夜晚，當新鋪設的柏油路上出現坑洞、震得你顛簸搖晃時，你就無法做好準備，這就是「聖誕他媽的快樂」。這與假期無關，重點是人生總是會送上包裹好的「驚喜之禮」，就等你偶然發現。

換句話說，我在急診室裡失去了一些重要的東西。天亮開車回家時，我感覺自己就像聖經裡的大力士參孫，被剃光了頭髮，在腦海裡的倉鼠輪裡原地奔跑。我不知道自己是誰了，我依然是個野蠻人，還是只是另一隻吱吱叫的倉鼠？

有些人可能會被「野蠻人」一詞冒犯，但對我來說，稱某人爲「野蠻人」是最高的讚美。**野蠻人是勇於挑戰逆境的人，擁有不可馴服的意志，而且在被擊倒後總是能重新站起來！**

如果醫生告訴我必須停止跑步、停止在健身房裡努力鍛鍊，我會取消一切，停止所有未來的演講活動和在社群媒體發文。我向來是個以行動和服務爲己任的人，我知道沒辦法光靠談論「當年勇」來激勵人們。在加入社群媒體之前，我給自己訂了一條規則：如果只是嘴上說說而不是切身實踐，那就連說都不要說。那天晚上睡覺前，我做出了決定：如果我的身體不再配合我，那麼《我，刀槍不入》將成爲絕唱，我將從此消失在世人眼中。

進化2 錄製內心的混音帶

從創傷、恐懼、懷疑、憎恨等負面情緒中挖出金礦

回放自己的經歷

他媽的什麼東西都別浪費，這是我在印第安納州巴西鎮學到的第一個教訓。當時有同學在放學後送我禮物，我從小到大並沒有收過多少禮物，所以當他遞給我時，我就像個飢渴的小混蛋。我想把那玩意兒撕開，看看裡面是什麼。拆開包裝紙時，發出的第一聲巨響引起了外公的注意，他探頭進來，環顧四周。「冷靜點。」他說，然後遞給我一把剪刀。「這是很好的包裝紙，我們可以重複使用。」許多人的阿公阿嬤都經歷過經濟大蕭條，知道資源是有限的；即使是收入

不錯的阿公阿嬤，也不會把「舒適」或「富足」視為理所當然，我猜這樣的人生觀影響了我。時至今日，我依然討厭浪費。我總是吃光所有的剩菜；牙膏管變得扁平時，不只是捲起來擠乾淨而已，而是開膛剖腹，放進密封袋裡，直到用完最後一抹牙膏。

物盡其用，尤其是不穩定、具有潛在破壞性的情緒中的能量，例如恐懼和仇恨。你必須學會如何處理和挖掘它們，一旦掌握了箇中技巧，任何在大腦中冒出來的負面情緒或事件（如同手榴彈朝你拋來），都能成為讓你變得更強大的燃料。但要做到這一點，你必須真正傾聽自己。

二〇〇九年，我正準備參加一場三千哩的自行車比賽，名為「穿越美國賽」，簡稱為RAAM。當時我仍全職在軍中服役，所以必須起得特別早，以便有時間在上班前騎五十到一百哩。我的週末騎行拉長到超過兩百哩（有時甚至騎到五百哩），通常是騎在繁忙公路的狹窄路肩上。我之所以這麼做，是因為RAAM距離的長度讓我感到害怕。一想到連續幾天不睡覺、拚命騎車的單調日子，就把我嚇得魂飛魄散。那場比賽對我的心境影響太大，以至於睡不好。為了讓RAAM在心中不再那麼神祕，我刻意用手持錄音機記錄了每次騎行的過程，詳細描述看到和感受到的一切。

無法想像，我獨自一人在白線上度過的時間有多漫長。

我錄到的，基本上只有騎著腳踏車的我，還有汽車、哈雷機車和大卡車呼嘯而過。我聞到各式車輛的廢氣味，感覺到風拍打我的腦袋，也嘗到公路上的飛沙。當我轉向藍色道路時，五十哩內看不到任何一輛車，但那條道路的白色中線始終存在。無論路肩是寬是細，還是根本沒有，那條白線總是存在。

我在晚上聽這些錄音帶，想像那條白線一千次。我對這種簡單的做法著迷，這大幅度地減少了跟比賽有關的負面想法。儘管那年我因為緊急心臟手術而沒參加RAAM，但我知道我偶然發現了一套系統，能最大幅度地減少內心恐懼，並建立日後都會用得到的信心。

當我開始對《財星》雜誌美國五百強的諸多企業和職業球隊演講時，必須向成功人士（包括什麼人生百態都聽過的百萬富翁和億萬富豪），透露我那可悲的人生故事。這可不是去各地高中巡迴募兵，那種場合的學生很容易對我感到欽佩——而且企業演講使我對公開演說感到的所有焦慮重新浮現。我再次拿出錄音機，對麥克風說出我的恐懼和創傷（沒多少人知道），並發現了一種奇怪、意想不到的魔力：**我的恐懼和創傷轉化成了能量和信心**。

許多人在日記中寫下最黑暗的時刻，希望能從倖存下來或正在努力克服的事情中獲得一些力量。我寫日記的習慣已經持續了多年，但這種事是有分等級的，

「書面日記」只是入門款。「錄音日記」更具互動性和存取性，對心靈也產生更深遠的影響。

如果你曾被霸凌、虐待、性侵，卻願意對著麥克風說出未經過濾的真相，一遍又一遍地聆聽，那麼過了一段時間後，你說出來的故事就只是另一個故事。當然，它依然是個強大的故事，但其中的毒性將被消除，而且它暗藏的力量將歸你所有。

這並不是一項可以掉以輕心的任務。如果你從嚴重的創傷中倖存，確實不會願意去回想在事發當天做了什麼、聽到了什麼、有什麼感受，或是人生在那之後如何地分崩離析，但我還是希望你坦然面對。你為這首曲子添加的色彩和背景越多，就能越早戴上耳機、昂首挺胸地走在街上。當人們看到你經過時，可能會以為你正在聽歌手阿姆的即興饒舌。不，你正在聆聽你最深的創傷，所謂「毀滅」的場景，而且不斷重複聆聽。隨著之後的每一次聆聽，你會把越來越多的力量握在手中，並獲得足夠的改變能量，來改變你的人生。

一般人連回想自己最黑暗的過去都不願意，更不用說公開談論了。他們的過去就像一片嚴酷荒野，因為害怕面對風吹雨打而拒絕置身其中。相信我，那片荒野的山裡其實有黃金，因為我就是那個戴著牛仔帽的黑人，在水深及腰的冷溪深處淘金。如果有勇氣用話語描述你最可怕的夢魘，然後聆聽，直到它一次次浸透你的心靈，直到你在聽時不再出現任何情緒反應或受到影響，那它就再也無法讓你畏縮或哭泣。它會讓你變得堅強，堅強得能走上講臺，讓全世界知道那些昔日事件對你做了什麼，而且它沒有打垮你，而是讓你變得強大。

錄下自己的話語，這個做法不僅僅是能消除創傷的可靠工具，還能改變幾乎任何情況或情緒的動態。如果使用得當，它也能讓你保持誠實。大約兩年前的某一天，在把每天跑十哩增加到二十哩或更多的不久後，我感到疲憊又痠痛，累得沒辦法跑，我不斷告訴自己需要休息一天。在沙發上放鬆時，開始聆聽自己的自言自語。然後，我抓起錄音機，對著麥克風發牢騷，想聽聽我的抱怨聽起來是什麼感覺。我對自己很誠實，對著錄音機記錄了最近的跑步和擾人的傷病，並描述了我認為休息一天如何對我有幫助。我為急需的休息日提供了充分的理由，但我回放錄音時，並沒法說服我這個一人陪審團，因為我心中那個廢物突然成了沒穿衣服的國王，赤裸裸地暴露在光天化日之下，讓人無法忍視，更難以忍受。幾秒內，我離開了沙發，再次出門跑步。

負面能量，被忽略的人生燃料

許多人在日復一日的醒來時刻，都感到忐忑或自我懷疑，一想到體能鍛鍊、課業負擔或工作就滿心恐懼。也許面臨讓他們緊張的考試或演講，或知道當天的鍛鍊會很辛苦。他們賴在床上時，會進行柔和又寬容的自言自語，而這當然讓他們更不願意起來活動。大多數人最終會爬起來，但會繼續發呆幾個鐘頭，因為他們並沒有完全投入生活。他們的自言自語使他們對當下感到麻木，夢遊個老半天才終於打起精神。

無論賭注高低，我們在自我懷疑的時刻對自己說些什麼至關重要，因為言語會變成行動，而行動會養成習慣，這些習慣會為心靈和身體覆蓋上矛盾、猶豫和被動之類的病菌，讓我們與自己的人生脫節。如果這聽起來很熟悉，請在起床後立刻拿起手機並錄下你的內心對話。別手軟，把你所有的忐忑、懶惰和壓力傾吐到麥克風中，然後聆聽。十之八九，你不會喜歡你所聽到的，它會讓你皺眉。你不會希望你的女友或男友、老闆或孩子聽到那些未經過濾的軟弱，但你應該這麼做。

因為如此一來，你就能改造它的用途，用它來提醒自己必須做出改變。聆聽自己的錄音，可能會激勵你以更深入的方式投入你的人生，在工作、學校或健身房中做到最好。它能挑戰你重寫對自己的敘述，這樣在每晚躺下時，就不會覺得自己又浪費了寶貴的一天。

隔天早上再次錄下自己的聲音，但這次，在聽完所有關於你不想做哪些事的抱怨後，從床上坐起來，第二次錄音。假裝你正在激勵一個正在經歷挑戰的親友，對他們面臨的問題保持尊重，但也要正面、強勢而且務實。這是一項需要重複練習的技能，如果經常這麼做，會發現不用多久你的自言自語就會從「懷疑和恐懼」翻轉成「樂觀和賦權」。

你的生活可能一開始不會發生太大變化，但你的話語將確保你的方法確實發生改變，而這最終將使你能夠改變一切。但你必須說出事實，並願意聆聽，不要害怕自己的弱點或產生懷疑，不要感到尷尬並假裝它不存在。它浮上水面是有原因的，所以用它來改變你人生的動態。

最近，我把這項技巧套用在網路上那些針對我的仇恨言論。處在我這個位置的人，大多不會去看針對自己的負面評論或電子郵件。他們會讓其他人幫忙篩選，然後刪除。我認為恨意只是另一種燃料來源，我看到了它的美麗和力量，也從不浪費它。當負面評論出現時（一定會出現），我會截圖下來，然後對著麥克風照著唸出來。二〇二一年，我發表了一張左膝腫脹的照片，引發了大量負面評論。有些人宣稱預見我即將全面崩潰，並將此視為他們的個人勝利，有些人只是喜歡看到我受苦。

其中一人寫道：「我受夠了你那張該死的臭嘴成天放炮。」

另一人寫道：「我希望再也不會看到你的黑屁股在那裡跑跑跑。」

他們試圖在我的傷口上撒鹽，想讓我感受到刺痛，我也確實感受到了；他們希望這會讓我更加沮喪，但他們想錯了。我愛死這些評論，愛到我錄製了一張混音帶。我把他們的言論全都列印出來，朗讀並錄下每一句，然後循環播放。每當日子不順的時候，我都會聽。有時候，我會在房子裡走來走去，藉由立體聲音響細細品味。

大多數人只挖掘正面的事物，希望天下蒼生都幸福美滿。他們飽嘗美好的一面，對恨意的黑暗苦藥則是避之唯恐不及。但阿諛奉承、「幹得好啊，孩子」這類讚譽中的燃料，遠不如仇恨之中來得多。幸運的是，這個世界充滿了嫉妒且缺乏安全感的酸民，如果你在社群媒體上不會收到負評，那可以從朋友的輕率批評、老師或教練對你的懷疑中找到動力。我確信當你感到被輕視、被低估、被批評或被排斥時，心裡會感到刺痛，但記住，你感受到的熱氣是等著被燃燒的免費能量。別躲在角落裡擔心那些不尊重你的人，重新包裝你聽到和感受到的內容，直到它開始為你效力！

這才是贏家的心態。生活中的贏家將他們所經歷、聽到、看到和感受到的一切視為純粹的能量，並訓練自己的腦袋去找出它。他們跳進粗糙的縫隙中，挖掘暗藏在創傷、懷疑和仇恨之中的金礦。他們不是過著拋棄式、用完就丟的人生，他們不丟棄任何東西，而是翻新一切。他們在霸凌和心碎、挫敗和失敗中找到力量，從對他們深痛惡絕的酸民及網路小白那裡獲取它。

有些人在冥想應用程式的陪伴下入睡，有些人打開窗戶聆聽夜晚的聲響，或播放白噪音、鯨魚的歌聲，或是大海拍打孤獨海岸的搖籃曲。我晚上睡覺時，則是聆聽那些酸民的聲音。很明顯，那些小婊子根本不知道自己在跟誰打交道，老子就是有辦法把他們的每一句負面話語轉化成我的積極進步。我接過他們送上來的東西，把它捲在我很久以前保存下來的包裝紙裡，把它包裹成又一場鍛鍊、又一次長跑、又一年的進步，把這份大禮塞進他們的屁眼。

說真的，我該感謝他們。他們讓我變得更強大，更有決心實現我的目標，而這只是讓他們對我更加恨之入骨。

製作你的混音帶，匯集所有負面能量，轉化成自己的力量。

#*TapeRecordYourself*（#錄下自己的聲音）

#*NeverFinished*（#我沒有極限）

第三章

進入自己的心智實驗室，引導與駕馭精神力量

內心是鋼鐵裝甲，就不需要六塊腹肌

聖誕節過後的五個星期，我的人生明顯改變了。《我，刀槍不入》問世後帶來的意想不到的關注和惡名，令我既謙卑又困惑。在公眾視線之外的陰影中磨練了幾十年後，我現在成了聚光燈的焦點。

但我向來在邊緣地帶感覺最自在。在我的軍旅生涯中，我總是在其他人醒來之前就進行最漫長的跑步和負重行軍。其他人在辛苦工作一天或一星期後放鬆或開派對時，我留在家裡研究潛水成績，並重新打包降落傘，不然就是在健身房裡跑步和鍛鍊直到深夜。我在私人時間所做的一切，才不是為了引人注目，都是為了個人成就和成長。然而，我經常被誤解。

我扛著一塊跟全世界一樣大的巨石，只想抵達追著我跑的黑暗的另一邊。我深怕如果停止進步，如果稍微停下來休息，不安全感和天生的惰性就會再次追上來。每次覺得身體疲憊或精神倦怠時，就會想像那個二十四歲的胖子，臉上帶著燦爛的笑容，瞪著我微笑說：「我還在這兒呢，婊子。我就是你眞正的樣子，我哪兒也不去。」

我把每一天都視為一次「挖掘占據我大腦的負面情緒」的機會，而且心靈力量能載舟亦能覆舟的特性令我著迷。這股力量常常會遭到無常情緒與情境狀態的破壞，削弱我們的注意力、力量和毅力，導致一團混亂，它就像潮水般自然地潮起潮落。早年的經歷讓我非常清楚每個人都擁有這種與生俱來的脆弱性，但後來我學會如何駕馭並引導精神力量，來完成我以為永遠不可能實現的事情。做到這一點的方法，就是建立所謂的「心智實驗室」。

這個實驗室是在我最後一次去水牛城之後開始施工，就是在那時候終於稍微停止抱怨，意識到我需要的訓練場就在身邊。一團糟的人生就是我正在尋找的原料，如果密切注意自己的衝動、不安全感和行為，拋開羞恥感，並仍然願意剖析自我懷疑、焦慮和恐懼，就會找到改變人生的力量和動力。

很快的，我發現自己努力念書，準備參加軍職性向測驗，並且每天花六到八個小時在跑步或在健身房鍛鍊，以獲得參加海豹訓練的資格。沒多久我就意識到，就像人生本身，艱難的鍛鍊和長時間的苦讀往往會突顯我所有的弱點，例如我還是很想吃垃圾食品、幾乎在每一件事上都想走捷徑、我缺乏動力，以及我在馬拉松式的軍職性向測驗苦讀過程中很難集中注意力——這些都表明我甘願滿足於平庸人生。但我最常想到的，是我在傘降救援訓練中的失敗。在那幾星期裡，那份回憶就是常伴我左右的伴侶，無論我走到哪，它都如影隨形。

我抵達空軍新兵訓練營時，體能處於這輩子的最佳狀態，在八週後的傘降救援訓練開始時，身體狀況處於巔峰。我把預備命令從頭到尾讀完，並爲每一次計時的進化訓練做好準備，認定我的力量和速度足以應付。但我缺乏堅持到底的精神力量，而在經歷了一次可怕的泳池進化訓練後，對水的恐懼始終囚禁著我，直到我放棄。我越是分析這個情況，就越意識到自己多麼需要這個心智實驗室。

當時我的體重接近三百磅，必須在不到三個月的時間裡減掉一百多磅，我知道不可能以最好的身體狀態向科羅納多的海軍特種作戰司令部基地報到。但也無此必要，因爲我根深柢固的問題向來不是（以後也不會是）身體上的，而是精神上的。

在我的心智實驗室裡，每次的身體鍛鍊都成了精神毅力的考驗，我不再關心身體看起來如何。當內心是鋼鐵裝甲，你就不需要六塊腹肌。從那時起，每一次跑步，每一次引體向上，每一次的深夜苦讀，都成了實驗，看我持續施加越來越大的壓力時，我的心靈能堅持多久。我正在創造一個硬漢，他在心理上做好了成爲海豹戰士所需的一切準備，即使這表示經歷三次的地獄週，邁著斷腿奔跑。

這些實驗在接下來的二十年持續進行，透過無數次的嘗試、跌倒和失敗，我培養出了另一個自我——一個在幾乎任何情況下都拒絕放棄的野蠻人，一個有能力克服任何障礙、所有障礙的人。我強烈覺得有必要分享我在心智實驗室學到的東西，因為我知道它能幫助人們；一開始是在社群媒體上慢慢揭示我的內在動力，後來發展成《我，刀槍不入》中的深刻告白。任何聽過或翻過這一頁的人，都清楚地知道我來自哪裡、什麼樣的動力驅動著我。但我從未分享過的一件事，就是我的心靈和靈魂有著兩面性。

如果你覺得自己不夠好、人生缺乏意義、感覺時間從指縫中溜走，那麼你只有一個選擇：**在自己的心智實驗室中重塑自我**。在那裡，你能獨自面對自己的諸多思緒，努力思索在地球上短暫的一生中想成為什麼樣的人。如果這麼做感覺不錯，創建出你的第二自我來汲取心靈中的一些暗物質——這就是我所做的。在我的心靈中，大衛．哥金斯並不是完成了所有艱難任務的野蠻狠咖，做到那些的，是哥金斯；而大衛則是那個生來閉著一隻眼睛、在恐懼和枷鎖中長大的孩子。

我並沒有什麼特別之處，只是不再專注於那些阻礙前進的因素，而是學會把遭拒、痛苦和失敗當成工具，來駕馭我心靈中每一絲可用的暗物質——所有我未使用的力量、熱忱和欲望。這個過程一點也稱不上樂趣十足，承受的痛苦遠多於我的笑容，但這幫助我創造出第二自我。哥金斯被我靈魂中那個「拒絕被否認」的黑暗面所驅動，而且他只有一個目標：成為有史以來最硬的硬漢！

我們都有一個供自己使用的心智實驗室，但大多數人甚至不知道他們可以進入一個能改變自己的地方。因此，他們至今仍被鎖在門外。等他們人到中年時，掛在實驗室門上的鏈條已經生鏽，而且徹底卡死，裡頭的設備布滿灰塵且破損，地基和屋頂長出雜草。

二十年來，我實驗室的門也鎖著——因爲我把自己鎖在裡面了！但心臟在聖誕節那天出了問題後，我意識到在不知不覺中，在某個時刻我夢遊走出了自己的心智實驗室，門在我身後關上並上了鎖。

點燃內心導火線的一封信

那個聖誕過後的二月六日，收到了一封讓我更加不安的電子郵件。信件來自鮑伯·巴比特，他在二〇〇八年鐵人三項世界錦標賽上把格雷格·韋爾奇介紹給我認識，那位有史以來最偉大的鐵人三項運動員之一。韋爾奇從三十幾歲開始接受過十三次心臟手術，迫使他提前退休。在驚慌失措的狀態下，我確信這是某種不祥之兆，但巴比特寫信給我只問了一個簡單的問題，他想知道我是否會考慮在那年夏天參加「萊德維爾一百哩越野賽」，爲他的慈善機構「肢體障礙運動員基

二〇〇八年在凱魯瓦鐵人三項賽上接受偉大的格雷格・韋爾奇的採訪。

金會」（CAF）籌集資金。

自一九九四年以來，這個基金會已募集了一・三四億美元，資助了三萬五千名有肢體障礙的運動員，提供所需的指導和支持。這絕對算得上值得努力的大業，但我上一次參加一百哩長跑已經是五年前的事，參加了惡水超馬但沒能完賽，所以我沒立即回信。相反的，我走到浴室的鏡子前，低頭凝視著自己。回瞪我的不是哥金斯，而是大衛，而且他嚇得快尿褲子。

我很懷疑是否有體力完成比賽，更別提拿出我在巔峰時期參加那些超級馬拉松的高水準表現。這些想法讓我痛苦，因爲它們告訴我，儘管去急診室已經是一個多月前的事，但我還是比不上以前的我，而且我感覺非常脆弱。醫生們並沒有允許我進行高強度訓練，因爲他們到現在還是不知道我出了什麼問題，而在對我的心臟進行一次又一次的檢查時，我依然缺乏動力。幾十年的努力衝刺後，我現在卡在空檔狀態，完全比不上我曾經是的那頭瘋狂野獸。

當你的一生充滿挫折、地雷和陷阱，有時候幾乎不可能找到繼續追求目標的動力，這麼做實在太累了，而在那一刻，我不知道我的油箱裡還剩多少燃料。我在自己的眼神裡尋找答案、承諾，以及昔日的熊熊烈火中，所剩下的最後一點信心餘燼。

如果說惡水是地球上最知名的超馬比賽，那麼「萊德維爾一百哩越野賽」也不遑多讓。這場比賽在科羅拉多州萊德維爾古老的洛磯山採礦小鎮郊外開始與結束，該鎮位於海拔一萬呎出頭，遠比附近華麗的滑雪勝地和嬉皮小鎮簡陋。比賽路線是一趟來回往返的艱辛路程，有幾次主要的爬坡，垂直提升的高度加起來超過一萬五千呎。我以前跑過萊德維爾一次，知道只有不到一半的參賽者能夠在三十小時的時間限制內完成比賽，而且這些跑者並沒有未知的心臟疾病或鐮刀型血球性狀（這種人更容易出現高山症）。此外，如果你平時都生活在海平面，爲一場在高海拔地區進行的比賽進行訓練就困難得多。另外，由於我的演講行程排得滿滿滿，有幾個月需要到處出差，只能用零碎時間做些瑣碎訓練。我只能在陌生的城市，沿著有大量紅綠燈的大街和擁擠的人行道，或在我幾乎不認識、到處都是行人專用時相號誌的住宅區跑步。以萊德維爾比賽來說，如果想達到能接受的個人表現，那麼「理想的賽前訓練」不僅僅是最佳選擇而已，更是必要的。

噢，我當時有一大堆方便的藉口能用，我的猶豫也一目了然。軟弱的內心對話試圖說服我退出一場我甚至沒仔細考慮過的比賽。普通人就會這麼做，我們如果遇到一件重大挑戰，知道自己必須付出最大的投入，而且就算拚盡全力也未必能成功，很可能在開始之前就先找一大堆藉口放棄，我就是在那時候知道我變軟弱了。

有時候，你一生中最重大的決定（將決定你未來幾星期、幾個月、幾年，甚至幾十年的人生軌跡）是悄悄來到你面前的。我有很多充分的理由拒絕巴比特，但我不能這麼做，主要是因爲我幾乎沒辦法面對鏡中的自己，也無法忍受我軟弱的語氣。

沒錯，我是很忙，但還是能抽出時間訓練。在我的超馬巔峰時期，幾乎每個週末都會參加一場比賽，而且當時照樣全職工作。那時候的我把自己鎖在心智實驗室裡頭，日夜住在那裡。我報名參加一百哩路跑，彷彿那只是四十五分鐘的飛輪課或高強度間歇訓練課程。我刻意在面前設置了一系列障礙，就爲了獲得經驗。就我的健康狀況而言，心臟已經連續十年沒出現任何問題。如果我願意，是可以把聖誕節去急診室的那件事當作藉口，但它確實只是個藉口，而「我現在還在找藉口」的事實告訴我，某種破壞性的東西正在我的心靈和靈魂中運作。

「你他媽變成這種人？」我質問鏡中的男人。這面鏡子不是年輕時那面髒兮兮、失去光澤的鏡子，而是像水晶一樣閃閃發光。「某個爲了吃培根和雞蛋而起床、看體育轉播、上臺演講、擺姿勢拍照的傢伙？你不是野蠻人，不再是了。那麼，你他媽到底是什麼？」

職業拳擊手不會在家裡爲最重要的比賽進行訓練。他們會走進深山或樹林，在那裡可以相對孤立地集中精神，而且身邊沒有任何奢華設備。他們不會帶著家人，而是帶著訓練師，他們做的每個動作都是爲了重新發現自己的原始本性，重新發現讓他們變得強悍、使他們成爲冠軍的飢餓感。

在我的軍旅生涯中，我就像個未曾離開野營的戰士。我保持原始狀態，讓我變得強悍的，是毫不猶豫地踏出去、一項一項完成的艱苦任務。我每天的目標是比其他人更早起床，有時這表示清晨五點醒來，有時是四點，有時是三點，因爲我他媽的需要確認在沙地或小徑上留下第一串足跡的是我。如果出於某種奇怪的原因，第一串足跡不是我留下的，那我會在那串足跡的主人晚上睡覺時，又回到外頭磨練兩、三個鐘頭。我是無條件的競爭者，一個全職的野蠻人。後來日子變得舒服了，我不小心掉進了一種新的心態。

為了克服負面思想而付出的所有努力改變了我。我的心魔和不安全感（二十年來一直是我主要的能量來源），現在不再在我的大腦中占據同樣的地位。我終於成功將它們每一個都放在正確的位置上，而在那個眞空中，一種新的自我意識出現了。為了寫書，我培養出藝術家的心態，然而《我，刀槍不入》的巨大成功，是我沒有預料到的一個地雷區。雖然金錢未必一定能讓你快樂，但它確實能讓你感到滿足，而「滿足」離「自滿」只差一步。

噢，我看起來很像一回事。我渾身肌肉發達，而如果你試著和我一起跑步，你會以為我依然戰力十足。但即使每天鍛鍊兩次，我充其量只是個兼職的野蠻人，一個光榮的週末戰士。週末戰士只會在「方便」的時候，在繁忙的行程中做一些艱苦的事情。他們這麼做是為了完成一個待辦事項，而且只在他們願意的時候。然後，在經歷了漫長而艱難的兩天週末後，他們再次回歸舒服的日子。但當你是個全職野蠻人時，野蠻的日子就成了一種生活方式，沒有所謂的「我想去做」，而只有「我必須去做」。如果我依然是個眞正的野蠻人，還在努力成爲有史以來最硬的硬漢，那麼巴比特那封信就不會激發出一些軟弱如「我到底該不該參賽」的內心辯論，而是會點燃一條導火線。

在高溫中，重新找回失去的能量

雖然成長很重要，但你不能失去初衷。你的初衷能爲你帶來穩定性，它決定了你如何在這個世界上行走。拿身體來比喻，你的初衷就像核心肌群，如果核心肌群軟弱無力，被人一推就倒。從心理上來說，當你的核心價值受到質疑時，會很容易迷失自我，而我一點也不想忘掉爲了建立新人生所付出的艱苦努力。但我的餅乾罐裡塞滿了發霉的餅乾（現在我已經沒辦法感同身受過去的勝利經歷），我的餅乾罐一直是能量來源，裝滿了我能用來提醒自己已經克服什麼困難、我有什麼能力的成就。我知道必須把它們全部扔掉並重新開始，但我內心的某一面，還是不太願意重新跳進煉鋼爐裡。

如果不經常使用，心理硬度和韌性就會減弱。我總是這麼說：「要麼變得更好，要麼變得更糟，總之不要保持原樣。」我卻沒留意自己的叮嚀，訓練不再是爲了獲得更多。我已經成了一名維修工，雖然保持肌肉張力和一定程度的心血管健康當然是可能的，但沒辦法保持野蠻人的心靈。

如果你不再徒手抓鐵，你的手就會失去老繭。心靈也一樣，你必須付出努力，維持「每天起床去追尋成長」的心態，因爲它想消失。手術、生病、忙碌的工作行程、家庭責任……，都是「我今天還是休息好了」的好藉口，而這會讓你明天也想休息，這就是一個大滑坡！我的生活方式及所做的事情，始終與心靈有關。當你發現你的身體變軟，你的心靈其實早就變軟了。幸運的是，我還沒有弱化得太離譜，但心靈確實已經軟化了一點，因爲已經好幾年沒挑戰自己的極限。

儘管我很想直接拒絕巴比特，但萊德維爾在腦海裡好幾天都揮之不去，後來持續了好幾週。巴比特隨意的提議使我心煩意亂，越想著未必可靠的心臟、其他揮之不去的健康問題及忙碌的行程，這些變數似乎就越不重要。與現在相比，我面對過更糟糕的訓練、更少的睡眠和更多的軍旅出差。我第一次爲了參加惡水而訓練時，腳和腳踝嚴重受傷，在前四週的訓練中甚至無法跑步。當時必須在橢圓機或划船機上健身，但我根本沒考慮過讓傷病阻止我。冬去春來，我知道該重新找回我的原始本性了，但我還是沒眞正投入萊德維爾比賽。

有八個星期的時間，我生活在自我加諸的煉獄中。在某一分鐘、某個小時或某一天，我會告訴自己要參加比賽，卻又列舉所有最好別參加比賽的正當理由。到了四月，心臟科醫生允許我提高訓練強度，我像個兼職的野蠻人，稍微把腳趾踩進萊德維爾水域中。我並沒有給巴比特明確的答覆，但我確實提高了訓練強度……到一定程度。我並沒有每星期跑一連串的一百哩，而是滿足於跑差不多五十哩，但在這些過程中，我根本無法集中精神，幾乎不記得在路上感受到或看到的任何東西。

這很不尋常。與大多數人不同，我在跑步時不能發呆，也不會用這些時間來思索待辦事項。我必須保持專心，因爲我不是天生有跑步天賦的人。我能長時間以相對較快的速度跑步的原因，在於我的訓練量，但也因爲在跑步時專注於步幅，始終意識到腳在哪裡和如何接觸地面，以及頭部和肩膀的位置。我想像在跑步時頭上頂著托盤，上面放著裝滿水的杯子，不希望自己出現任何搖擺或彈跳的狀況。我上半身保持靜止但放鬆，讓核心肌群和雙腿帶我前進。

顯然，這樣的注意力很難一口氣維持幾個小時。在跑得好的時候，我會記錄姿勢中的每一個瑕疵，每一個錯誤的步伐。我能準確回想起發生的地點和時間，並在事後在腦海中回顧。因爲我跑步並不是爲了燃燒卡路里或保持心血管健康，對我來說，這是關於實現心靈和身體上的成就。而我發現自己已經失去了這種專注力，這讓我知道自己已經變成普通的跑者，但我永遠不會滿足於當個普通人。

如果我想在萊德維爾比賽獲得佳績，並重新找回自己，就需要每天對自己提出更多要求，必須把我的專注力磨得更加鋒利。我告訴綺希，不希望她再幫我預訂任何演講活動，我追求的本來就不是這種事的商業層面，而且雖然感謝合作的人士與組織提供的尊重和支持，但我知道這對心靈產生了腐蝕作用。

「自我膨脹」是一種驚人的力量。越是聽到自己的成功，就越想走得輕鬆點，彷彿我終於抵達了目的地。儘管知道這個旅程其實永無止境、我總是有更多工作要做，但當人生不再狠狠地踢你的牙齒，而是給你送上一大碗讚美布丁時，你很容易覺得自己有多麼了不起，尤其如果這種程度的尊重得來不易。但讚美（無論來自你的主管、家人，還是任何人）有一個缺點：它會撫平你心中那個野蠻人，讓你不再覺得需要自我磨練。

要避免自我膨脹，就必須暫停所有軟性事物。我需要重新闖入我的心智實驗室，找到我曾是的那個狠咖。我不再接收大部分的電話和簡訊，把那些雜訊排拒在外，深入自己的內心——意思就是我制定了為期十週、一共要跑一千兩百哩的艱苦訓練計畫。大多數人會告訴你，每星期跑一百哩有點過分了，因為三個月跑這麼遠的距離會讓身體來不及休息。雖然每天十哩向來最適合我，但現在必須告訴我的心靈和身體：不要再偷懶。我需要那個三位數的里程，在抵達萊德維爾的時候，需要知道我已經進行了像樣的賽前訓練。

六月四日，我回信給巴比特，告訴他如果還有名額，我願意爲肢體障礙運動員基金會「馳騁天空」。我當時終究是個兼職的野蠻人，我是在報名截止日的三天後才回信。這證明哥金斯依然「在任務中失蹤」，而大衛才是做出所有舉動的人。但巴比特還是設法讓我參加比賽。一星期後，我和綺希來到新澤西州的阿瓦隆鎮，進行了幾週的訓練。

阿瓦隆位於一座七哩長、地勢平坦的島嶼上，島上散布著大量現代住宅，綺希的家族總是在這裡的沙灘上度過夏天。這是個美麗的地方，到處都是面帶微笑、享受著暑假的家庭。這裡海水溫暖，白色沙灘擠滿了人，每天晚上人們都會聚集在海灣上，手裡拿著甜筒霜淇淋，欣賞日落——至少我是這麼聽說啦，因爲我根本沒看見那些畫面，我把時間都花在跑步上。

在東海岸悶熱的夏季，我每天跑十五到二十五哩。在高海拔地區進行這樣的訓練是不可能的，所以我只能拿海平面的高溫和高濕度來湊合。大多數的日子，我會在島上來回跑幾次，以增加里程數。在出門前從不確認天氣，一開始只帶一個水瓶，但很快發現這根本不夠，那個瓶子在一個鐘頭後就空了，我必須在缺水的狀態下完成跑步。

我盡可能以不同方式解決補水的問題。試過攜帶兩瓶，甚至事先把幾個瓶子扔在沿路的草叢中，但到了國慶日，氣溫超過攝氏三十二度，濕度超過八五％，水瓶燙得根本沒辦法喝，結果最後改回只帶一瓶。那瓶水喝完後，我的補水計畫就是軍旅時期在熱帶長跑時所使用的辦法：覺得口渴，就舔我該死的嘴唇。

濕度和水分並不是我在阿瓦隆遇到的唯一問題，另一個大麻煩是蟲子。我好不容易穿過雲團般的飢渴蚊子，又在水邊對上了島上惡名昭彰的綠頭蒼蠅，那些會咬人的蒼蠅就是不放過我。噢，更別提那些有攻擊性的臭鳥，還真他媽幸運，紅翅黑鸝每年夏天都會在阿瓦隆築巢，而且通常就在我喜歡的那些安靜的內陸道路上。每次接近任何一個鳥巢四分之一哩的範圍內，一隻鳥就會向我飛來，試圖用爪子抓我的頭皮。牠們盤旋、叫喊、俯衝，直到我離開牠們的領地。當然，鳥巢範圍綿延數哩，連同數十隻憤怒鳥。幾天後，我學會了提前脫掉上衣，揮向那些長著羽毛的王八蛋，讓那些俯衝轟炸機沒辦法接近我。沒錯，各位，我跟牠們之間的鬥爭非常值得一看。

幾星期過去，情況惡化了，但我就是從那時候開始樂在其中。有時候我沒吃早餐就離開了家，而且前一天晚上幾乎什麼也沒吃。我打算每天空腹跑二十哩，因爲知道這樣的狀況一定會出現在洛磯山脈的比賽中。我需要訓練身體即使在油箱耗盡後也能繼續前進，並向自己傳達一個訊息：**我有能力在沒有能量的地方找到能量**。

某天下午，我在跑到十五哩的時候撞了牆。我的配速從每哩七分鐘，驟降到九分半左右。當然，當時已經沒水喝了。儘管痛苦，我發現自己很享受頭暈、脫水和卡路里匱乏的感覺。我享受這種痛苦，因爲它讓我知道還是有能力把自己逼到極限，而且我在七分鐘內跑完了最後一哩。

這個地區在七月中旬是一年當中最熱的時候，氣溫高達攝氏三十七度以上，濕度超過八〇%，酷熱指數破表，空氣品質也很糟糕。該縣發布警告，建議居民留在室內。但在我的母語「哥金斯語」中，這表示今天是跑個二十二哩的完美日子。

七月的阿瓦隆總是擁擠，自行車道上交通繁忙，披薩店和麵包店都大排長龍，擠滿急著大飽口福的顧客。但那天街上一片寂靜，方圓十哩內，我根本沒看到任何人。跑到第十一哩時，一輛汽車從我身邊緩緩駛過，我看得出來司機認出了我。果不其然，他把車子掉頭，開到我身邊。

「大衛．哥金斯！老兄，我就知道是你！」我看了他一眼。他看起來還算健康，算是運動員體格，看著我在柏油路上跑步，他顯得困惑，甚至可能有點擔心。「老兄，你怎麼這種天氣還出來跑步？」聽見這句話，我聳聳肩，搖搖頭說：「因爲你沒出來跑。」

一開始並沒有對我的嘴賤想太多，但繼續往前跑的時候，我細細品味。我挑了夏季最糟糕的一天，跑了這星期最遠的距離。爲什麼？因爲其他人根本不會考慮做這種事，這讓我有機會再次證明我是不尋常中的不尋常。現在的我雖然稱不上是海豹訓練中的那個硬漢，但也算是這些年來最接近那個狀態的時候。

我以二〇一六年贏得田納西州「吉姆四十哩漫步」以來不再經歷過的心態繼續跑下去。在吉姆四十哩中，我平靜地專注於那條路線，像跑馬拉松一樣跑完了賽程的四一．二哩，配速是每哩七分七秒。我在還剩八哩時追上了領先者，緊追不捨，最後在不到五小時的時間內完成比賽，並以三分鐘的差距獲勝。在阿瓦隆的酷熱下，我找回了同樣的身心狀態，並意識到被我用太多舒適和成功掩埋的那個男人還在心裡，等著被釋放。

這個世界需要醫生、律師和教師，但也需要野蠻人來證明我們都有能力做到更多。經過十星期的努力衝刺和八星期的高溫訓練後，我正在重新發現我以爲已經失去了的東西。

回到吉姆四十哩的狀態……至少我是這麼想的。

進化3　有意識的「一秒決定」

成果取決於你必須贏得的那些關鍵分秒

好好思考，不要立刻做出反應

許多夢想是在痛苦中消亡的。試著想一想，我們在感到安全和溫暖的時候，會想出最大的夢想、最大膽的目標。即使在經濟、情緒、精神或身體上陷入困境，你克服萬難的宏偉計畫，也可能是在你有時間評估自己所處的位置、能如何達成目標的某個舒適時刻出現。處於激烈戰鬥時，並沒有餘裕思索大局，而一切風平浪靜時——即使只是暫時的——你會覺得幾乎任何事情都可能做到。所以你會挑這種時候去做夢、規畫一切。

然後你著手行動，卻被不可預見的挑戰打趴在地。每當你陷入一場激烈的鬥爭、其結果將對今後的人生產生重大影響時，你將受到最徹頭徹尾的挑戰——而在這種龐大冒險中的這些關鍵時刻，會要求你付出無比巨大的心力，以至於有時候忍不住覺得自己被打敗了。當這種情況發生時，許多人會感到恐慌，因為他們開始相信自己是騙子、夢想其實只是個幻想。轉眼之間，他們從動力十足和專注，變成了確信打從一開始就不該嘗試，所以他們放棄了，當場撤退。在懸崖邊緣搖搖欲墜時，他們沒意識到可以採取一些措施，來阻止「放棄者心態」把他們帶入下水道。

他們在那一秒鐘可以做出一個決定：好好思考，而不是立刻做出反應。

我在第二三一班第二次參加地獄週時，是個鬥志激昂的硬漢。我和比爾．布朗是二號船隊的領袖，我倆也在暗中較量，看誰才是全班最強悍的男人。但當時有另一個人引起了我的注意，就叫他莫拉吧。他的體型和我們差不多，強壯結實，每當沙灘或「磨床」上的挑戰變得難以忍受時，他就會被我吸引。他並不在我們的船隊中，但想從我的能量中汲取能量，因為比爾．布朗和我的表現水準如此之高，我們讓地獄週看起來和感覺起來不僅像是做得到，而且簡單得就像探囊取物。

地獄週的第二天，莫拉在食堂裡找到我，他一臉茫然，眼神充滿恐懼。我當時忙著把幾包花生醬塞進我沾滿海水也沾滿沙的口袋裡，因為需要燃料來承受即將到來的懲罰。即使在盡可能攝取了熱量後，我知道兩小時後會再次覺得飢餓，只要能吃的我都願意吃，哪怕是沾了沙子和口袋棉絮的花生醬。莫拉盯著我，彷彿我是來自不同時代的生物，我確實也是。經過兩天的衝浪酷刑和徹夜不眠的扛船跑步，我已經完全變得不文明，我是個原始人。相較之下，莫拉看起來就像受到創傷的現代人，而這讓我知道有些事不對勁。

「嘿，哥金斯，」他低聲說，眼睛掃視周圍，「我不想再待在這兒了。」地獄週的高壓鍋讓他暫時脫離了夢想和理性面，他看起來像是在尋找逃生門。他在人類形式中感到恐慌——我知道這一點，因為這正是地獄週第一個鐘頭的第一波海浪襲擊我時的感受。

那面六呎高的巨大水牆把我捲起，翻轉我三圈，把我狠狠甩在濕濕的沙灘上，太平洋的海水一如既往地寒冷刺骨。彷彿大海在對我說：「快他媽的給我滾，廢物！」我聽從了這句話，因為兩個月前使我從第二三〇班轉進這個班時患的肺炎，讓肺臟依然灼痛，也因為水是我的剋星。

接下來將是一百三十個小時的地獄週，我知道其中很大一部分時間將在冰冷的海水中度過。那一堆如調酒般的諸多爛事劫持了我的大腦，發出比「矛盾心態」更令人不安的訊號。腦子裡的聲音並不是在懷疑我是否有能力，是否已經為那一刻做好了準備，而是在說：我並不是真的想成為海豹戰士。

那一年多的時間裡，為了成為海豹戰士而付出的努力，占據了我所有的心力。我這輩子從來沒有如此強烈地想要某個東西，如此全身心地投入到某個過程中，但當你置身痛苦饗宴，有時狀況會惡化到讓你難以忍受，而一種源於震驚和恐懼「自我破壞」的衝動，會讓你覺得自己有所頓悟。我離「自願拔掉插頭，不再追尋能改變我人生軌跡的夢想」，只有半步之遙。

我瞥向比爾．布朗，接受了這個事實：他很快就會成為第二三一班最硬的硬漢。然後在水深及膝、潮水打轉的淺灘上，我掃視海平線，看到一艘驅逐艦正駛向大海。教官們警告過我們，如果無法通過訓練，就會被分配到那樣的船上，連續六個月忙著清除舊漆。他們把那描述得像是地球上最悲慘的差事，但在那一刻對我來說，那個苦差事聽起來像置身天堂。

大多數的海豹教官都喜歡看到有人放棄。當你告訴他們你渾身凍僵、想退出時，他們會非常樂意牽著你的手，帶你去沖你這輩子最溫暖的澡，因為在他們看來，這證明了他們比你強。你走進淋浴間，在一分鐘內感到全身暖烘烘，暖得甚至忘了寒冷是什麼滋味，然後你會意識到獲得的溫暖讓你失去了一部分的靈魂（搞不好是所有的靈魂！），而這可能導致你遺憾終生。

時間至關重要！我沒辦法爬回海灘上、花個十分鐘來讓自己恢復冷靜。我正處於一場心理風暴的中心，而周圍的海水仍在翻騰咆哮。有一部分的問題是冰冷的海水奪走了我肺裡的氧氣，我呼吸困難，驚慌失措。為了冷靜思考，我需要氧氣，我深吸一口氣，然後又一口，而就在那時，我可能的未來，在腦海中展開。

我看見自己搖搖晃晃地回到沙灘上，放下頭盔。我看見自己在幾天後被軍隊趕了出去，被送回印第安納州，做了一連串薪水低、地位低的工作，但那是我唯一有資格從事的工作：最低薪資的保全、公立泳池救生員，還有滅蟲員，那才是真正的頓悟。因為我是預備役軍人，如果退出衝浪酷刑，所有的願望都將化為泡影；而且如果在衝動之下退出，海軍甚至不會讓我上他們的任何一艘船。

我根本沒有可以失去冷靜的「餘地」。海豹訓練，還有那片冰冷的大海正是我的歸屬，所以我需要鎮定下來，正面迎接挑戰。下一道大浪襲來時，我深吸了一口氣，這道海浪也把我撞得生不如死，但我還是設法靠近小隊，與隊友們彼此環臂。我受夠了表現出軟弱，受夠了恐懼。老子他媽的必須在水裡待多久就待多久！

十分鐘後，被叫回到沙灘上時，船隊裡的船員們都在顫抖，渾身僵硬。他們凍得甚至不想讓濕透的T恤邊緣碰到皮膚。我們需要快速恢復體溫，而在地獄週期間做到這點的唯一方法，就是全力以赴地做些體能活動。我朝比爾點個頭，抓住船頭，大聲喊出命令。身處一個團體，二號船隊的成員們開始狠狠操練，彷彿地獄週就是我們的自然棲息地。

一般來說，人是在過度震驚時引發失控舉動。對我來說，冷水的突然襲來引發了戰或逃的反應，隨之而來的是腎上腺素激增，加快了心跳和呼吸，使不安全感激增。身體和思想做出這樣的反應，是因為它們想保護你，而辦法就是叫你「趕緊離開這裡」。而戰或逃也是莫拉在食堂裡經歷的反應，但恐懼和恐慌占據了他。

我在崩潰邊緣搖搖欲墜時，透過幾次深呼吸來讓自己平靜下來，這幫助我在腎上腺素激增的情況下看清真相。我的心率還是很高，恐慌繼續蔓延，但已經恢復了一定程度的冷靜，有意識地做出了「繼續戰鬥」的一秒鐘決定。這需要精神上的毅力，因為海水並沒有突然變暖和。我還是覺得寒冷又痛苦，接下來還有一百三十個小時的地獄，但我能看到自己想要的人生，就在衝浪酷刑的另一邊。

我並沒有屈服於情緒而退出，人們在這樣的情況退出時，其實並沒有真的做出

「放棄」的決定，只是在壓力下做出的預設反應。

我明白很難不屈服於情緒的不適和劇烈的痛楚。在這時候你唯一想要的，就是結束痛苦。想像家裡的床，想像跟伴侶一起躺著的感覺是多麼甜蜜。你知道媽媽會用寬容的擁抱迎接你，家人也會理解，因為他們怎樣都愛你。你知道他們會安慰、照顧你，而在你承受傷痛或嚇得屁滾尿流時，這一切都感覺太美好，不容錯過。

但你必須記住，這些關於家的畫面其實並不是源自關愛，而是源自你的恐懼，但偽裝成關愛。莫拉和我有著同樣的偉大夢想，我們倆都被折磨得瀕臨崩潰，而我恢復過來的方式，是我以一種人們前所未見的方式主宰了地獄週。我在食堂看到莫拉時，他的思緒已經分崩離析，根本無法清楚地思考。情緒控制著他，而不是反過來。我當時沒辦法幫他，因為那時候的他已經輸掉了這場戰鬥。我不知道他是在什麼時候退出的。在地獄週，你的心思都在船員身上，只想著幫助彼此抵達終點，以至於在幾個鐘頭後，你可能抬頭發現班上有一半的人都已經退出了。我只知道，在某個時刻他敲了放棄的鐘，然後必須面對這個遺憾。

人生中的一切，都取決於我們如何應付那些關鍵時刻。當心理、身體或情緒壓力飆升至紅線區時，腎上腺陷入瘋狂，你不再控制一切。真正的野蠻人與一般人的區別，在於前者能在那一刻重新控制自己的思緒，儘管客觀事實依然是「一切都爛透了」！

這就是人們所不知道的，我們的人生不是建立在小時、天、週、月或年的單位上，地獄週有一百三十個鐘頭，但讓你生不如死的並不是那漫長的時間，也不是痛楚、疲憊或寒冷，而是必須在那四十六萬八千秒中的每一秒都獲勝。那該死的四十六萬八千秒中的任何一秒，只要讓你感到不知所措，再也無法忍受時，都能讓你倒下。我必須保持警惕，在那當中的每一秒都主宰著自己的心靈，才能撐過去。

正如同地獄週，人生建立在你必須一再獲勝的那幾秒鐘上。我的意思並不是你必須在人生中的每一秒都保持高度警惕，但如果正在追求的東西需要你全力以赴，而且對你來說意義重大，那恐怕就是必須做到這種程度。

試著減肥、戒酒或戒毒時，你的軟弱時刻可能是以秒計算，你必須準備好在這幾秒上獲勝。你可能是醫學院的學生，一輩子都夢想當個醫生，卻在早期階段沒能完成某個關鍵的課程，驚慌失措下，你可能會想直接衝進教務處辦理退學。也許你是個充滿抱負的律師，在著名的事務所找到了工作，卻又一次沒能通過律師資格考試，在那一刻的衝動下，你在律師職涯開始前就放棄了。這一切都因為你確信沒辦法在經歷另一次羞辱後回到那間辦公室，你確信再也沒辦法繼續拚命讀書，再也沒辦法允許自己重返戰場。

雖然學校和專業考試是在受控環境中進行的，但「不及格」這三個字也可能導致心跳加快，並引發自我懷疑，一點也不輸給六呎高的冰冷海浪。有時候，你需要達成的成績就像不可能的任務，尤其如果你還很年輕，很容易感覺所有的目光都集中在失敗之上，覺得你已經落後得太遠，永遠無法趕上。

在我們承擔任何一個艱鉅任務時，「懷疑的時刻」是不可避免的。我透過「一秒鐘的決定」來恢復冷靜，並在超馬比賽、引體向上挑戰和緊張的工作環境中贏得了數百場小戰鬥。第一步，是在精神上稍微喘口氣。

在任何戰鬥情境下，最厲害的傢伙有辦法在子彈飛來的時候保持冷靜、稍微放鬆。他們知道自己需要評估戰況與地形，才能找到前進的道路，如果他們或團隊像火蟻一樣到處亂跑，就不可能做出清晰的決定。在戰鬥中稍作歇息，並沒有聽起來那麼容易，但只有這個辦法能給自己一點時間喘口氣，平息恐慌，穩住不知所措的腦袋，讓你能繼續運作。戰鬥並沒有停止，槍火依然照亮了夜色，你沒有任何一秒鐘可以浪費。在那一秒中，你必須喘口氣，決定全力以赴。

當你面對人生的重大挑戰，即將失去冷靜時，告訴自己：我現在該稍微喘口

氣。呼吸幾次，想像你的未來。如果你現在放棄，接下來會發生什麼？你的B計畫是什麼？這並不是什麼深刻的沉思，你沒時間挑這時候叫披薩，或跟你的夥伴們開會，這一切必須在幾秒內完成！

讓事情「做得到」的兩個方法

在你投入忙碌不堪的每日行程前，有個好方法就是準備好具有建設性的自言自語。提醒自己：沒有人能在任何工作的各個方面都表現出色，至少不是一開始就做得到，也沒有哪個跑者能全程輕鬆地完成艱苦的比賽。無論前方看起來多麼黯淡，你都必須扎根於你的底線。

如果是醫學院的學生，你的底線是畢業並成為醫生。在科羅納多，我的底線是成為海豹戰士。在地獄週期間，許多人都屈服在沉重的原木之下，但扛著它對我來說很輕鬆。每一次被命令重返我名為「太平洋」的私人酷刑室時，我必須提醒自己：「扛原木對我來說很輕鬆。」

另一個好方法，是提醒自己擅長什麼、精通什麼，如此一來當必須進行對你來說困難的事情時，就不會那麼地不知所措。告訴自己：「我在這方面很厲害，我在那方面超級強；這件事很討人厭，但二十分鐘後就會結束。」也許你面對的是二十哩、二十天或二十週，但這並不重要。地球上的每一次體驗都是有限的，遲早會結束，而讓那件事變成「做得到」，取決於你必須贏得的那些關鍵分秒！

「放棄與否」是有後果的。放棄夢想所造成的後果，會伴隨你一輩子。它能影響你如何看待自己，以及未來所做的其他決定。有幾個人在退出海豹訓練後輕生了，有些則在退出訓練後跟現成的對象結了婚，因為他們迫切渴望得到認可。當然，「不放棄夢想」所帶來的成果，也會伴隨你一輩子。**如果你能在緊要關頭扛住痛苦，稍作歇息，有意識地做出「一秒鐘的決定」，就能學會堅持，透過在某一刻的獲勝而獲得力量**。你會知道「克服那些吵雜的懷疑」需要付出什麼、會有什麼感受，而這也將終生伴隨你。它將成為一項強大的技能，無論處於什麼情況或人生將你帶到何處，都能一次又一次地使用它來獲得成功。

放棄未必一定是錯誤舉動，即使在戰鬥中，有時我們也必須撤退。你可能還沒準備好面對挑戰，也許準備工作並沒有你想像的那麼完善，也許生活中的其他優先事項需要你先處理。這些情況確實會發生，但務必確保你的「決定放棄」是有意識的抉擇，而不是當下的情緒反應。永遠不要在痛苦和不安全感達到頂峰時做出放棄的決定，**如果必須撤退，就在局勢輕鬆的時候退出，而不是在困難的時**

候。掌控你的思考過程，先通過最困難的考驗。如此一來，如果你真的退出，就會知道這不是基於對恐慌所做出的反應。相反的，是基於理性而做出了有意識的決定，而且有時間制定你的B計畫。

莫拉是在一時衝動下退出海豹部隊。一般來說，你如果這麼做，通常沒有第二次機會，人生中許多重大機會通常只出現一次——雖然有時候機會確實會敲兩次門。在食堂那個早晨的十五個月後，我和莫拉再次在科羅納多相遇。那天是我的畢業日，他在我們的「呼呀班」（編按：Hooyah Class，海豹部隊畢業時的傳統儀式）上，即將入學的學員們穿著象徵「第一週的第一天」的白上衣。兩百多個新兵中，只有他沒笑，只有他知道接下來的訓練有多恐怖。儀式結束後，他走向我，伸出手表示祝賀。

「記住，」我說，「老兄，很多夢想是在痛苦中破滅的。」他點點頭，然後消失在人群中。一個月後，我聽說他撐過了地獄週，又過了五個月，他畢業並成為了海豹戰士。

二十二年後，我凝視著我那面乾乾淨淨、擦得發亮的鏡子時，想起了莫拉，同時思索著巴比特對我提出的萊德維爾邀約。我過著舒適日子的時間比我願意承認的還要久，在這個新生活中，家裡的洗澡水從不冰涼，我的「一秒鐘決定」有可能成為一種過時的技能，我覺得我不再需要它了。我能接觸到所有更美好的事物。在我的房子裡，中央空調永遠設定成攝氏二十二度。這種好日子感覺真他媽舒服，尤其當你相信它是你爭取來的。

我幹麼讓自己參加為期十週的訓練營？幹麼在科羅拉多州稀薄的空氣中跑一百哩？我非常清楚那種磨難有多可怕，也知道需要付出什麼代價，但我也知道這是這輩子最重要的「一秒鐘決定」之一。這並不是戰或逃的時刻，我並沒有被死亡的恐懼所壓垮，並沒有處於失敗或受辱的邊緣，我的心臟跳得緩慢而穩定。這是「想放棄」的下意識衝動的成熟版本，你看不到它的到來，直到你認為終於抵達終點時，它在終點線迎接你。

其實呢，我對那些分分秒秒都過著舒服日子的人沒有任何敬意。如果我回信對巴比特說「不」，這不是對他宣告放棄，而是對我自己。我將做出一個基於恐懼的選擇：選擇不再成為我引以為傲的那個人。取得成功和一定程度的社會地位是很好，但我真的不在乎你昨天做了什麼。也許你昨天完成了超級鐵人賽，或從哈佛畢業，我不在乎。每天早早起床，用全新的夢想來挑戰自己，或挖出舊的惡夢，並欣然接受那些討人厭的挑戰，欣然得就像你一無所有，這輩子沒做過任何值得一提的事，這樣才能贏得尊敬。

一天當中有八萬六千四百秒。

僅僅在其中一秒中戰敗，就可能改變你一天的結果，甚至可能因此改變你的人生。

#*OneSecondDecision*（#一秒鐘的決定）

#*NeverFinished*（#我沒有極限）

第四章

開啓野蠻人模式，成為追求不可能夢想的狠咖

萊德維爾一百哩越野賽

比賽前兩週，我和綺希飛抵科羅拉多州的亞斯本市，以適應高海拔環境，但經過一星期每日兩次的訓練（早上的長距離越野跑及下午在阿賈克斯山上的疾速健行），我的身體進入了關機模式。我睡不好，肺裡感覺像是有火在燒。光是走樓梯就讓我氣喘吁吁。我的雙腿肌肉緊緊打結，根本無法正常運作。每次跑步，綺希都會跟著我，發現我的配速每天都在下降。在又一次令人失望的訓練結束後，在飯店房間裡她感覺到了我的沮喪。

「不需要這樣對待自己，大衛。」她說，「你以前參加過這場比賽，就算這輩子再也不參賽，你的成就還是比一般人夢寐以求的還要高。」

我坐在床邊轉向她，看到她眼中的擔憂。她對我最近一次的心臟異常仍然驚魂未定，而且對稀薄的空氣讓我多麼不舒服感到難過。但我唯一能想到的，是在上次報名參加一百哩長跑的時候。

那是二〇一六年七月的「惡水一三五哩賽」。當時我已經連續幾年都維持每天練伸展操兩個鐘頭的習慣，而隨著肌肉變得更加柔韌，我確信自己正在釋放更多的精神意志和身體潛力。我五月初贏得了田納西州的「吉姆四十哩漫步賽」，在惡水開賽的幾週前開車前往「死亡谷」進行訓練時，感到信心十足。但在死亡谷跑了七哩後，高溫變得極為強烈，導致脈搏跳動激增，然後最瘋狂的事情發生了：我居然停下了腳步。

我明明是那個把酷暑當點心細細品嘗的傢伙。單論速度雖無法擊敗任何世界級跑者，但在耐高溫方面我有勝算。原本一直這麼以為，但我的作業系統突然故障，而那種心態就是「找不到檔案」。比賽日即將到來，我離比賽的起跑線「惡水盆地」還很遠。

「你要我打電話給他們嗎？」綺希問。我事先安排了兩個朋友來擔任支援者，他們再過幾個鐘頭就要登機。「我應該取消他們的行程，跟他們說你不參加萊德維爾賽了嗎？」

綺希是對的，考慮到我的身體感受，在高海拔地區跑不必要的一百哩似乎是個非常糟糕的主意。而現在她告訴我，只要打一通電話，我就能得到拯救，而且我甚至不需要自己去打那通電話。然而，雖然身體狀況確實很糟糕，但我的心靈卻開始變得堅硬。

現在不是他媽的二〇一六年！腿沒力又怎樣？我每次跑步時綺希都跟得上我的速度又怎樣？阿賈克斯山每次都把我修理得很慘又怎樣？海拔不是我的問題，

唯一看到的問題，是我已經五年沒參加一百哩比賽，而且忘了「比賽前的疲憊感」對我來說是家常便飯。以往我在參加任何比賽前都沒有事先減少運動量，這表示我從來不是帶著放鬆且充分休息的雙腿出現在起跑線上。那時候，無論是第一名、第二名、第三名，還是最後一名完賽，對我來說都沒差。我曾經用走的走了一百哩，完成惡水比賽，如果有必要，我會在萊德維爾再走一次。

換句話說，一切都在應有的位置。儘管身體狀況有所下降，但隨著在小徑上度過的每一個鐘頭，我的精神力都在增強。再次開始像野蠻人一樣思考，並記住我曾成功攀登高海拔陡峭地形，無論體能方面的感受如何，我能依靠這種經驗來保持自信，即使我覺得不舒服、營養不良、睡眠不足，而且是跑在萊德維爾賽道最陡峭、最艱難的山路上。

一個毫無準備的心靈，會更喜歡適當的減量練習和雙腿充分的休息。它會祈禱比賽當天早上天氣晴朗，氣溫為攝氏十五度，而且來回都遇到順風，最好每隔三哩就下一點毛毛雨來方便降溫，而且只持續幾秒鐘，不會讓山路變得泥濘或濕滑。

但一個做好準備的心靈，則渴望最壞的條件，因為它知道壓力會激發出最好的表現，並暴露其他對手的缺點。它並不在乎你的雙腿是否正常運作、氣溫是否完美，是否有一座地獄般的山丘或整座山脈等著打垮你。在必須穿越冰冷的河流時，它並不在乎你的濕腳；它絲毫不在乎距離，而且他媽的完全不在乎需要多久才能抵達終點。做好準備的心靈是個了不起的東西，而我的心靈即將做好準備。我的營養計畫已經制定完畢，我的自言自語和意象訓練也很到位。你知道這對我來說保證了什麼嗎？

什麼狗屁保證都沒有！

自從上一次參賽以來，這類賽事發生了很多變化。這些比賽曾經是讓我遠離人類社會，讓我進入動物般身心狀態的地方，而且這種場合讓我很容易從人群中消失，因爲沒有多少人喜歡這種運動。早在二〇〇〇年初期，一整年大約只有二十場一百哩賽事，由一群鐵桿的自虐狂們參加。你可以等到比賽當天再悠然地出現、當場報名。但現在，光在美國每年就有超過兩百場的一百哩比賽。在我缺席期間，超級馬拉松已成主流，萊德維爾賽的起跑線擁擠得誇張。賽場上擠滿了八百多名開心又健談的運動員，忙著自拍和直播。

大夥甩動身子，準備應付這條來回路線時，現場的能量強烈得眞實可觸。路線大部分是在海拔九千兩百呎到一萬兩千六百呎間的科羅拉多小徑上，大多數的參賽者並沒有打算拿到第一名。一般來說，只有不到一半的人會在指定的三十小時的時限內完成賽程。

我很久以前就知道，無論參加什麼類型的活動或挑戰，唯一重要的競爭對手就是自己。很多人會把這句話解讀成我又在邀請自己慢慢跑就好。請別誤會，雖然我已經很多年沒參加一百哩賽事，但還是在心裡吊起了一根胡蘿蔔（一個值得追逐的東西），以維持我的專注力。**人生的重點並不是「及格還是不及格」，而是「影響和努力」**。胡蘿蔔幫我將這兩者最大化，而且幾乎總是能產生更好的結果。如果我要跑萊德維爾賽，我就要他媽的認眞地跑完。不管身體感覺有多糟，我大老遠跑來這裡並不是為了看看能否在三十小時內完賽，我的目標是在二十四小時內跑完全程。

我跑了幾哩熱身，但對自己的配速和姿態感到驚喜。我的比賽計畫和平常一樣，要用疾速健行的方式穿越上坡，在平地和下坡則用跑的。大多數的超馬跑者都採用這種策略，因爲在陡峭斜坡上跑步會消耗體力，而且其實並沒有快到哪去。在萊德維爾這種長距離比賽，最好把體力花在更値得的地方。

比賽的幾天前，我徹底考察了路線，尋找任何優勢。這麼做不僅是爲了重新熟悉地形，也爲了讓綺希知道她和其他夥伴該如何前往他們需要去的地方。我們參觀了將成爲支援站的地點，畫好地圖，不容一絲僥倖。我的準備工作雖然完善，但在洛磯山脈筋疲力盡時，不管你多麼仔細地事先考察了一條小徑，還是很容易被欺騙，以爲已經到達山隘的頂部，但其實你還遠得很。

萊德維爾一百哩越野賽有許多假山峰，其中最惡名昭彰的，是位於海拔一萬兩千六百呎的「霍普隘道」。那條上坡路大約是從第四十哩開始，也是比賽路線在溫菲爾德鎮迴轉之前的最後一個主要山隘。跑到那裡的時候，我已經找到了節奏，而且儘管在那天跑的里程數比之前三年都多，但雙腿仍處於良好狀態。那條狹窄小徑持續往林線延伸時，我把雙手按在膝蓋上來提供支撐力道，進行疾速健行，而周圍的其他跑者大多已經拿出登山杖。我是老派的超馬跑者，對我來說，那些登山杖看起來就像枴杖。我很滿足地把雙手撐在膝蓋上，一路爬到山頂。儘管如此，大會確實允許登山杖，它也確實能讓你走得更快。我看得出來，因爲隨著小徑越爬越高，我不斷落後其他人。

幾哩後，小徑從林線上方伸出，在苔原上變得平坦，看起來就像已經到達山頂。我看到幾個跑者顯得開心，甚至開心得加快速度，但一拐過下一個彎道，看到還有多少上坡路要爬時，他們垂頭喪氣，我則是對自己微笑，繼續努力前進。

我彎著腰，手掌壓在膝蓋上，這讓腳掌接觸地面時能獲得更多力量，讓我一步一步往上爬。

面對艱鉅的任務，唯一的辦法就是完成

曾在高海拔小徑上奮戰過一段時間的人，都知道假山峰多麼令人心碎。當你只希望擺脫累死人的上坡時，它騙你以爲已經爬完，結果卻發現還差得遠！即使不是越野跑者，也能體會這種感覺，人生中也有許多虛假的山峰。

你以爲在公司或學校漂亮地完成了一項作業，老師或主管卻把它撕成碎片，叫你從頭來過。你在健身房進行艱苦的循環訓練，以爲自己已經完成最後一組時，卻聽到教練或訓練員告訴你（或在你的紀錄本上看到），你必須把整個循環再做最後一次。我們三不五時都會挨到這樣的一拳，但那些伸長脖子尋找山頂、乞求痛苦趕緊結束的人，最常被假山峰打得一蹶不振。

我們必須學會不再去尋找「困難時期即將結束」的跡象。**當距離未知時，專心一致就顯得特別重要，這樣未知因素就無法奪走你的注意力**。記住，結局該來的時候就會來，「期待」只會分散你的注意力，讓你無法盡力完成眼前的任務。「付出努力」是整個旅程，而不只是其中一小段。這就是爲什麼你踏上那條小徑，這就是爲什麼你報名參加這場比賽、那堂課或接受一份該死的工作。當你捲入一件大多數人都希望早點結束的艱苦差事時，這當中暗藏著一種美好。地獄週

結束時，倖存者們歡呼雀躍，流下喜悅的淚水，彼此擊掌或擁抱。我在完成地獄週後得了「地獄週後憂鬱症」，因爲我沉浸在磨難之中的美妙，以及隨之而來的個人成長中。

我們可以隨心所欲地決定某一個障礙是大是小，這一切都取決於我們如何看待它。參加萊德維爾賽時，我期待著漫長而艱難的一天，但在那之前已經度過了多少無關緊要的日子？我爲什麼不花一天的時間做些餘生都會感到自豪的事？就像電影《奪標27秒》中，艾爾莫在參加這輩子最重要的摔角比賽前在公寓裡對路登．史旺說的那樣：「重點不是那六分鐘，而是在那六分鐘裡發生什麼事。」

當你正在爬山或參加任何艱鉅的任務時，讓自己解脫的唯一辦法就是完成。既然如此，又何必在事情變得困難時抱怨連連？既然你知道它遲早會結束，又何必希望它很快就會結束？當你大發牢騷，大腦開始尋找彈射逃生鈕時，你並沒有拿出真本領來完成任務，而這表示你其實在延長痛苦。

硬漢會低下頭，繼續拿錘子埋頭苦幹。他們把自己的心靈訓練得在那些艱難的時刻保持堅強。他們一看就知道哪些是假山峰，而且總是表現得好像離頂峰還很遠。一般人會在陡峭山路上放慢速度、度秒如年，但坡度和海拔對硬漢來說無關緊要。他們將思想保持在攻擊模式，直到沒有山需要攀登；而當他們真的爬到頂峰時，甚至希望上坡路能更長一些。

爬了大約四哩後，我慢跑穿過霍普隘道的兩座山峰之間的窪地，搖搖頭。已經結束了嗎？我邊這樣想著，一邊加快了步伐，飛快地跑過下坡路，來到第五十哩處的迴轉處，我的支援者們正在那裡等待。

我的速度只比以前的萊德維爾個人最佳成績二十二小時十五分鐘差一些，這使我在所有參賽者當中名列前四十名。但我當時並不知道，我沒戴健身手錶，而是戴著前一天在沃爾瑪大賣場買的十美元特價手錶，因爲我不想讓自己的步調影響心態。我只專注於一件事：手上的任務。

經過短暫休息、進食和補充水分後，接下來要循原路返回，從後側爬上霍普隘道，這次帶著一名配速員。我的老友提傑在背包裡塞滿了我可能需要的額外食物、水和裝備，而且他的雙腿經過充分休息。他的陪伴推動我以強勁的配速跑上那段上坡，儘管已經有一段時間沒定期跑越野賽，但多年來我已經成爲一名優秀的技術型越野跑者。肌肉的記憶恢復了，這使我快速跑完下坡，來到坡道的另一側。

這場比賽中最後一次主要的爬坡，出現在第七十五哩處。它被稱爲「好漢坡」，而且這裡也有一些假山峰。提傑隨身帶著一雙登山杖，一直問我要不要用。我這次也用雙手撐膝的方式疾行，他惱火地看著其他人拄著登山杖從我們身邊經過。我們在下坡路及平地上追上了當中大多數的人，但在好漢坡上再次落後。

「拜託一下，老兄，拿登山杖試個一、兩哩就好，」他說，「至少看看你喜不喜歡。」

「我操，才不要。」我厲聲道，這時又有兩個人超過了我們。「這在以前是作弊。」這時的我已經累壞了。累積已久的里程和步伐開始讓我感到疲憊，他也看得出來。

「聽我的，哥金斯。」我轉頭看去，提傑把登山杖遞了過來，彷彿他知道自己正在向一個仍堅持舊法的暴躁武士展示一件絕地兵器。我接過來，氣自己放棄了硬派超馬之道。但話又說回來，這項運動已經有所改變，這對我來說是一起進化的機會。正如提傑所說的那樣，這雙登山杖大幅減輕了雙腿的壓力，我突然感覺兩條腿恢復活力，然後迅速衝上了那座陡得要死的山。

我的動作比幾個鐘頭前更好也更快，超越了許多經驗豐富的超馬跑者，就像穿越了滑雪賽道上的旗門。隨著我持續上坡，信心增強了，我的感官也強化了。感覺自己無比強大而專注，記憶中的某個東西開始鬆動，滾進了腦海中。這就是爲什麼萊德維爾這樣的比賽如此深刻而富有詩意——高海拔的一百哩山路會耗盡你的一切，而當我飛快爬上好漢坡時，我看到了那個害怕的孩子，他以前總是在尋找出口，因爲他看不見自己的潛能。

在最堅強的時刻，總會想起最脆弱的過往

搬去印第安納州巴西鎮的第二年，我在小學三年級中期開始出現口吃的毛病。到五年級的時候，說三個字就會結巴。這在成年人和陌生人面前尤其糟糕，在上臺演講時更是慘烈。我永遠不會忘記學校的那場話劇，每個人都知道我結巴，但由於每個人都必須參加，所以老師仁慈地分配了只有一句臺詞的角色給我。我在家把那一句臺詞練習了一百遍，有時候會卡卡的，但一般來說朗讀得流暢完美。然而，實際站在舞臺燈光下時，我又整個人僵住。

那陣沉默尷尬得令人難以忍受。觀眾大概只有十五、二十人，全是家長，你絕對找不到比他們更有愛心的觀眾。每個人都耐心地等待，簡直像在運用意志力

來協助我開口。有幾個同學在竊笑，但大多都在幫我加油打氣。老師用瞪大而敏感的眼睛看著我的嘴唇在顫抖。我知道自己不可能將臺詞說出口，所以試都沒試就轉身離開了舞臺。

後來轉學去了一所小型天主教學校，同年級的每個人都認識我很多年，我在他們身邊相對感到自在。從小學三年級中期開始口吃時，他們大多都目睹了我的變化，而我在課堂上被要求大聲朗讀時，他們看著我口吃，變成了我無法逃脫的詛咒。有時候必須朗讀一、兩句話，尤其在學習新詞彙的時候；有時候得朗讀一、兩個段落，這讓情況變得更糟，因為不僅口吃是個問題，我也深受嚴重的閱讀障礙所困擾。

在那一刻，時間停止了，我感覺自己簡直就像赤身露體。我小時候經歷過的那些創傷，加上我是白人學校裡唯一的黑人孩子所感到的焦慮，更是助長了這個詛咒。在我看來，我的身分就是「那個口吃的肉呆黑人」，沒別的。我的失敗感覺比實際情況更沉重，對公開演講的焦慮也與日俱增，嚴重到每當老師要我們輪流大聲朗讀時，我會先預算段落，然後在快輪到我的時候，舉手要求去上廁所。不然就是開大絕：假裝頭痛想吐，直接回家休息。

我在那所學校的唯一宗旨，就是避免自曝其短。學習或進步完全不重要，唯一重要的是躲避子彈，因爲我只看得到敵方火力，而這種心態限制了我學習和成長的能力。我開始作弊以跟上進度，因爲口吃讓我確信自己在教室裡注定吊車尾，我在那些課本裡什麼也學不到。

每晚入睡前的最後一個念頭和醒來後的第一個念頭，都是我多麼微不足道、愚蠢、毫無價值。由於艱苦的成長經歷，我比一般的小五生更清楚這個世界如何運作，也不禁好奇：如果連一個字也說不出口，我他媽要怎樣在這個世界上混？這種人會有什麼下場？這個想法讓我滿心恐懼。我的世界像牢籠一樣壓迫著，因爲口吃主宰了我，它是我唯一能看到、聽到和感覺到的一切，腦子裡沒有足夠的空間讓任何正面想法扎根。因此，我傾向於走捷徑，尋找逃生門。

對許多人來說，他們的煩惱是從醒來的那一刻就揮之不去。也許他們肥胖或有身心障礙，覺得自己醜陋，或在學校或工作場合表現很差而且不知所措，而這些煩惱會占據他們所有的心思。他們對自己的不完美與缺點的執著，窒息了自尊並扼殺了進步，而從起床到當天晚上再爬回床上，他們唯一的任務就是避免自曝其短，想辦法在地獄中熬過另一天。當對自己是這樣的感受時，你就不可能看到可能性或抓住機會。

每個人都有能力變得非凡，但大多數人（尤其是那些心煩意亂的人）逃離了

在「愛國者巡迴演講」的舞臺上演說，不再害怕口吃。
（感謝Nature's Eye提供相片）

煉鋼爐，從未體驗過抵達地獄另一頭是什麼感覺。我的蛻變是個殘酷的過程，耗時數十年，但最終，我變得跟那個在熾熱舞臺燈光下僵住、在教他識字的那個老師的視線中癱瘓的孩子截然相反。我成了一個全職野蠻人，走在偏僻而狹窄的小徑上，兩邊都是懸崖，沒有補給站或休息區，沒有任何岔路或出口。無論出現在我面前的是什麼，我都必須正面處理，因爲全職野蠻人將人生中的一切視爲學習、適應和進化的機會。然而，巴比特那封信找到我時，我一開始是忙著尋

十二年後，重回萊德維爾賽的感覺很好。

找逃生門；後來我冷靜下來，找到一個方法。

現在，在地球上最艱難的比賽之一途中，我跑了超過七十五哩，感覺異常強大。你最堅強的時刻，常常會讓你想起你最脆弱的時刻，而這正是爲什麼我小學五年級話劇中的那些畫面，會在我的腦海中循環播放。我把自己操到極限，視角因此深入內心，我對那個孩子感到同情，我知道他讓周遭情況主導了他太久。但我也爲他感到驕傲，因爲他克服了那一切。那個小王八蛋的成就確實令人驚嘆。

放出你心中的惡犬，緊盯獵物

從好漢坡開始的下坡路，是在一條布滿大量岩石的山林防火道上，很難找到可靠的立足點，但我速度很快。從那時起，每當小徑變得平坦，我就用跑的。斜坡再次上升時，就使用登山杖疾行，因此速度比之前更快。

萊德維爾賽是我靈魂的一次淨化，在此之前對自己的動力與身體能力的疑問，都得到了解答。彷彿這條高海拔賽道本身就是一位雕塑家，我是它正在雕刻的大理石傑作：一個野蠻人的重生。每跑一哩，這尊大理石雕像上就有一塊碎石掉下來。我在第八十七哩處進入了最後的補給站，心想幾天前竟然還以爲自己可能必須用步行的方式走完全程。但現在，比賽只剩十三哩路，我的雙腿還剩很多力氣。

在補給站稍作休息時，我觀察周遭的景象。一些跑者步伐蹣跚地進入補給站，有些則一邊進食、補充水分，一邊與隊員們歡聲笑語。我們每個人即將完成一場野蠻的成年儀式，但當這一切結束後，有多少人會以此爲契機，對自己的身心提出更深層次的疑問，提出更多要求？二〇一九年的萊德維爾賽，擠滿了許多兼職的野蠻人。這些人花六、七個月的時間提高訓練強度，完成一場終生難忘的比賽，然後放鬆好幾年，不再做類似的活動。當我準備跑完最後一段路時，我不再懷疑自己是否能完賽，現在對自己提出的問題是：「那條終點線會把我引向哪裡？」

接下來的兩哩路，小徑朝山峰向上傾斜時，提傑和我用走的。道路恢復平坦時，我們用跑的。我雖然累，但提傑更是疲憊得痛苦難耐，當平坦的路段延伸到一定距離時，我和他之間出現了相當大的差距。我跑步時不太愛說話，所以我以爲他是在給我空間，但當我再次開始用走的，他追上了我，他的呼吸聽起來沉重凌亂。我們來到綠松湖的最後兩哩路（最後一段長而平坦的路段）時，他再也跟不上了。

小徑環繞著高山湖泊，其周圍環繞著崎嶇山峰，直到這條小徑與一條陡峭的吉普車小徑相交。一名志工坐在一輛廂型車裡，引導疲憊的跑者前往正確的方向。我身上的食物和水已經耗盡，但當我問志工是否有多餘的物資時，這並不是我在意的問題。那傢伙遞給我一個已經拆掉包裝紙的 Pop Tart 果醬吐司餡餅。我向他致謝，然後在原地等待，拿著那該死的東西十分鐘，然後十五分鐘。幾個跑者超越了我，但我還是沒看到提傑的身影，所以我開始跑……朝著遠離終點線的方向！

跑了半哩後，我看到提傑朝我走來。如果說「他看到我的時候感到驚訝」，這種說法算是輕描淡寫，而當我遞給他那個該死的糖霜零食時，他更是陷入混亂。他吃東西的時候，感嘆自己來科羅拉多州是爲了支援我，現在卻反了過來，變成我在幫他抵達終點。看到我一再等他，他知道我已經放棄試圖打破個人最佳紀錄，而且他覺得自己像累贅。

幾分鐘後，凌晨兩點左右，我們再次來到那輛廂型車所在，開始在星空下沿著陡峭斜坡前進。幾盞頭燈從我們後面搖晃而來，越來越近，是另一名跑者和他的配速員，那名跑者追上我們的時候放慢了速度。他認出我時，停了下來，綻放笑容。我以爲他只是另一個因爲接近終點線而開心的友善先生，但他顯然有別的想法。

「我兒子跟我說你在這兒，」他說，「他向我提出挑戰，要我逮到你。看來我逮到你了。」

「看來是。」我說。他點點頭，對自己感到滿意，然後繼續往前跑。

「我不敢相信那個王八蛋。」我們看著那人被夜色吞沒時，提傑搖搖頭。

「他才沒逮到你！」

「別理他。」我說。那傢伙的那句話也讓我不爽，但我不想讓提傑看出來，因爲這只會讓他感覺更糟。

「要不是因爲我，他連你的影子都看不到。」提傑的眼睛因怒火而閃爍出我很久沒看到的光芒，他比我還火大。「他沒逮到你，他是逮到你的配速員！」

他甚至氣得開始跑了一段距離，然後搖搖晃晃地停下來用走的喘口氣，這樣重複了好幾次。他顯然無法保持可行的節奏，但這不是重點。提傑正在傳達訊息給我，他知道我的油箱裡還有很多燃料，而帶著任何沒燒掉的燃料衝過終點線都是大罪。他雙手撐在膝上，轉身對我說：「你他媽還在這做什麼？你得去追殺那婊子！」

這句話對我來說宛如天籟。我跟他交換了猙獰的微笑，然後拔腿就跑。我來到賽道最後一個轉彎處時，必須通過一條三哩長、逐漸向上傾斜的路段，才能抵達終點線。除了菁英中的菁英之外，所有參賽者都是用走的通過這最後一段路，這表示如果我在這裡耗盡我的油箱，就能超越一些跑者。我先前已經在腦海裡拍下了那個跩咖的快照，我想逮到他。

我以前常拍這樣的快照。當我處於全職野蠻人模式時，如果你對我耍嘴皮子，我一定對你噴垃圾話，把你對我的冒犯當成彈藥，來推動我在接下來的任何任務、比賽或鍛鍊做出更好的表現。而且一定有某個任務、比賽或鍛鍊在等著我。

我們每個人心中都有凶悍的惡犬，這是我們對「挑釁」的自然反應，是生存本能的近親，但大多數人都把牠綁起來，關在門後面，因爲野蠻的一面不適合這個「文明」的世界。那頭惡犬從不放過獵物，總是感到飢餓，總是在尋找殘羹剩飯，而且是在競爭、失敗和受辱中找到。我以前總是定期開門讓牠出來，但隨著我的生活發生變化，我也像其他人一樣把那頭野獸綁了起來，開始對我遇到的那些冒犯視而不見。任何朝我擲來的羞辱，我都像船過水無痕那樣輕輕放下。我變得成熟了，決定過著更平衡的生活。這不一定是壞事，但也不全然是好事。

我不再飢餓。多年來，我放過了很多肥美的殘羹剩飯，但那天那個跩咖的評論沒辦法讓我聽聽就算了。我心中的那頭惡犬又餓了，而在那令人痛苦的最後一段路上，我意識到我多麼懷念「緊盯著獵物不放」的感覺，懷念把油箱燒得一乾二淨時所感到的快感，我讓自己挨餓太久了。

如果你想將最小潛力最大化，並在任何領域變得強大，就必須欣然接受你野蠻的一面，變得「不平衡」，至少在一段時間內。你需要把每天的每一分鐘都拿來追求你想要的那個學位、那個起點、那份工作、那個優勢。你的思緒永遠不能離開駕駛艙，你得忙到必須睡在圖書館或辦公室，你得在太陽下山很久後還繼續練球，你得觀看下一個對手的分析影片看到睡著。當你執著於成爲偉人，你就沒有休息日，也沒有休息時間。想在你投入的領域上成爲狠咖中的狠咖，就是必須做到這種程度。

你必須知道你的奉獻精神會被誤解，一些人際關係可能會破裂。你內心的那個野蠻人是個沒社會化的野獸，而且不平衡的生活方式往往在表面上顯得自私。但我之所以能用人生故事幫助這麼多人，正是因爲我在追求「成爲有史以來最硬的硬漢」這個不可能的夢想時，接受了這種不平衡。這是一個神話般的標題，但它成了我的羅盤方位，我的北極星。

今晚它再次出現，在科羅拉多州的夜空中閃爍，比周遭的銀河系都耀眼。當我超越另外五名跑者時，它引導我爬上那座山，再次進入流暢的節奏。我獵捕到的每一盞參賽者的頭燈都爲我帶來更多燃料，而在比賽還剩一哩半的時候，我追上最後一盞，就是那個跩咖。我不是從碎石路的最左邊接近他，而是直接與他擦肩而過。我並沒有眞的碰到他，但我和那王八蛋只有毫髮之差，因爲我不想讓他在漆黑的夜裡搞不懂到底怎麼回事，我想讓他清楚知道是誰輾壓了他。

他根本不知道他之前在幾哩外發現我時，我正在幫助我的配速員。他不可能知道我當時其實體力依然充沛，但當你不知道你究竟在和誰說話時，明智的做法是保持尊重，或什麼也別說。他沒保持尊重，而是對我放炮，丟了一些殘羹剩飯，餵了我心中那頭飢餓的狗。噢，但這次當我從他身邊經過時，他無話可說。我也是，我甚至懶得回頭看他一眼，但我聽到他氣喘吁吁。而當他羞愧地低下頭時，我想起爲什麼以前的人說：「吐痰時得注意風向。」

我跑出了一場精采的比賽，最終以二十二小時五十五分四十四秒的成績獲得了第三十五名，比在二〇〇七年的成績慢了四十分鐘，但考慮到兩場比賽間隔了十二年，加上我動過兩次心臟手術，這個成績還是相當不錯。綺希在這之前從沒看過我跑完一百哩比賽。我越過終點線時，她非常開心，以爲會有類似收到賀卡的那種時刻，但我沒心情慶祝。就像特勞曼上校談到藍波時所說的：「你所謂的地獄，他稱之爲家。」這正是我跨越終點線時的感受。我終於回到家了。

但一場風暴正在醞釀：我每次完成一場超馬比賽後，都會發生同樣的醫療緊急情況，這表示必須立刻回到我們在布雷肯里奇市的木屋。我凝視窗外，注視著我的北極星，它在四十五分鐘的車程中尾隨著我們，引誘我丟下平衡又舒適的柔軟日子，跟隨它。它告訴我，萊德維爾賽事並不是我以爲的那樣只參加一次。我一開始不太確定要不要報名，其中一個原因是我已經參加過這場比賽。我幾乎每一場有意義的超馬都參加過了，這些都體驗過了，但我現在知道這還不夠！

接下來是什麼？我在四十五歲的年紀是否還能當全職野蠻人？如果我如此嘗試，能堅持多久？這些都是改天再說的問題，因爲在我們駛入車道之前，我的身體已經開始變得僵硬。我也能感覺到體內開始震顫，雖然我知道接下來會發生什麼，但這對綺希來說是未知的領域。

跑完超馬之後的分崩離析，即將開始。

進化4　你是自己人生的典獄長

別忘了打開監牢的鑰匙就在你手上

將自己關進牢籠的母親

儘管我童年時的口吃狀況令人擔憂，但並沒有完全打垮我。令我無法集中精神的，是有毒壓力。昔日的傷痛使我無法在小學擁有完整而快樂的生活，而且一直困擾著我直到成年。但經歷這一切時，我保留了足夠的自我意識，意識到事情有多糟糕，也記住我每一次作弊和抄捷徑的方法。雖然聽起來很奇怪，但我其實是幸運兒之一。對一些受害者來說，他們的創傷是如此具毀滅性，以至於失去了所有的自尊和自我意識，他們被撕毀得只剩斷肢，人格的基本面都被打得粉碎。

讓我免於墜入谷底的其中一個原因，是我在母親身上看到的教訓。儘管她極力掩飾，但她就是自我毀滅的寫照，這就是為什麼我一生都有機會研究「囚徒心態」。

在她遇見我父親特倫尼斯時，還是個年輕的女孩。他把她迷得團團轉，直到迷失自我。然後他給她的每一記耳光、每一次充滿恨意又無禮的評價、每一次對她的背叛，都吸走了她更多的生命力，直到她再也不是以前那個迷人、聰明、端莊又堅強的女人。這種充滿虐待性質的關係，通常不是一夜之間發生，大多是漸進形成的，這就是為什麼它會留下格外嚴重的燒痕。直到有一天，你醒來，發現自己被那個正在摧殘你的人所掌控。

在大自然中，「破壞」總是會讓路給「創造」，在我們搬去印第安納州後，我的母親並沒有在廢墟中坐太久。我們每個人都有重建的衝動，她也有。然而，在重建自我時，必須謹慎地進行。她當時失去了所有自信和情感的連結，因為她還沒完全從我父親的傷害中解放出來。結果就是她不知道自己在建造什麼，她砌的磚塊成為了自己的牢房。她下意識地建造了一座與精神和情感絕緣的高塔，在我八歲的時候，她整個人已經是個空殼。她每天辛苦忙碌，但很少在情感上有所反應。我跟她過著平行的人生，無法觸及她的心。

諷刺的是，你建造這些牆是為了保護自己。你以為它會讓你變得堅硬、不那麼脆弱，卻不知它把最黑暗的想法與最醜陋的記憶和你囚禁在一起。你說服自己因為做了錯誤的人生決定，所以應該被關在裡頭。你認定自己不值得更多或更好的東西，而那些已經造成的傷害無法挽回。你心中充滿了無盡的羞愧，照鏡子時，你看不到自己是誰。讓你繼續被關在監牢裡的，是你不斷灌輸給自己的錯誤敘述，以及你無法逃脫的錯誤反思，因為它已經成了你的一部分。

可控的憤怒，幫助你推倒自己砌築的高牆

在我上高中時，媽媽已經是一位獨立又成功的女性，她從家暴中倖存，在一所頂尖文科大學找到年薪六位數的工作。這些都是百分之百的事實。我們周遭的人都看到了同樣的成就，但她在鏡子裡看到的是一個毫無價值、配不上這些成就的人。

我念高三時，她在一所學院擔任系主任，並開始在監獄裡當志工教師。對她來說，光是待在自己的精神監獄還不夠，她想體驗真正的監獄，尤其如果這表示她將沒有足夠的時間好好坐下來，以任何有意義的方式思索自己的人生。自從

我們搬去印第安納州後，她的生活就嚴謹得近乎神聖，但她在監獄工作了幾星期後，生活就開始變得混亂不堪。我察覺到有些不對勁，畢竟電話每十五分鐘就響一次，我怎麼可能察覺不到？在我前往空軍新兵訓練營的幾週前，她終於解釋了到底是怎麼回事：她跟一個過去十年一直被關在高度戒備監獄裡的男人訂了婚。

我花了幾分鐘才聽懂這個消息，然後問道：「他因為什麼而入獄？」她沒立即回答。她必須整理思緒，因為她沒有簡單的方法能讓她兒子知道，她未來的老公入獄是為了毒品而謀殺了一名女子。他並不是開槍射殺她，也不是發生了什麼搶劫未遂而動手，這個男人是為了毒品而活活掐死了一個女人。她接著說他將在我去新兵訓練營的一星期後出獄，並搬進我們家。

當你無法有意識地重建自己時，心靈所做出的舉動確實令人驚奇。我的親生父親是個幫派分子兼騙徒，我母親的前未婚夫在自家車庫裡被謀殺，而彷彿為了加碼演出，她將在一名被定罪的殺人犯出獄後不到一星期的時間裡嫁給他。我媽媽在尋找一個她能拯救的人，因為她沒有力量拯救自己。但這場婚姻並不順利，他們在不到兩年後離了婚。許多年後，他毒癮復發，最終因用藥過量而死。

這個故事翻成白話文：**當你的自我價值消失，而且你不處理或接受你的心魔，它們將繼續掌控你，你將成為社會最底層的人。**

我知道我提供的大部分建議和講述的故事，都是為了幫助你度過不可能的情況。然而，有時你需要的是猛踩煞車。如果發現自己陷入像我母親那樣的虐待，或任何一種讓你失去自我意識並瀕臨整個人被抹去的苦戰，最好的辦法就是在跌入谷底之前，先阻止自己繼續往下滑。

猛踩煞車讓軍隊和單兵能重整旗鼓，包括重新裝填你的空彈匣，盤點彈藥，重新調整裝備，好讓你在接下來的幾個鐘頭裡，能隨時取用已裝彈的武器及可能需要的任何東西。也必須仔細審視你的作戰計畫，清楚了解面臨的是什麼及它將導致什麼結果。

我親身經歷過被掠食者持續尾隨是多麼痛苦的事，你失去所有正常的感受，現實變得扭曲，但我也知道清醒的時刻確實存在。在特倫尼斯第一次、第十二次，甚至第五十次打她的臉後，我媽媽當時就應該重整旗鼓。雖然我知道這很難做到，但這是我們必須為自己做的，沒得商量。如果她當時這麼做，可能就會注意到自己正處於滑坡，這將導致她徹底毀滅。她可能就會明白，看著自己的孩子們日復一日地在溜冰場徹夜做苦工，然後在家裡挨打，這是不正常或不能容忍的。在有毒的情況下，你不能繼續盲目地前進、希望它會結束。它不會結束，但你可能會完蛋。

當你阻止自己繼續往下滑時，你會受傷，但不會完全報廢。你的傷口可能會成為干擾，但憑著決心和努力，你能痊癒並掌控自己的人生。但如果你墜入了谷底，情況就不同了，也別奢望乾淨俐落或輕鬆的解決方案。囚犯被釋放後，通常沒有進行持續性的身心復健，大多數在離開監獄時都一團糟，如果想重建人生，往往需要更多幫助。你也會需要幫助，需要找到那些倖存的人，或至少能理解你的經歷、能幫助你痊癒的人。

當然，尋求幫助和分享你的殘酷故事需要自尊和自我意識，而當你被自己建造的牆所圍困時，自我意識和自信就根本不存在。這時候，你唯一的選擇就是生氣。

我們經常被告知「憤怒」是不健康的情緒，但當某人或某事偷走了你的靈魂，並摧毀了你的人生，憤怒就是一種自然反應。我說的不是非理性的憤怒，那種憤怒確實可能是災難性的，會讓你陷入更黑暗的深淵。我說的是受控的憤怒，這是一種自然的能量來源，能讓你清醒過來，幫助你意識到你所經歷的事是不正常的。我曾幾次汲取怒火的力量，當我寒冷時，它溫暖了我；當我恐懼時，它把我的恐懼變成了勇氣；當我無助時，它給了我戰鬥力。它也能為你帶來同樣的貢獻。

憤怒會讓你擺脫所處的魔咒，直到你不再願意被困在自己的精神監獄裡。你會抓撓牆壁，尋找光線洩入的裂縫。你的指甲會折斷，指尖鮮血淋漓，你會繼續拚命挖掘這些裂縫，因為你的憤怒將被淨化，而人類的心靈就是喜愛進步。堅持下去，那些牆壁最終會倒塌，直到你再次獲得自由，睜大眼睛站在廢墟中。這麼做也有用，因為「破壞」總是孕育出「創造」。

拿出勇氣和精神韌性，不惜一切代價推倒這些牆壁。你就是你人生的典獄長，別忘了鑰匙就在你手上。

#*PrisonerMind*（#囚徒心態）

#*NeverFinished*（#我沒有極限）

第五章

成為紀律的門徒，
擁有扭轉劣勢的萬能鑰匙

沒有崩潰就沒有蛻變

我們駛入布雷肯里奇市那間木屋的車道時，我的視野變窄了。當時剛過凌晨四點，周遭一片漆黑。我小心翼翼爬上通往前門的矮階，幾乎什麼也看不見。靠自己走進屋子時，綺希擔心地看著我。我全身都在痛，但還是堅持了下來，她知道我不會在團隊面前表現出軟弱。事實上，她以為我會走進一樓的臥室，進入浴室，在那裡她能幫我脫衣服，把我清理乾淨。但我一直緊緊抓住的那條細線，那條讓我能保持直立且文明的線，正在迅速磨損，而夥伴們一離開我的視線後，那條線驟然斷裂。我膝蓋一軟，摔倒在臥室的地板上。

綺希就在我身後。她關上門並鎖上，扯下床上的被單，鋪在我身旁的地板上，使盡全力把我放在上頭，讓我感覺舒服一點。但她不知道她的細心讓我一點也不舒服。

綺希的潔癖強烈到瀕臨強迫症邊緣。灰塵、汙垢和潛在的細菌讓她的雷達處於高度戒備狀態。每當空氣中有異味，她總是第一個出聲，而現在我聞起來就像一隻在路邊小動物的屍體上打滾的老狗。我的腿和腳沾滿泥土和血，指甲卡滿了泥土。從腳趾到頭皮，皮膚沾滿了汙垢和汗漬。我的呼吸急促、淺薄且發出惡臭，先前在車上出現的輕微顫抖（只有綺希看到，因爲她一直在密切注意我），現在變成了骨頭嘎嘎作響的顫抖。然後腸子開始呻吟，我知道情況會變得更糟。

這對我來說不是什麼新鮮事。自從我這輩子第一次參加超馬——「聖地牙哥一日賽」以來，每次完成一百哩比賽的後果都包括強烈的痛楚和折磨，以及最基本的身體機能淪落至羞辱性失控的地步。綺希知道這點，但未曾親身經歷過，我擔心她無法應付。

我們是完全不一樣的人。綺希並不是喜歡戶外活動的類型，要不是因爲我，她根本不會知道萊德維爾是三小。她對「樂趣」的定義，是在匹克球或高爾夫球場度過一天，或在五星級度假村放鬆。她超級拘謹又神經質，我是來自不同時代的野獸，但在努力工作和紀律方面，我和她一拍即合。在健身房、巡迴演講和路跑賽事上，她總是能跟上我；她在事業上積極進取，理解我對苦差事的奉獻精神，這是我生命中其他女人（或任何人）都做不到的。

然而，除了在納什維爾急診室的那一晚，她只看過我可以在幾乎沒有幫助的情況下忍受和承受任何事，而且通常是在睡眠不足時。我很少讓她目睹我的脆弱面，所以當她看到我連擦屁股都做不到時，對我會作何感想？我羞愧又尷尬地告訴她即將發生什麼，她一臉驚恐。

「等等，大衛！別拉在杜威上！」

「杜什麼？」我神智不清地問。

「杜威。」我當時想必一臉茫然，因爲我這輩子從沒聽過「杜威」（duvet）這個詞。「你知道的，『羽絨被』。」綺希搖晃我身體底下的雪白被單，她看起來疲憊不堪，而令她極度恐懼的是，被單已經被我醃料般的賽後汙垢浸透了。

「你現在就躺在那上面！」

「妳是說毯子？」我問。她沒回答，而是衝出了房間，回來時拿著一個黑色垃圾袋，像攤開的尿布一樣鋪在我和珍貴的羽絨被之間。然後她才把我的跑步短褲拉到大腿處，我的直腸門戶大開，一股冒犯上帝的惡臭在我們周圍飄揚。

正如預料的那樣，她因爲我無法動彈而必須幫我擦屁股，然後扶我跪坐起來，好讓我在她從樓上廚房找到的某個高級玻璃水果盤裡小便，與此同時她咬緊牙關，對我強調這可能會對她的Airbnb評分產生影響。

這一切處理完畢後，她把我腳上的鞋襪脫下來，盡可能把我清理乾淨，然後把我裹在那該死的「杜威」羽絨被裡，我的眼皮無力地下垂，翻了白眼。我沒睡著，而是試著細細品味我無法控制的顫抖、周身的汙穢、自己的惡臭，以及各式各樣的痛苦滋味。

我的髖屈肌痛得彷彿有火在燒。之前唯一一次有過類似的感覺，是在第二次地獄週的週三晚上，當時我在沙灘上小睡五分鐘後被喚醒。船隊的其他人都得到整整一個小時的休息時間，但我沒有。我最痛恨的那個教官「肖郎皮特」，想要我爲他私人演出。我記得試著在那個瘋子面前站起來，卻痛得就像臀部被鐵鉗夾住。唯一能緩解抽痛的方法，就是蜷縮成胎兒的姿勢，所以我在布雷肯里奇那間木屋裡也這麼做，體會到疼痛眞的最有辦法讓你回到過去。我躺在那裡，渾身發抖又冒汗的時候，眞的就像又回到了科羅納多島，全身濕透、沾滿了沙子。

綺希害怕極了。她看著我，計算著我不規則的呼吸，聽著我骨頭嘎啦作響，盤算緊急方案。我是不是處於休克狀態？是不是出現某種高山症反應？布雷肯里奇市的海拔是九千六百呎，她擔心我的狀況會迅速惡化。但我一點也不擔心，我知道這種分崩離析就是我的老友，我的超馬比賽的最終階段。

我這輩子一開始接觸耐力賽時，愛死了這種崩潰階段，因爲痛苦讓我感覺自己還活著，並提醒我已經全力以赴。這一次，雖然沒有以同樣的方式享受它，但我知道「全面崩潰」就是「全力以赴」的副產品，而如果我探索自己心靈中的縫隙，會發現有價值的教訓，這些教訓往往與崩潰同時出現。一般人會想避免這樣的分崩離析，因爲痛苦可能會強烈得讓你永遠蒙上心理陰影。我欣然接受崩潰，並歡迎傷疤，疤痕組織中蘊藏著大量資訊。

傷痕證明過去是眞的。身體上的傷疤永遠不會消失，當你看到時，它們會帶你回到某個特定的時間地點。但在舊傷周圍形成的疤痕組織是脆弱的，臉部被擊中數千次的職業拳擊手，會比從未被打過臉的人更容易出血。一旦有過很深的傷口，這輩子都很容易再次出血受傷。

那些看不見的精神和情感傷疤也是如此。它們或許無形，但對我們的影響遠比身體的傷疤嚴重。精神和情緒上的傷疤是我們的弱點，除非努力強化，否則就像身體傷疤一樣容易破裂。如果你一直沒處理好傷疤，它們就可能改變你的人生道路。在遇到身體或情感的艱難狀況時，無論是在體育賽事、工作還是家庭生活，你會很容易失敗，而且遲早會回到那面從不說謊的鏡子前。

「崩潰」就像一面鏡子，會清清楚楚地讓你看到你究竟是什麼樣的貨色。你的過去與心態成了一張飽經風霜的舊地圖，上面布滿你的傷疤，而如果你像挖掘古物的考古學家一樣閱讀它們，可能會發現地圖上暗藏訊息，要你再次站起來，變得更好也更強。因爲沒有崩潰就沒有蛻變，而且總是有另一個進化，另一層需要脫掉的皮膚，一個更好或更深層次的自我等著被揭露。

陷入清醒與夢境之間的微妙空間時，我快速清點了自己的傷疤。肖郎皮特的嗓音逐漸減弱，另一個熟悉卻微弱、我無法辨認的聲音在呼喚我。

「大衛，醒醒……。」我的記憶開始抽搐，滲入現實，我不知道自己身在何方，也不知道什麼是眞實的。「大衛，」他粗聲粗氣地說，這次更大聲，「該起床了，孩子！」

這是我外公傑克．加德納中士的聲音。不同於那些接受「阿杯」、「阿公」或「外公」等親切暱稱的人，他要我喊他「傑克中士」，而這爲我跟他之間的關係定下了基調。沒錯，他在我的腦子裡留下了好幾條傷疤，而且他正在像以前那樣把我搖醒。

嚴厲的傑克中士外公

那是一九八三年的夏天，我們蹣跚地走上長長的碎石車道，來到外公家門口。我們睡眠不足，肚子很餓，所有家當都塞在黑色垃圾袋裡。媽媽敲了門，等待的時候我瞄了一下院子。外公外婆擁有一大片土地（整整一英畝），有一片修剪整齊的寬闊草坪，其中一側緊鄰著鐵道。沒有一片綠草錯位，也看不到一株雜草。這其實就是第一個警訊，只是我當時沒看懂。

雖然老爸確信外公外婆是我們逃離水牛城的幕後黑手，但他沒看到我們來到這裡，也沒看到我外婆莫娜在前廊上對我們無言的問候。她打開門，翻個白眼，揮手示意我們進去。傑克中士站在她身後，表情就像教官看著一群留長髮和鬍鬚的菜鳥新兵下車。他曾是空軍的士官長，幾年前已經退休，但現在還穿著飛行服。當時我看不懂他臉上的表情，因爲我是一隻迷路的幼犬，全身傷痕累累，但後來我第一次進了新兵訓練營，在教官臉上看到了同樣的表情。然而剛抵達巴西鎮的那天，外公在我眼裡就像個英雄。我對他綻放笑臉，他沒回以微笑。

儘管如此，能來到外公外婆家，還是感覺很好。很高興能置身天堂路以外的任何地方，外公外婆也因爲我們離開了父親而鬆了一口氣，但這並不表示住宿、伙食和保母服務都是免費的。第二天天還沒亮，第一筆帳單就送來了，當時我被某人用力搖晃肩膀而醒來。我睜開眼，看到傑克中士，依然穿著軍服。

「該起床了，孩子！」他說，「有工作要做。」我揉揉眼睛，瞥向一旁的哥哥，他聳聳肩。外面天依舊是黑的，加上我們因長途奔波而疲憊不堪，所以傑克中士一離開房間，我和哥哥就又睡著了。接下來的晨喚方式，是一杯冷水潑到我們臉上。兩分鐘後，我們來到了車庫，外公以前在軍中的那張舊金屬辦公桌就放在裡面。桌子的一角放著黃色記事本，最上面那頁的標題寫著「任務清單」，還寫了日期，連同「0530」這個數字。我不知道這代表什麼，直到傑克中士解釋他的房子是按軍事時間運作。

就在這一刻，我意識到在這裡不會有所謂的適應期，也不會有任何擁抱、疼惜。外公外婆從未對我們的經歷表達基本的同情，傑克中士只是嚴厲地瞪著我們，說明了清單，然後帶我們穿過車庫，彷彿我們是他的新員工，需要知道在哪兒能找到耙子、鋤頭、樹籬剪、掃帚和簸箕，以及如何操作並清潔他的手動割草機。他並不在乎我和哥哥如何分配工作，只在乎我們按時起床完成工作。每一天都是以這樣的方式展開：不受歡迎的晨喚後，是一份以軍事時間標示的逐項任務清單，然後是阿公的寥寥幾句話（如果有開口）。

傑克中士有一半黑人和一半美洲原住民血統，儘管他只有五呎七吋高（編按：約一百七十公分），但氣勢驚人。他在空軍當過廚師，退休後的每一天仍穿著軍服，平日通常是一套飛行服或戰鬥服。他那套乾淨筆挺的藍色空軍禮服，則是留給上教堂和所有其他正式場合。傑克中士對一絲不苟的管理工作引以爲榮，他在乎他所擁有的一切。他的土地上有兩個獨立雙車位車庫和四輛車，都是一九五

○年代左右的凱迪拉克和雪佛蘭。就像他精心照料的房子和院子，這些汽車的狀況也完美無瑕。

他生於一九○五年，在印第安納州南部長大，成年時正値種族隔離制度《吉姆．克勞法》的鼎盛時期，那時候以黑人的身分在美國走跳是非常危險的，說錯一句話或看了誰一眼就可能引發暴徒私刑。他的父母很窮，他在小時候從沒被呵護過。他只念到小學四年級，因爲當時必須找一份工作來幫忙貼補家用。因此，我來到他家時，他把自己的人生經驗傳授給我。在他看來，他的人生經驗教會他的東西很有效。他有一份軍人退休金，早已還完房貸，車庫裡的每輛車也是，而且在銀行有存款。傑克中士把自己的人生打點得有條有理，而且是靠著對細節與紀律的自我要求而到達這種境界。

每天早上，他在叫醒我之前，會在他的土地周圍散步，觀察草坪、幾棵樹，以及覆蓋著雪白碎石的的冗長車道。房子有兩個門廊，兩側各一個，他喜歡把它們打掃乾淨，並隨時清除雨水槽裡的雜物，因爲這個地區的暴風雨來得猛烈。傑克中士無法忍受看到落葉、灰塵或雜草，一切都必須完美。

每天的任務清單至少有十項，有時會增加到二十幾項。早上第一件事，就是徹底打掃兩個門廊，我必須拿出耙子，收集一夜之間落下的所有落葉並裝袋。在春天和夏天不算是艱鉅工作，但在秋天當樹葉變黃時，這會花上好幾個鐘頭。

在印第安納州的潮濕夏季，樹籬和草坪會發瘋似地生長，這表示我必須沿著完美的網格路線推著手動割草機，而且幾乎每天都得修剪所有的樹籬。在夏天，雜草一直是個問題，而一旦它們開始從車道的碎石裡探出頭來，我就必須跪在地上，把手挖進泥土裡，拔掉那些王八蛋。碎石扎進我的皮膚，留下擦傷和瘀傷。對我來說，這跟刮掉溜冰場地板上的口香糖並沒有什麼不同。在最初的幾星期裡，我把傑克中士的任務視爲一個信號：無論我住在哪裡或跟誰一起住，都注定要遭受惡霸的迫害，我那傷痕累累的年幼心靈深深陷入了「我就是歹命」的惡性循環。

我哥也是。他在傑克中士的任務上沒撐多久，很快就撤回了水牛城。相較之下水牛城竟然似乎是更好的選擇，這眞不可思議。我哪兒也沒去，但這並不代表我喜歡外公家。一開始我很討厭這個人，也試圖反抗。他來搖醒我的時候，我繼續裝睡；然後他會把水潑到我臉上，我照樣硬撐不起床。如果我還是不起來，他會拿著金屬垃圾桶蓋來到床邊，用木勺在我耳邊敲打蓋子，直到我乖乖起床去車庫領取任務清單。

我當時還沒意識到，傑克中士並不是特倫尼斯。他其實是我的宮城先生，電影《小子難纏》裡那位教男主角空手道的師父。我的意思並不是每項雜務都有具體的目的，或這些指示暗藏著能讓我在空手道錦標賽大顯身手的必殺技。他從沒對我說「我正在教你如何成為一個有責任感的年輕人」，但我確實學到了寶貴的人生教訓。

很多人都會在人生中遇到傑克中士這種人，像是一位長輩或老師，他們拒絕以我們想聽的方式說出我們想聽的話語。當你像我一樣在情感上受過創傷，那麼任何一個嚴厲的眼神或粗魯的答覆、命令或要求，都可能感覺像是人身攻擊，而我們常常對這些嚴厲教導視而不見，但這只是對我們自己造成了損害。我花了很長時間才明白，傑克中士的做法或那些任務並不是故意要整我，而只是等價交換。

他的女兒，也就是我的母親，需要一個地方讓我們住下，而天底下沒有白吃的午餐。對傑克中士來說，那份每日任務清單就是我們要為前一晚支付的房錢。媽媽當時實在沒有多餘的心思另外找住處，她忙著在當地一所大學上課，還要兼兩份工作，在接下來的六年都是這樣度過，直到獲得碩士學位。所以住宿的費用，必須用我的汗水來支付。

開學後，我的工作拆分成「上學前」和「放學後」，很少有休息時間。放學回到家後，首要任務是做功課。然後必須妥善完成清單上的所有任務，才能和朋友一起打籃球。一開始我根本不知道所謂「妥善完成某項特定任務」對那位老人來說的標準爲何，從他那裡得到的唯一直接回饋，是他板著臉點頭，這表示沒問題了，不然就是搖頭，表示「再試一次」。

我不知道看過多少次他搖頭，連睡覺都會夢到那家徵厄運的搖頭。在惡夢中修剪瘋狂生長的草坪，不然就是試著清理邊緣裝有鋸齒刀片的雨水槽，隨時可能被那些刀片割斷手指。

如果硬要選，我更喜歡室外的任務。我認爲房子裡大部分的空間都是禁區，因爲儘管傑克中士對待我的態度很糟糕，但外婆莫娜比他更機車。她也是混血兒，在外表上勉強可以裝成白人，而她表達這件事的方式，是嘴巴不時亂噴「黑鬼」這個詞，就像藝康滅蟲員噴灑蟑螂藥。大部分的時間，她是朝我噴出她最喜歡的這個字眼。以我在巴西鎮遇過的所有種族歧視者來說，沒人比可愛的外婆更常叫我「黑鬼」，而這只更讓我覺得我是他們的私人奴隸。

幾個月過去了，暴政並沒有鬆懈。那時我已經清楚知道傑克中士對我有何期望，我知道怎樣按照他想要的方式割草、耙落葉和洗車，但我爲自己感到難過，因爲我的朋友當中幾乎沒人（可能完全沒有）必須做家務，更別提完成軍事級的每日任務。另外，我的外公外婆還是沒有對我人生前八年所經歷的爛事，表現出一絲的同情。

他們顯然不懂我。我住在他們的客房裡，周遭是過時的家具和壁紙。牆上沒有籃球海報，我沒有得到玩具、潮鞋或音響。他們有沒有努力試著讓那個房間更適合孩子入住？有才怪！我能報復他們的唯一辦法，就是把工作做得亂七八糟，而不是努力完成每一天最重要的任務。當然，我這樣只是在傷害自己。

如果在晚餐前還沒做完工作，他們會叫我進屋裡。飯菜並不是小孩子喜歡的那種，沒有漢堡或熱狗，而是烤雞或烤肉，配上羽衣甘藍、豬腸和捲心菜。無論我是否喜歡這些食物，都應該吃得乾乾淨淨，然後回去繼續完成還沒做完的任務，因此我常常忙到太陽老早已經下山。

不明白為什麼外公外婆要這樣對待我。我八歲的腦袋能找到的唯一解釋，是他們跟我父親一樣討厭我，討厭我出現在他們家。這就是為什麼在一開始那些日子裡，「贏得傑克中士的認可」對我來說毫無意義，我像夢遊的殭屍一樣把他的任務做得能交差就行，隨便做做就好了。管他去死，也管外公去死，我心裡這樣想。我討厭這個老混蛋，也不在乎他對我有何看法。

半年後，儘管我還是討厭這個人，但改變了處理任務清單的方式。我在第一次晨喚後立即起床，不再拖延，而他不再需要對我進行清晨洗禮。我專注於傑克中士總是會注意到的細節，並在第一次執行時就完成了每項工作，只有這樣我才有時間打籃球。然而，我的新方式也產生了意想不到的副作用：對出色工作的自豪感。事實上，這種自豪感對我來說比打籃球更重要。

我每週一次清洗他收藏的汽車時，知道在上第一層蠟之前必須先用麂皮絨擦掉每一滴水。我用SOS清潔墊把車裡的白色內壁擦得閃閃發光，把每一塊面板都擦得明亮如鏡，還在儀表板及所有塑膠內飾板上抹了美化保護液「牛魔王」。我把眞皮座椅也擦得亮晶晶，如果看到車窗或鍍鉻物上有汙漬，會很不爽。我如果錯過一個髒汙處，或在任何差事上抄捷徑省功，自己會很牛氣。當時並不知道，這其實是我正在從昔日創傷中復原的跡象。

終於得到我最想要的「禮物」

如果把工作做得掉漆並不會讓你難受，這就清楚說明了你是什麼樣的人。除非你開始對自己的工作感到自豪和自尊，無論這些工作多麼渺小或被忽視，否則你將繼續過著半途而廢的人生。我知道自己有充分的理由要叛逆、繼續當個懶惰的混蛋，但也意識到這只會讓我更加痛苦，所以我選擇了適應。但無論我做得有多好，完成任務的速度有多快，都沒得到「幹得好啊，孩子」的誇獎或是每週收到零用錢，也沒有甜筒冰淇淋或驚喜禮物，更沒有擁抱或擊掌。在傑克中士的眼裡，我只是終於做到了一開始就該做到的。

我的外公外婆並不是對每個人都冷漠。一九八三年，我表弟一家來這裡過聖誕節時，莫娜和傑克中士給了表弟很多的擁抱和親吻，因爲不同於我母親，表弟的媽媽要求外公外婆以關懷的方式對待她的孩子，而不是軍事紀律。我表弟拿到的禮物堆積如山，有玩具、衣服，還有一場烤肉大會，漢堡和熱狗是現烤現吃，接著是一碗又一碗的冰淇淋。無論他想要什麼，只要想要，都能得到。

「大衛，過來一下。」傑克中士開口。我盯著表弟達米恩，他正在狼吞虎嚥地嗑著一碗冰淇淋。他才來了兩天，吃到的冰淇淋就比我半年裡吃到的還要多。

「我也有一份禮物要送給你。」

我跟著他，直到發現我們跟往常一樣在前往車庫的路上，感到震驚。看來我該了解聖誕節早上的任務是什麼了。對外公來說，聖誕節跟普通的星期三並沒有什麼不同。他不在乎某一天是不是你的生日，還是其他節日，工作不會停止。他把我的聖誕禮物推出來時，我從他桌上抓起那張紙條。禮物是一臺閃亮的新型手動割草機，亮面的不銹鋼輪轂上刻著我名字的縮寫。地上積了雪，所以我知道那天早上我不需要修剪草坪，但「西部汽車」連鎖店當時舉行了庭院設備的特賣會，而這個老頭就是無法對特價品說不。

「聖誕快樂。」他咧嘴笑。我的表弟受到王子般的待遇，這老混蛋卻把我帶到車庫來惡搞我。看來我這輩子確實度過很多「聖誕他媽的快樂」。

但不久後，兩起事件永遠改變了我對傑克中士的看法。新的一年裡，我和媽媽搬進了政府每個月補貼七美元租金的公寓——「燈光莊園」。那年夏天，她爲我報名了附近的暑期學校。有一天放學後，我和一群住在附近的孩子一起回家。其中一個是名叫梅芮迪絲的小女孩，住在同一條街，我們一起走過了最後一段路。來到她家的時候，她父親正好坐在前廊上喝啤酒，他一看到我，就把啤酒放下、身體前傾、撫摸著鬍鬚，像瘋狗一樣瞪著我。

請注意，雖然我的外婆叫我「黑鬼」，但我以前從沒在公共場合經歷過任何種族歧視。當他大喊「梅芮迪絲，給我滾進屋裡！」時，我以爲他在生他女兒的氣，我沒想到他的不爽跟我有什麼關係。那天晚上稍晚，他打電話給我媽，警告她說他是三K黨成員。

「叫你兒子離我女兒遠一點。」他說。

聽到母親叫他去吃屎，他說他會去拜訪傑克中士。每個人都認識印第安納州巴西鎮的傑克中士，他跟市長和其他當地仕紳們是朋友，他們都認爲他是一位上教堂的愛國者，一個信奉上帝及其話語的人。他證明了美國夢是眞實的，而在巴西鎮許多抱持種族主義的白人男孩的心目中，他是「好的黑人」之一。梅芮迪絲的白癡父親因此以爲傑克中士會把她和我教導得「更懂事」，我媽忍不住笑了出來。

「請務必這麼做。」她說，然後掛了電話，打了電話給我外公。

幾天後，我再次見到梅芮迪絲的父親時，他在我外公家的前廊上。他是不請自來，但傑克中士已經做好準備。外公打開前門時，手槍就掛在腰帶上，就像隨身攜帶的武器。我當時躲在外公身後的屋內角落，但清楚看到梅芮迪絲的父親注意到傑克中士的武器，並後退一步。傑克中士將下巴又抬高一吋，死死地盯著那人的眼睛，但什麼也沒說。

「聽著，傑克，」三K黨成員開口，「如果你孫子放學後再跟我女兒一起回家，我們就會有些問題。」

「我們唯一會有的問題，」傑克中士說，「是如果你不離開我的地盤，我的前廊上就會有一個死透的三K黨成員。」

我跑到門口，正好看到男子轉身，回到卡車裡，揚長而去。然後我看了看傑克中士，他對我點了個頭。這是第一次有成年人保護我免受傷害。

幾個月後，我和傑克中士及他的朋友比爾一起在車道上修理凱迪拉克。這兩人幾乎天天都在弄車子，如果不是忙著更換火星塞或檢查機油，就是忙著沖洗散熱器或用蒸氣清潔引擎。那一天的工作完成後，比爾猛然闔起鋼鐵製的汽車引擎蓋，沒注意到傑克中士的手仍放在引擎室的邊緣上。引擎蓋砸爛了他雙手的手指骨，但他沒發出任何聲音。

「比爾，掀起引擎蓋。」他平靜地說，依然百分之百鎮定。比爾終於意識到自己做了什麼時，臉上失去了血色。他震驚得花了幾秒鐘才終於打開引擎蓋，引擎蓋終於掀開後，傑克中士抽回鮮血淋漓的雙手，平靜地走進屋子，找到了我的外婆。

「莫娜，」他說，「我想妳最好開車送我去醫院。」

親眼目睹那件事改變了我。我以前從沒見識過這種堅強與鎮定，甚至不知道這是可能的。我心想如果有一天自己能像他一樣堅強，那麼我在父親手上領受到的所有痛苦，還有鏟雪、跪在碎石地上拔草、耙落葉和洗車、清理雨水槽、修剪樹籬和草坪，都會是值得的。我當時仍苦於學習、獲得信任、提高自信，試著在所有痛苦中尋找意義，而看到傑克中士如何面對磨難，我了解到「變得堅強」可能就是我的出路。

我所謂的出路並不是要離開巴西鎮，這還不是我當時最在乎的事。我在尋找一種出路來擺脫我脆弱、受傷的心態。軍中有句老話：「如果你很蠢，那你最好堅強。」那時候，我覺得自己很蠢。部分原因是那些柔軟的疤痕組織依然新鮮，讓我很難專注於課業，而我的反應就是乾脆躺平。如果失敗是因爲連試都沒試，那我眞的有失敗嗎？然後，我學會了天天作弊。相反的，傑克中士的方式不涉及抱怨、作弊或自憐，而是咬緊牙關，爲自己所做的一切感到自豪，與遇到的任何事正面對決。

打從我有印象以來，我一直感到被忽視和冷落。我的表弟和朋友們能隨心所欲地玩耍，整天看電視，穿著新衣服去學校，這讓我感到苦悶，很想知道什麼時候才能得到我的新衣服？什麼時候才能得到屬於自己的東西？那天在車道上，我終於發現傑克中士的「榜樣」，就是我一直希望得到的禮物。它比任何禮物都更令我印象深刻又滿足，比任何漢堡或熱狗更美味，比冰淇淋聖代更甜，那是我悲慘一生中迄今最美好、也最重要的一天。

和我的「宮城先生」合照。

改變劣勢基因，紀律幫你轉生

傑克中士是一位嚴厲的老師，但孩子有時就是需要嚴厲的老師。我知道這句話你聽了可能不順耳，因為現在時代不同了。我們被警告「壓力」對孩子造成的長期影響，而為了補償，父母想辦法讓孩子的生活盡可能舒適又輕鬆。但現實世界總是舒適又輕鬆嗎？人生並不是「普遍級」，我們必須讓孩子做好準備。

我們這一代正在訓練孩子成為「隨心所欲國度」的正式成員，但這最終會使他們成為社會上那些獅子的獵物。日益軟化的社會不僅影響著兒童，成年人也陷入了同樣的陷阱，甚至包括我們這些取得了偉大成就的人。我們每個人都只是即將沸騰的溫水中的另一隻青蛙，而這鍋水就是無所不在的「玻璃心文化」。我們把每一個無法預見的障礙都視為「針對個人」，時時刻刻都準備被這世上的邪惡屁事激怒，化身為憤青。相信我，我非常清楚何謂邪惡，也比一般人經歷過更多屁事，但如果你把身上的每一道傷疤都詳細記錄下來，把它們當成藉口或討價還價的籌碼，好讓你的人生更輕鬆，那就錯過了一個能讓你變得更好、更堅強的機會。傑克中士知道我在成年後要面對什麼樣的人生，他在讓我為人生的挑戰做好準備。無論他是否知道，但這個男人正在把我訓練成一個野蠻人。

這條進化方程式對每個人來說都完全一樣。你是誰並不重要。你可能是個想發揮自己的力量、變得偉大的年輕人，也可能是個什麼都沒做過，但想在爲時已晚之前達成某些成就的中年人或老年人；又或許你已經獲得了很多成就，但正在克服傷勢或疾病，或陷入低潮，卡在情感和生理的流沙中。首先，你必須明白你已經偏離了正軌，或一直達不到該有的水準。接下來，接受**「你只能靠自己」**的事實，沒人會來救你。他們也許會向你示範該怎麼做，就像傑克中士爲我做的，就像我現在正在爲你做的，但你的工作還是得由你完成。接下來，你必須成爲紀律的門徒。

即使在我和母親搬進了自己的住處，每當她必須工作到很晚或出差時，我都會在傑克中士家過夜。果不其然，隔天早上一定會有晨喚和任務清單。而且，沒錯，就和我老爸一樣，傑克中士是個刻薄的老人，期望我按照他說的去做且別奢望拿到酬勞。但跟特倫尼斯不一樣的是，傑克中士在交給我的紀律中暗藏了一些有價值的東西，而當我把最大的專注力投入每項任務時，我贏得了在其他地方找不到的自豪感。

但這並沒有持續太久。

最終，我成長爲一個叛逆的少年。我把寬鬆的褲頭垂在屁股上，對權威豎起中指，而且離被退學的那一天越來越近。我成了屁孩，但傑克中士並沒有試著告訴我該如何穿衣或表現，只要求我在遇到成年人時最好用「先生」和「女士」來問候他們。儘管他知道我所遭受的每一次種族歧視和惡意破壞，但他無意再介入我的戰鬥。我快成年了，要駕馭那些風暴的人是我，不是他。

和許多心懷不滿的青少年一樣，我並沒有過著充滿使命感的生活，而只是存在著。我變得懶散，對細節的關注也早已消失，因爲不再有一個人，每天在我背後監視我、逼我走在正路上。我在傑克中士的土地上工作時所感到的自豪，如今已蕩然無存，但沒人認爲這算得上是緊急狀況。我當時只有十七歲，而即使在那時候，「給小孩子足夠的空間讓他們鬼混」是很正常的。我們都聽過一些父母說出「他只是個少年」或「她只是個大學生」之類的臺詞，來幫孩子的壞習慣或愚昧選擇開脫。問題是，什麼時候才是「擁有充實人生」而不是「僅僅活著」的適當時機？

那個適當時機，是當我收到一封信，讓我知道自己的爛成績將導致無法高中畢業，而這也使我嚮往的空軍生涯在開始前就結束了。收到信的隔天，我回到傑克中士那裡，開始更頻繁地在他家過夜。我向他要了任務清單，想在他的院子裡工作。我渴望紀律，因爲總覺得它可能會拯救我。

這就是紀律的美妙之處，它能戰勝一切。很多人生下來只有貧瘠的天賦，對自己的模樣及與生俱來的基因深感不滿。我們的父母很糟糕，我們在成長過程中受到霸凌和虐待，或被診斷出有學習障礙。我們討厭自己的家鄉、老師、家庭，以及關於自己的一切。我們希望能轉生去異世界，成爲不一樣的角色。而我就是活生生的證明：**我們能透過紀律來轉生，只有紀律能改變你的ＤＮＡ。紀律就像一把萬能鑰匙，能讓你繞過所有的看門人，進入每個你想進入的房間，包括那些打從一開始就不想讓你進去的房間！**

這年頭想成爲偉大人物眞的超簡單，因爲你有太多競爭對手太注重效率，滿腦子只想用最少的時間和精力來爭取最大的利益。就讓那些人比你更早離開健身房，比你更愛蹺課、請病假吧。而你，則該努力成爲　個任務清單總是接不完的狠咖。

這就是讓你能彌補潛能差異的途徑。學會如何將你所擁有的最大化，不僅能讓你追上其他人，還能讓你超越天生比你更有才能與優勢的人。把你付出努力的時間從原本的幾小時，拉長成幾天、幾週、幾年，讓紀律滲透進你的細胞，直到「工作」變成像呼吸一樣的本能。在紀律的轉化下，你的人生將成爲一件藝術品。

紀律會增強精神耐力，因為當「辛勤工作」成為首要任務時，你就不再想著一切都必須感到愉快。手機和社群媒體讓太多人充滿嫉妒和貪婪，被其他人的成功、新車、房子、巨額合約、度假和浪漫旅行所淹沒。我們看到其他人都在享受人生，覺得自己被這個世界拋棄，所以成天抱怨，搞不懂為什麼沒達到我們想要的目標。

但當你變得自律，就沒有時間浪費在那些屁事上。你的不安全感會成為警鐘，提醒你盡最大所能完成家事或家庭作業，並在工作或健身房投入額外的時間，是讓你能過著充實人生的基本要求。對自我優化及日日苦練的動力，將增強你的工作能力，並讓你相信自己能承擔更多挑戰。以紀律為引擎，你的工作量和產能將增倍成長。你不會看到的（至少一開始不會），是你的個人進化已經開始結出碩果。之所以不會看到，是因為你忙著採取行動。

紀律沒有信仰體系，超越階級、膚色和性別，也超越了所有的噪音和衝突。如果你認為自己出於某種原因而處於劣勢，那麼紀律就是最好的等化器——它消除了所有劣勢。這年頭，無論你來自哪裡、是什麼身分，都不再重要，因為只要你充滿紀律，就沒人能阻止你。

相信我，我知道這一切都不容易。回到傑克中士家的隔天早晨，我很難在太陽升起前起床。我已經很久沒接到0500的起床號，感覺措手不及。床鋪把我吸回它舒服的懷抱時，我昏昏欲睡，「繼續躺平」的誘惑比以往任何時候都更強烈。

試圖做出改變時，就是會遇到這樣的挑戰。要你繼續躺平的呼聲只會越來越大，直到拿出一套對你的使命充滿堅定決心的行爲模式來讓它閉嘴。幸運的是，我知道我已經賭上了一切，根本不能陷入那個陷阱，所以我起床的時候並沒有慢吞吞，我必須在上學前先把家事做完，回家後才能繼續讀書。

我依然昏昏欲睡、拖拖拉拉，但我記得在跑步或打球後，感覺會好許多。那時候的我只是個笨孩了，對腦內啡的科學原理一無所知，也不知道它們如何在運動後在身體和大腦中引發充滿活力和積極的感覺。但我知道我有何感受，而這就夠了。我撲倒在地上，做了最大組的伏地挺身。做完後，我感覺活力充沛，有精神跑進車庫，拿起任務清單，開始工作。這成了我的新模式。我刻意起個大早，做最大組的伏地挺身，然後開始動工。

正是在那些掙扎與奮鬥的日子裡，在我不知道自己能否高中畢業或被空軍錄取時，我第一次意識到，我在身爲紀律的門徒時，是處於最佳狀態。相反的，我離紀律越遠，離傑克中士越遠，就變得越糟。雖然我還是不喜歡早起，也不太喜歡那些家務，但正是它們讓我成爲一個我能夠引以爲傲的人。

我也知道傑克中士不會永遠以身作則。他當時已經八十好幾，開始放慢腳步，衰老已經悄然而至。他睡得更多，行動也不太方便，而這表示我該學習如何對自己負責。他的任務清單教會了我如何確定所有事項的優先順序並制定行動計畫，所以我開始比他更早起床。我會做伏地挺身，在天亮前沿著他的房子周遭走一圈，評估需要做些什麼。當他坐在辦公桌前喝咖啡時，我已經在忙了。

一旦他看到我不僅主動去做那些通常會列在清單上的任務，還找出了其他需要完成的工作，他給我的清單就縮小了，最後徹底消失。在我自己家裡，傑克中士的任務清單演變成了我的問責鏡，幫助我養成那些讓我能順利畢業、通過軍職性向測驗考試，以及加入空軍所需的習慣。

從那時起，每當面前有一個目標或一項任務時，除非我盡最大的能力完成了它，否則我都不認爲它已經完工。當這成爲你的生活方式，就不再需要任務清單或問責鏡，因爲你看到草長得很高時，就會立即處理。如果你在學業或工作上落後了，就會拚命念書，或熬夜把事情處理好。在我爲了成爲海豹戰士而需要減掉一百磅時，我清楚知道自己必須做什麼。我必須重新成爲紀律的門徒，但不需要任務清單。把它寫下來只會減少我的鍛鍊時間，而我沒有一分鐘能浪費。

這些任務清單曾經是一種負擔，但我就是因爲一遍又一遍地去做了那些我不想做的事，才打造出在我心中燃燒的驅動力。在我完成每一天都需要做的事情之前，它不會讓我放鬆。

萊德維爾賽後的分崩離析，對我的身體來說是一種挑戰，但在精神上卻令我振奮，因爲它讓我沐浴在心靈帶來的力量中。我爲了重返萊德維爾起跑線所付出的艱苦努力，要求我重新成爲傑克中士幫忙塑造的紀律的門徒。說眞的，我到現在還是搞不懂他當年的目的究竟是什麼。他那時候是想爲我指明前進的道路，讓我變得更好，還是只想要免費勞工？到頭來，這並不重要。他爲什麼那麼做、那表示什麼，這些疑問要由我自己來賦予意義，並將其轉換，以創造前進的動力。

只有你能在每一個惡劣情況中找出教訓，並利用它來讓自己變得更強大、更聰明、更完善。無論遇到什麼事情，你都必須找到一絲曙光，保持正面的態度，永遠不要把自己當成受害者，尤其如果你想在一個你必須爲每一件重要的事情付出努力的嚴酷世界中茁壯成長。我不是說物質的東西，而是自尊、自愛和自我主宰。

萊德維爾賽後的隔天早上，我渾身惡臭，沾滿大便的短褲還纏在大腿上，在我醒來的幾分鐘前，腦海中閃現出最後一次看到傑克中士還健在的情景。那是在我的空軍基礎訓練畢業儀式上。儘管外公健康狀況不佳，還是堅持參加，而身爲二戰老兵，他在講臺上獲得了貴賓席，與高級軍官們同坐。

認識他那麼多年，他從沒對我說過「幹得好」，也從沒聽他說過「我愛你」。但他們宣布我的名字，我穿著藍色空軍禮服走過高臺，正式成爲像他一樣的空軍弟兄時，我和他四目相對，看到一滴眼淚從他的臉頰流下。傑克中士笑容滿面，顯然對於身爲我的阿公，他感到無比自豪。

我和傑克中士在基礎訓練畢業儀式上合影。

進化5　回到底部才能繼續學習

訓練有素的謙虛，才會讓你持續成長

憐憫的惡性循環

以下這些都是事實，也無可爭議：你的問題和你的過去，都不在其他人的雷達上，不算是。你的人際核心圈裡可能有些人關心你正在經歷什麼，但整體來說，大多懶得鳥你，因為他們正在處理自己的問題，專注於自己的生活。

我是透過慘痛教訓才學會這個道理。八歲那年，從水牛城坐車前往印第安納州巴西鎮南麥奎爾街一一七號時，以為我將走進有史以來最盛大的憐憫派對，期待氣球、蛋糕、冰淇淋和溫暖的擁抱。但相反的，外公外婆表現得好像我那一切痛苦和恐懼從沒發生過。傑克中士從不表示憐憫。他只想讓我的外殼變得堅硬，他也確實做到了。

憐憫是一種讓你舒服，但遲早會變得有毒的藥膏。一開始，當親友對你表示理解，證實你確實有理由對自己的處境抱怨時，這感覺就像同情。但憐憫帶給你的慰藉越多，就會渴望更多來自外界的認可，也因此變得越不獨立。這將使你更難在人生中獲得任何抓地力，這就是憐憫的惡性循環。它會削弱自尊和內在力量，讓你更難成功，而且後續的每一次失敗會讓你更想自怨自艾。

聽著，我懂，人生並不公平，也不容易。很多人都在做自己不想做的工作，覺得即將到來的任務根本配不上我們，這個世界、上帝或命運迫使我們生活在一個不屬於我們的盒子裡。我以前在醫院當夜班保全時，覺得那份工作配不上我，所以每晚上班時，腦子裡都有一個尖叫聲：「我不想待在這裡！」而這種心態感染了我人生的一切。我吞下了我的情緒，之後爆發，然後陷入深沉的沮喪。我想要不同的人生，但糟糕的態度讓我根本無法創造出那種人生。

可憐自己的每一分鐘，都表示又失去了能自我改善的一分鐘，又一個你原本能上健身房的早晨，又一個你原本能拿來念書的晚上。你在實現夢想、抱負和重大願望（那些一輩子都在腦子和心裡想著的東西）沒取得任何進展時，就是又浪費了一天。

可憐自己的每一分鐘，就是在地牢裡度過的另一分鐘，你在地牢裡想著你失去了什麼，或是被奪走或浪費掉的機會，而這遲早將導致極大的沮喪。陷入沮喪時，你大概會認定沒人能理解你或你的困境。我以前也這麼想，但傑克中士早上在我耳邊敲擊垃圾桶蓋時，就等於告訴我這世上不是只有我這個小男孩被鞭打或遭受有毒壓力。有時候，我們感受到的情緒，是昔日爛事的產物。有時候，我們就是不想在清晨五點整起床、在上學前做幾個小時的家務，因為這爛透了。但傑克中士期望我執行任務，無論我經歷了什麼，無論我是不是想睡覺。

我的感情受到了傷害。我拖到最後一刻才起床，半吊子地度過上午的時間，以一種無意識、生著悶氣的反抗態度作為回應。但外公根本不在乎，草地還是得割，落葉還是得耙，雜草還是得拔。不管我肚子有多痛，這些差事都必須完成，而且是由我來完成。那些情緒浪費了我大量的時間，因為無論有什麼感受，我面前還是有一項任務，而那才是當下最重要的。

唯一重要的就是「當下」。然而，太多人任憑憂鬱、後悔或遺憾劫持他們的每一天。他們任憑對過去的感受綁架自己的人生。也許他們的結婚對象落跑了、把他們丟包在禮堂，又或許他們被公司無故解僱。你猜怎麼著？有一天，他們會回過頭來，發現除了自己之外，根本沒人在乎他們遇到的鳥事。我不在乎你經歷過什麼，我是可以為你感到難過，也可以同情你，但我的同情不會為你帶來任何好處。我還是個深受創傷的小孩時，就知道自憐對我沒有幫助。對我有幫助的，是第一次動手就把那些白牆清理得乾乾淨淨。

我們沒辦法挽回時間，所以必須囤積每一分鐘。我起得越早，做的事情就越多。我在「憐憫派對」還有「自憐樂園」裡待得越短，就會變得越堅強，給自己和他人帶來更多陽光。**當你透過「培養通往偉大成就的價值觀與優先事項」來使自己脫穎而出時，堆積如山的逆境和困難就會縮小成減速丘的規模，這會讓你更容易適應前方的道路，建立你渴望的新生活或自我意識。**

避免自憐的最佳解藥

和傑克中士一起住的時候，我被迫以極快的速度適應。我這輩子遇到的每個人對我都很嚴厲，但我從那一切中吸取了教訓，並一直銘記在心。學會適應的人，才能生存並蓬勃發展。別為自己感到難過，而是採取戰略，解決問題。

當你適應時，將開始把遇到的一切視為邁向更高層次的墊腳石。高薪、受人尊敬的工作，通常不是入門級的。你必須從某個地方開始，但大多數人把「為了進步而必須完成的吃力不討好任務」視為負擔，而不是機會，使得他們根本不可能學到任何東西。你必須從每一件鳥差事或低薪工作中找到教訓，而這需要謙虛。當年的我不夠謙虛，不懂得感激在從事保全工作所得到的經驗，所以我的態度爛得要命。我覺得我應該得到更好的待遇，卻沒意識到幾乎每個人都是從底層開始，而態度和行動從這時起會決定一個人的未來。

謙虛是自憐的解藥，它讓你扎根於現實並控制你的情緒。我並不是建議你應該對入門級工作感到滿足，我永遠不會滿足，但你必須珍惜你所擁有的，同時保持足夠的飢餓感，來盡可能地學習一切。你需要學習洗碗、翻煎漢堡、在油炸鍋上揮汗如雨、打掃工作現場、在郵件收發室工作，以及接聽電話，這就是讓你提高熟練度的方法。先了解某個行業的各個方面，再想著晉升。如果你在工作時被苦悶感和自我優越感拖累，就無法崛起。謙虛會讓你的脊椎變堅強，並鼓勵你昂首挺胸，無論別人怎麼看你，都對自己充滿信心，而這具有巨大的價值。

我聽過一個關於陸軍士官長威廉·克勞福德的故事，這個故事展現了謙虛的力量。他在一九六七年退休，並在科羅拉多泉市的空軍學院找到一份清潔工的工作。學員們很少注意到他，部分原因是據說他非常害羞，但也因為這些學員是軍官訓練班的菁英，而克勞福德士官長只是個清潔工——至少他們以為他只是個清潔工。他們根本不知道他是戰爭英雄。

一九四三年九月，在一場爭奪義大利四二四號高地的關鍵戰役中，美軍第三十六步兵師遭到德國機槍和迫擊砲的轟炸。美軍被困住，無處可逃，直到克勞福德發現了三座機槍掩體，並爬過槍林彈雨，向每個掩體扔了一枚手榴彈。他的英勇行為挽救了許多生命，也使他的連隊得以邁向安全地帶，而在第三次遭到直接攻擊後，德軍放棄了四二四號高地，但在此之前他們擄獲了克勞福德。

克勞福德遭俘後被推測已在戰鬥中陣亡，他的英雄事蹟在步兵中流傳，沿著指揮鏈傳進了上級的耳裡。一九四四年，他「在死後」被追授了美軍最高殊榮的榮譽勳章，因為這時大家都以為他死了，所以是由他的父親代表接受了這枚勳章。那年晚些時候，他在一個獲得解放的戰俘營裡被發現，且根本不知道自己早已聲名大噪。

一九七六年，科羅拉多泉空軍學院的一名學員和室友讀到了關於那場戰役的文章，拼湊出答案。他們卑微的清潔工被授予榮譽勳章！你能想像他們當時有何感想嗎？榮譽勳章代表了軍人所崇敬的一切，重要的不是勳章本身，而是贏得勳章的那人心中的勇氣和無私。那些學生想成為像他那樣的人，而他就在那裡，每天拖地板、掃廁所。克勞福德士官長就是關於自尊、勇氣、品格，尤其是謙虛的活生生的範本。

在我看來，威廉．克勞福德士官長很早就看透了一切。那枚榮譽勳章並沒有改變他。他之所以聲名鵲起，是因為他始終謙虛，並冒了生命危險拯救他人，在退休後繼續服務。他從來不把自己當主角，而這給了他力量。

相較之下，自怨自艾之人總是執著於自己的問題和命運。這跟那些貪婪、自私、需要覺得自己比其他人都優越的人相比，其實根本沒有多大不同吧？我爬得越高，就越意識到我多麼需要去擦那塊地板，因為那才是所有知識的所在。高處沒有挫折，享受牛排大餐、五星級飯店或水療的時候不會有人考驗你的鬥志。一旦你在這個世界上取得成功，就必須以某種方式自由落體回到底部，以繼續學習和成長。

我稱之為「訓練有素的謙虛」。這是一種蛻皮，能讓你承擔其他人看不到的使命，並完成接下來需要做的任何事情。訓練有素的謙虛是服務，也是力量。因為，當你謙虛得能記住你永遠有東西要學，那麼學到的每一課只會讓你渴望學習更多，而這將保證你一定會活到老學到老，直到進墳墓為止。

只有當你願意謙虛時，你才會持續成長。

#*TrainedHumility*（#訓練有素的謙虛）

#*NeverFinished*（#我沒有極限）

第六章

當人生朝著你狠狠揮拳，將其轉化成自己的決心

淺水區，是為進入深水區做準備

萊德維爾賽事提醒了我人生中錯過太久的東西：陡峭的小徑、一波又一波的疼痛和疲憊，以及另一場面對心魔的籠中戰鬥。我很感激有一名配速員陪伴，也感激能第一次與綺希分享這種經驗。我甚至很享受賽後大小便失禁之類的後果，我在離開科羅拉多後還想要更多。

接下來的一星期，我幫母親從納什維爾搬家去拉斯維加斯。在那趟二十六小時的車程中，我有足夠的時間來完成「行動後報告」，並回顧萊德維爾賽事的各個方面。關於萊德維爾，我不斷想起的一件事，是自我的巔峰時期以來，超級馬拉松這項運動的規模已經變得多麼盛大。以前會去參加一百哩賽事的，都是像我這種尋求更深水域的鐵桿耐力運動員，但現在的情況似乎不再是如此，而這其中蘊藏著巨大的美感，因爲這證明有更多狠咖正在尋求更大的挑戰。他們充滿好奇，渴望更了解自我，並願意付出痛苦和磨難的代價。我尊重這一點，但如果一百哩賽事變得誰都能跑，那麼新的深淵在哪?

這個想法讓我既興奮又不安，因爲它表示，儘管過去做到那一切，但其實我還能拿出更多表現，還有很遠的路要走。這我當然知道，媽的，我一直在宣揚這些，但現在感覺就像被人啪啪啪地打臉，我卻沒看見這一記耳光飛來。

有趣的是，目標的彈性取決於我們的自我意識、覺得自己是誰，以及認為能實現什麼。如果你所做的只是快速跑三哩，那麼跑十哩就會感覺像去月球一樣遠。你的腦袋會整理出「為什麼這個距離超出你的能耐」的一大堆理由，你也可能會相信。如果十哩成為新常態，那麼下一步可能是半程或全程馬拉松，馬拉松之後就是超級馬拉松。你每次升級時，心靈就會像一個專橫的監護人一樣介入、試圖結束派對。在那趟漫長駕駛中，這些想法在我的腦海中上演。

我想起二〇一八年十二月，我和卡麥隆．漢斯在俄勒岡州進行的一次三十哩跑步。在他家鄉周圍的小徑上奔跑時，他滔滔不絕地談論兩個月前完成的一場新型比賽。那不是一百哩的賽事，而是一場全長二四〇．三哩的越野賽，海拔變化加總將近三萬呎（比聖母峰的海拔還高），穿越猶他州摩押縣的紅色岩層、陡坡和荒涼的山峰。他媽的兩百四十哩？這是新的深淵？

我十幾歲學游泳時，把所有時間都花在泳池的淺水區，因為那裡沒有恐懼。即使在熟練後，還是在淺水區游好幾圈，因為那裡讓我安心，因為我知道每次划水幾乎都能碰到池底。如果我太累或想放棄，隨時都能站起來，而這給了我安慰和信心。淺水區讓我能繼續練習划水，而不必被恐懼心態干擾。這麼做在本質上並沒有什麼問題，只要我們清楚知道在淺水區的努力都是爲了深水區做準備，但這並不是我當時的心態。

那座泳池的設計，讓我不可能對泳池的最深處視而不見。我每次離開更衣室，都必須經過十呎深的深水區。我偶爾會走到跳臺上往下看，那十呎深的池底對我來說宛如無底洞，所以我夾起尾巴，漫步走向舒適的三呎區。每踏出一步，我的恐懼就會減弱，舒適感會增強，而這嚴重影響了我的心境。我在游泳時盡可能把它從腦海中清除，但它像一根刺一樣扎在那裡，我就這樣游了一圈又一圈，日復一日。

當某些事情像嘲諷一樣不斷地出現在你的腦海時，這就是一個警報，一個訊號，表示你需要評估並解決這個問題，否則它可能會成爲你一輩子的恐懼，一天比一天龐大，直到變成你永遠無法克服的障礙。害怕或猶豫並沒有錯，我們都有留在淺水區的理由，但必須確保淺水區是訓練場。我們常常把訓練場當成懶骨頭沙發，舒服地躺下來，一直做著同樣的事，卻還有臉納悶人生爲什麼沒有變得更好。當時我應該把在淺水區的時間當成心理準備，想像自己在深水區游泳。

你必須把心靈訓練得好像已經在深水區裡。如果在淺水區游泳時覺得累，別允許自己在泳道中間站起來。唯一的休息點，應該是泳池另一端的盡頭。如此一來，當你來到十呎區的盡頭時，會根據經驗知道你游得完這種距離。但在當時，我只是個求生者，不是一個能在不適中茁壯成長的勇士，所以我選擇把恐懼藏起來，在淺水區裡度過我的泳池時光，漫無目的。

許多人其實已經有能力離開人生的淺水區，卻還是繼續留在那裡，因為害怕未知的水域。例如有些人繼續從事討厭但穩定的工作，而不是拂袖而去、自行創業，或去其他地方應徵新職位。多數人都被未知的未來所驚嚇，因為未來充滿著無法控制或預見的變數和後果。我認識一個人，她幫別人經營了生意興隆的公司二十年，但不敢自己開公司。她知道成為成功企業家所需的各種要素，但她沒認可自己的經歷並將其當成信心來源，而是任憑自己的非理性恐懼讓她繼續為別人賣命。你需要評估自己的感受，並不是所有情緒都值得被認同。記住，**如果你留在平時所在的地方，就永遠不會知道是否具備冒險進入深水區的能力。**

我和母親驅車穿越西南部前往內華達州時，想著猶他州的摩押賽，我腦海中閃現出一絲過去那種不祥的預感。我難以置信地搖搖頭，都過去這麼多年了，心靈竟然還在試著阻止我？我還以為已經馴服了這個王八蛋。我確實馴服了它，但「摩押二四〇」對我來說是全新的東西，所以恐懼是一種自然的反應。那時候，我已經知道對付恐懼沒有捷徑。消除恐懼的唯一方法，就是努力去做那些讓我害怕的事，然後透過知識和準備，來克服那個恐懼。

那天晚上，我在網路上搜尋了那場賽事，並調查了賽道。路線就像雲霄飛車，在四千呎到一萬五百呎之間的高度起起伏伏。天氣難以預測，可能會出現酷熱和嚴寒。補給站之間的距離從九哩到十九哩不等，比我參加過的其他賽事都要遠，所以我必須攜帶比萊德維爾賽更多的裝備。痛苦指數會很高，但有一百一十個小時可以跑，這表示可以把路線拆解開來慢慢跑。很多人都這麼做，但這不是我參加這類比賽的風格。我都是一口氣跑完，並透過賽道來展示我在身體和精神上究竟多麼結實。

八月二十三日，我寄了電子郵件去摩押賽事總部，詢問報名事宜。我在二十四小時內收到了回覆。比賽將於十月初舉行，現在還來得及報名。這給了我六星期的訓練時間，但我這幾星期已經塞滿了許多演講、公事和出差勤務。無所謂，我會抽出時間每週跑一百哩，爲我職業生涯中最漫長的跑步做好準備。

遙不可及的發熱手套

比賽日一眨眼就到了。十月十一日的黎明前，我與來自世界各地的一〇八名跑者聚集在猶他州的摩押。有些人在半空中揮舞拳頭，有些人彼此擊掌。他們試著激勵自己來迎接地獄，彷彿表現得開心點就能不用面對報名參加的現實。我不是這種人，來到起跑線時，我會變得非常安靜，簡直就像參加葬禮。我知道這場比賽會抽乾每個人的生命力，有些人會被抽得更乾，所以我爲即將到來的苦難感到哀悼，直到起跑的號角聲響起。

和往常一樣，腿部肌肉從一開始就很緊繃，雖然比我在萊德維爾賽剛開始時更強壯、狀態更好，但我的膝蓋還是痠痛，尤其是左膝。在訓練期間，幾乎走過路緣石都會痛得皺眉，直到跛行三十分鐘後，肌肉才會放鬆，讓我能邁開步伐，這成了例行公事。疼痛總是會消退到能承受的程度，而且一旦熱身完畢，移動能力就會開始增加，但以前從沒一口氣跑兩百四十哩，我的膝蓋能撐那麼久嗎？

「摩押二四〇」在許多方面都是不同的野獸，不僅僅是距離或海拔。該路線是一條只跑一圈的環形道，由一系列的狹窄小徑、傾斜岩地、開闊沙漠和防火道組成，但有些區段沒有清楚標記，所以必須在手機上下載並留意一個特定的

GPS應用程式，以確保跑在正確路線上。此外，除了一般裝備，還需要攜帶救生包，因為有些區段是團隊成員或賽事人員無法進入的，跑者必須自力更生，在荒野找到方向。這不僅僅是一場比賽，更是眞正的冒險。

第一場考驗，是在第十七．八哩處與我的支援人員會合，在這裡稍作停留後，把接下來五十五哩所需的一切裝進背包。儘管路上會有補給站，但團隊成員無法抵達那些地方，這表示我得等到第七十二哩處才能再次看到我的夥伴們。我抓起能量膠、粉末、額外的食物和電池，以及備用頭燈。背包裡裝著一個一．五公升的跑步水袋，背包的肩袋上裝著兩個水瓶。但讓接下來的十個鐘頭變得格外艱難的，並不是賽道的長度或身上額外的重量，而是氣溫。

一開始的七十二哩路，是穿過一片複雜的地形。我們有時是在小徑上，但小徑會在毫無預警的情況下突然從腳下消失，會發現自己跑過一塊傾斜的岩石表面，搞不懂小徑到哪裡去了。一開始，大約有十名參賽者聚在一起跑，我們不停轉頭，檢查手機上的應用程式，確認標示自己的閃爍三角形是否還在虛線上。四、五個小時後，大家都累了，然後我身邊看不到其他人，一個人邊跑邊找路。

我不介意獨自一人，因為這讓我保持思考，而且複雜的地形要求我把「狀態意識」開到極限。我調整了營養和水分的攝取，確保自己按照預定的時間進食和飲水，無論是否感覺需要。路上的任何障礙，任何可能的錯誤轉彎，都會讓我停下來，確認所在的位置，和需要往哪走。有時候，越野路段會持續一哩或更長的距離；其他時候，我們會在一條明確的小徑或道路上行進幾個小時。我跑得很順利，一切都按計畫進行，直到經過第五十哩處。就在這時，原本的沙漠變得寒冷，儘管太陽依然高掛，吹來的風卻異常凜冽，這是個壞消息。

我患有一種叫作「雷諾氏症」的病。天氣冷時，流向四肢的血液會受到限制，而且會累積在身體的核心部位。以前駐紮在芝加哥時，我幾乎每個週末都跑超馬，在芝加哥嚴酷的冬天跑步，必須戴上兩層薄手套，最外面是滑雪手套。除此之外，我會穿上厚厚的羊毛襪，即使這樣，雙手還是會出現問題。二〇一四年參加「冰凍水獺」比賽前，我買了一副電池供電的發熱手套，讓雙手維持在正常體溫，使血液能保持流動。我贏得那場比賽的部分原因，就是那副手套。

我帶著同一雙發熱手套去了猶他州，但十月初的摩押不應該像芝加哥的仲冬那麼冷，再加上必須自行攜帶所有的裝備，而且在日落不久後，應該會在第七十二．三哩處再次遇到我的團隊，所以我認為沒必要帶著那雙手套和笨重的電池。我對這類比賽的策略，向來是讓一切保持簡單輕便，喜歡輕裝上路。

沒想到在太陽依然高掛時，手指竟然凍得僵硬。我知道雙手可能很快就會失去知覺，所以我停下來，戴上一副薄手套（其實算是內襯手套），從背包裡取出水袋，並將其固定在胸前。以前在比賽中遇過水袋和飲水管結冰的狀況（包括在冰凍水獺賽事），我不能同時承受脫水和受凍的後果。

第五十七．三哩處有一個補給站，配備了水和食物攤位，有人在烤漢堡，另一個人攪拌著一鍋湯。那裡有很多座位，所以跑者可以放鬆一下，吃飽喝足，但這不是團隊成員的會合處，所以我最需要的東西（發熱手套）依然遙不可及。我沒吃太多，而雖然手指已經失去了靈活性，但我還是設法把水袋裝滿了水。之後沒有什麼能做的，只能繼續前進，而太陽在天空中越降越低。

由於患有雷諾氏症，我的手腳感覺像冰磚一樣沉重又笨拙，但胸口卻熱氣騰騰，因爲軀幹裡聚積了太多溫熱的血液。這使我口渴難耐，跑到第六十四哩時，我已經把水袋吸乾了。雖然還有兩個裝滿水的瓶子，但我沒辦法喝，因爲設計是必須擠壓才能喝到水。我拚命思索怎樣用嘴打開瓶蓋，判斷如果停下來花點時間就能做到，但這會讓我更冷，所以打消了念頭。我餓得要命，但拿不出背包裡的食物，因爲手指已經拒絕聽命。滿腦子只想著抵達補給站，把那雙該死的發熱手套戴在手上。

我獨自一人在星空下，專注於維持行進路線，繼續著任務。這表示在保持穩定步伐的同時，須留意GPS追蹤器和路線，但你又冷又渴的時候，時間會過得特別慢，而且知道只要你的手他媽的能動，所有問題就能迎刃而解。感覺到自己能量耗盡時，我並不感到驚訝。我的雙手上一次這麼冷過，是在海豹訓練的時候，依靠著那些回憶來推動我爬上山坡，我再一次倚賴昔日的勝利來推動我前進。我拒絕抱怨「身體再次開始背叛我」的事實，把這個雜念拋諸腦後，繼續跑下去。不可思議的是，我做到了，我慢慢跑進第七十二．三哩處的補給站，雖然一路上脫水又凍僵。

這時候天色黑得什麼屁都看不見，數十名支援者分散在荒涼碎石路兩側的平坦泥土地上。我凍得骨頭嘎啦作響，但這只持續到我找到夥伴們的時候，因為我接著控制住了自己。我不想讓隊員看到我有一絲抽搐，他們來為我提供支援，這已經夠吃力不討好，除了協助我為下一段路做好準備之外，我不想讓他們擔心任何事情。

只有綺希知道我的雷諾氏症，她很快就把我的發熱手套遞給了傑森（我們的隊員之一），他再把手套遞給我。他以為我能自己戴上手套，但他看著我用牙齒把薄手套從手指上剝下來，發現我的雙手已經變得跟鬼魂一樣白。如果一個黑人的手指變得白如新雪，你就知道事情大條了！他盡力把我凍僵的手塞進手套裡，

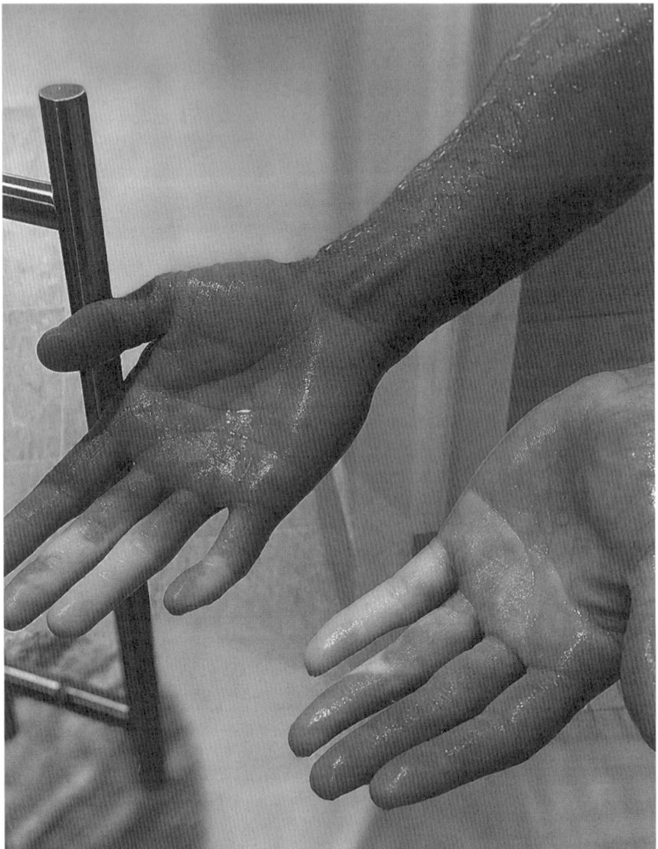

即使洗了十分鐘的熱水澡，
我的手還是看得出雷諾氏症的狀態。

就像給嬰兒穿衣服，他必須把我的每隻手指一根根地塞進去。

我的狀態意識轉錯了彎

手，不是唯一的問題，我的肺部也不太對勁。雖然過去在寒冷時曾出現過呼吸系統問題，但這次感覺不一樣。我把這個顧慮拋諸腦後，專注於補充水分、吃東西、讓身子暖和。發熱手套（現在被一雙更厚更大的手套覆蓋）讓我的手解凍，我推測等血流恢復正常時，肺部會得到緩解。這個判斷似乎正確，因爲十五分鐘後，我感到活力充沛，準備好重返賽道。

在一名配速員的陪伴下，我找到了節奏，開始在暴雪般的星空下穿越摩押標誌性的紅岩沙漠鄉間，一路狂奔數哩。不久後，抵達下一個補給站，和我的下一個配速員一起沿著小徑奔跑，這條路開始變成剃刀般鋒利的岩石路。我覺得自在，但是陪我跑這段路的配速員喬伊，在看到這條小路繞過一個深坑時，嚇得毛骨悚然。我從深坑邊緣往裡頭看，內部的深淵吞噬了我頭燈的光芒。唯一看得一清二楚的，是我們不能挑這個節骨眼失足。我們在第一〇二．三哩處抵達下一個補給站，此時比賽已經進行了大約二十一個小時，我們名列第二。

這種名次沒有多大意義。到目前爲止跑得很好，但連一半都還沒跑完。回想起一開始，當時那麼多參賽者都開心又興奮，不禁好奇他們現在感覺如何。筋疲力盡？冷得打顫？擔心受怕？他們還像一百哩前那樣幹勁十足嗎？這就是爲什麼我在即將進行一件苦差事時，從不過度興奮或表達任何情緒。在監控進度時，也是保持這樣的心境。我從不在比賽途中慶祝任何事情，更明智的做法是保持冷靜，專注於自己的事，並意識到自己的處境並不是一場遊戲，而且許多遠超出我控制範圍的飢餓力量，正等著從後面襲擊我。兩百四十哩的跑步絕不可能是一場愉快的旅程，如果你跑得時候開開心心，那麼局勢很可能演變得讓你笑不出來。

這就是爲什麼保持謙虛、維持狀態意識是如此重要——當我們在頭燈的照耀下離開補給站，跑到一條寬闊的碎石路上時，我將透過慘痛經驗再次吸取這一教訓。我們跑步時太陽高高照，因爲在這段路的配速員負責尋路，加上領先者留下的足跡依然鮮明，所以我進入了自動駕駛模式。甚至收起了手機，也就是裝有我爲比賽下載的GPS應用程式的那支手機。既然有副駕駛負責導航，我還要手機做什麼？

維持高水準的狀態意識，需要滿足三個關鍵要求。第一是敏銳的洞察力。你需要清楚地了解環境，知道自己在地圖上的位置，並知道哪裡可能存在著陷阱。

有時候，那個陷阱可能會是你團隊中某個不夠謹慎的成員。

第二是需要對當前情勢有全方位的了解。你必須了解整體情況，並花時間調查盲點，也就是可能因疲勞或光線不足而看不到的區域。此外，最好制定一個計畫來彌補你發現的任何限制。

第三是做出投射判斷。根據你的認知和理解，未來的狀態會是如何？不能單憑當前局勢來做出決定，需要像西洋棋大師一樣思考，事先為接下來的幾步制定策略。但不幸的是，我把這三項都搞砸了。

我們來到一條冗長下坡底部附近的十字路口時，配速員判讀了地上的腳印，繼續跑步，我也跟著跑。跑了幾公里後，我注意到那些腳印已經掉頭了，但我沒多想，因為我相信我的配速員，所以完全沒檢查GPS來確認我們是否仍在正確路線上，只是繼續前進。

綺希正在手機上使用比賽排行榜的APP來追蹤我們的進度，該排行榜每五分鐘更新一次位置。她看到我持續超出路線範圍，讓她深感不安。比賽總部也注意到了，也和綺希一樣在兩個半小時內持續傳來訊息並試圖打電話給我們，但我的配速員的手機收不到訊號，而且我把自己的手機也收了起來。我們不知道領先者其實也和我們一樣在錯誤的地方轉了彎，但不知道為什麼，他的手機收得到訊

Oct 11	11:47 AM	239.949.9649	Moab, UT	Bonita Spg, FL
Oct 11	11:53 AM	615.727.4851	Moab, UT	Nashville, TN
Oct 12	5:58 AM	530.428.5635	Moab, UT	Incoming, CL
Oct 12	6:01 AM	850.879.9247	Moab, UT	Tallahasse, FL
Oct 12	6:01 AM	000.000.0086	Moab, UT	Voice Mail, CL
Oct 12	6:01 AM	917.602.0363	Moab, UT	Queens, NY
Oct 12	6:02 AM	850.879.9247	Moab, UT	Tallahasse, FL
Oct 12	6:02 AM	850.879.9247	Moab, UT	Tallahasse, FL
Oct 12	6:02 AM	917.602.0363	Moab, UT	Queens, NY
Oct 12	6:02 AM	850.879.9247	Moab, UT	Tallahasse, FL
Oct 12	6:06 AM	850.879.9247	Moab, UT	Tallahasse, FL
Oct 12	6:06 AM	530.428.5635	Moab, UT	Loyalton, CA
Oct 12	6:08 AM	850.879.9247	Moab, UT	Tallahasse, FL
Oct 12	6:10 AM	850.879.9247	Moab, UT	Tallahasse, FL
Oct 12	6:11 AM	917.602.0363	Moab, UT	Queens, NY
Oct 12	6:24 AM	850.879.9247	Moab, UT	Tallahasse, FL
Oct 12	6:34 AM	917.602.0363	Moab, UT	Queens, NY

綺希拚命打電話給我，因為我們偏離了路線。

號，所以當總部打電話提醒他時，他接聽了。這就是爲什麼我看到那串腳印在拐彎大約兩哩後掉了頭，但我和夥伴繼續跑了十多哩。

我隱約感到迷路了，但沒意識到我的配速員並沒有正確下載GPS應用程式，因爲我從來沒有「抽查」過他。抽查是遊騎兵學校的例行公事之一，在整個訓練過程中，每個遊騎兵新兵都必須在包包裡攜帶幾件特定物品，而大家都知道遊騎兵教練隨時可能停下來，隨機要某個新兵拿出其中任何一件特定物品，這就是抽

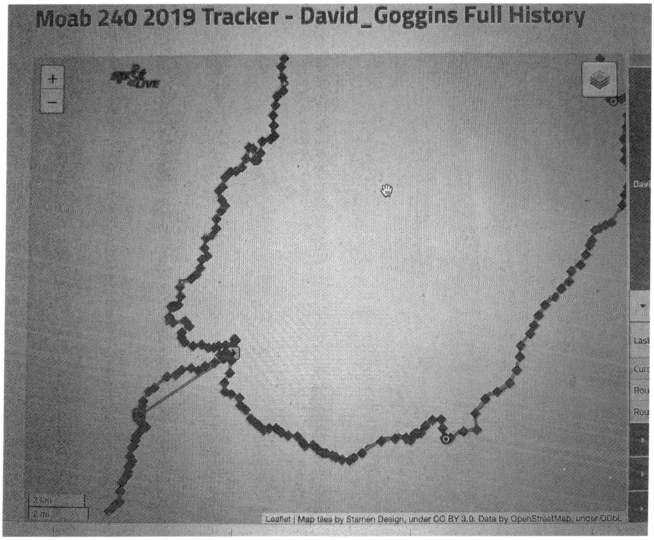

環形線左下角的小尾巴是多跑的那段路，成了「哥金斯福利路段」，
每一個方塊代表每隔五分鐘的位置更新。

查。在離開補給站之前，我應該抽查配速員的手機，並百分之百確定該應用程式能運作。不是因爲我不信任他，而是因爲現在是凌晨四點，而且我們倆都沒睡覺。當看到地面上的腳印消失時，我其實錯過了另一個能再次確認我們是否仍在正確路線上的機會。

幾哩內都沒看到任何告示牌，當來到下一個無標記的十字路口時，我們倆的食物和水都已經耗盡。就在這時，他的手機突然爆出一連串的通知：幾十條簡訊和來自綺希的未接來電。他徹底愣住，停下

腳步，手裡拿著手機，臉上一片茫然。他甚至不必說出來，我二話不說，轉身往反方向跑。

我有沒有生氣？不算有。賽事總部早就清楚說過，賽道上很多地方都沒有標記，這就是為什麼我在前七十二．三哩的路程上密切注意我的GPS。但我的配速員開始加入後，我就把導航工作都丟給他，而我每次進入「無思考模式」，總是會出錯。這種事在三角洲特種部隊選拔中發生過，在摩押賽事也再次重演。狀態意識是我最強大的優勢之一，我對自己閱讀地形、觀察自身體能及適應周遭情況的能力感到自豪，而每當我的狀態意識下降時，正在進行的一切都會像遭到現世報一樣分崩離析。

我把導航任務交給配速員是有原因的，畢竟我正試著在完全不睡覺的情況下一口氣完成比賽。我知道這需要連續跑超過兩天半的時間，我認為如果唯一要做的就是跑步並專注於我的姿勢、營養和水分，就能突破撞牆期，並處理任何突然出現的不適。別忘了，在我們轉錯彎的那瞬間，我已經跑了二十四小時。我疲憊不堪，而「不用動腦」的感覺真的很好。但在生活中，沒有任何一刻應該屈服於這種自動駕駛心態。

我在比賽前向配速員說明過，他們唯一的職責就是別讓我迷路，因為我認為迷路是最糟的情況。但既然已經迷了路，對配速員大發雷霆又有什麼用？只會讓原本就很糟的問題變得更糟。我們需要集中精神返回正確路線，況且，我還是需要他的幫助才能完成比賽。我不能打擊他的信心和士氣，也不能讓其他隊員對他發火，尤其因為有錯的人是我。

我奉勸你：**在比賽中永遠不要倚賴別人來為你帶路**。我其實應該把配速員當成備用領航員，而且應該一直盯著自己的GPS。你不能拐錯任何一個彎！只要你懷疑可能弄錯了什麼，就必須立刻停下來，立即以核武級的行動力解決問題。我應該早點拿出手機，每五到十分鐘就檢查GPS應用程式（甚至每一哩），但我變懶了，因為大腦渴望休息。我知道兩百四十哩不是開玩笑，這需要所有的專注力和毅力，我卻叫別人為我導航，甚至從未抽查。如果我願意，是可以選擇對他們發脾氣，但唯一該為這個爛攤子負責的人，就是我自己。

太多領導者會在這時候推卸責任、指責他人，而不是勇於認錯，但他們這麼做時，任何短期或長期問題都無法獲得解決。我立即意識到是我允許了最壞情況發生，而勇於認錯使我能更快地繼續前進並處理後果。一旦在激烈戰鬥中犯錯，唯一重要的是以冷靜的頭腦來處理後果。沒錯，弄清楚問題在哪裡、何時及如何發生，是很重要，但這些評估都必須等到比賽結束再說。而且，我現在其實正在參加兩場賽跑：摩押二四○，以及趕往下一個補給站拿取正在等著我的甲狀腺藥物。

如果不按時服用甲狀腺藥物，我的身體就會變得一團糟。例如，天氣熱得要命的時候，我居然會覺得自己快凍僵。這個病症還會讓我變得遲緩又麻木，彷彿我只是半醒著，因爲甲狀腺功能障礙會擾亂新陳代謝。我知道這種藥物必須嚴格遵守服用時間，所以我他媽的爲什麼沒隨身攜帶？在上一個補給站，綺希把藥放在袋子裡，但我當時跑得非常順利，儘管知道有一點點可能會趕不上吃藥時間，但考慮到當時跑速穩定，我有信心能及時趕到下一個補給站吃藥。而這就是人在假設一切都會一帆風順時會犯的錯，而名爲「超級馬拉松」的嚴酷考驗，就是爲了揭露任何錯誤的轉彎和錯誤的選擇。而現在，這一切錯誤已經成了一鍋臭粥。

在跑錯路大約十五哩後，一名開車的賽事官員在離我們的錯誤轉彎幾哩處停了下來，開車送我們回到那個命運般的十字路口，那裡現在已經豎立著清楚的告示牌，以保護我身後的跑者，但我們離下一個補給站還有十五哩，身上沒有食物也沒有水，而且我急需藥物。總部允許綺希在賽道上與我們半路會合，但這時我的身體狀況已經惡化。體溫直線下降，肺部感覺沉重，我知道如果繼續跑下去，將面臨醫療風險。

不屈服於心中那個愛發牢騷的傢伙

比賽還有一百三十五哩路要跑，雖然綺希一跟我會合，我就吞下了藥，但甲狀腺需要時間重置，這樣體溫才能恢復正常。我決定休息，而且不知道這個休息可能需要多長時間，這時我已經跑了一百二十哩。不出所料，一個小時內，身體就做出了反應，彷彿比賽已經結束。當我的肌肉進入恢復模式時，我開始全身腫脹、肌肉收緊。

這將是一個問題。

多年來我一直在處理甲狀腺問題。軍中有許多人，尤其是我們這種特種部隊人員，都被診斷出患有甲狀腺功能低下症，因爲我們的腎上腺在訓練和戰鬥中不斷受到攻擊，二〇〇八年至二〇一七年間記錄了四萬多個的病例。但我從小時候起，就一直靠著「戰或逃」的荷爾蒙生存，而特種部隊的工作可說是補了致命的一刀，徹底燒毀了我的腎上腺。一旦腎上腺停止運作，身體就會嘗試透過甲狀腺來獲得所需的物質。甲狀腺是內分泌系統的主電腦，當它負擔過重時，新陳代謝（將我們吃喝的東西轉化爲能量的過程）就會受到損害，這可能會導致一連串的後果。

部分歸功於平時做的伸展操，近年來我的腎上腺已經恢復到一定程度，甲狀腺因此不再遭受攻擊，得以開始復原。後來發現，我在聖誕節期間發生的心房顫動，其實是因爲服用了過量的甲狀腺藥物。從那時起，我一直在嘗試服用較低的劑量。我這一生體弱多病，要是我的身體生來健康又完整，我都不知道自己能達成什麼成就。

總之，我在比賽途中休息了十二個鐘頭，雖然這聽起來可能對後半段的比賽有幫助，但其實恰恰相反。回到路上時，我的雙腿感覺就像是石頭做的，當時又僵又腫。我的名次從第二名跌到大約八十名，基本上算是墊底。我有一大堆理由放棄——我的運氣變壞了，健康狀況急轉直下，而且在關鍵時刻丟掉了我的狀態意識。我的比賽已經徹底毀了，而且還有超過一半的路要跑！換成某些人，可能會在面對這種狀況時覺得萬事休矣，但我從經驗中知道，**當事情進展順利時，最好的人生教訓反而不會出現。當你所有的目標和美好計畫都化爲泡影時，你才能看到自己的缺陷並更了解自己。**

你必須利用每一個機會來強化你的決心，因爲當人生朝你的嘴巴狠狠揮拳時，你會需要這份決心。當然，明白這個道理並不等於你在一切都搞砸時，還能一笑置之地重返戰場。重新回到賽道上、跑完最後一百三十五哩，需要一定程度的專注與投入，而這在你已經休息了十二小時後是很難做到的。幸運的是，我之前經歷過太多次惡劣情況，我知道該怎麼做。

首先，在精神上必須全神貫注。很多人一挨打就倒下，著地後就失去所有的幹勁，不僅是身體上，在精神上也是，因爲他們受到了羞辱，而當你受到羞辱時，就不可能取得任何進展。我們必須學會如何承受人生的大砲重拳而不被擊倒。因爲當你拚命試著恢復幹勁時，從擂臺上爬起來是最困難、也最漫長的一步。沒錯，我當時不得不休息半天；沒錯，我爲摩押二四〇設定的所有目標都化爲泡影；沒錯，我的身體一團糟，但在精神上，我還站得穩穩的，我還在擂臺上，因爲我繼續活下去的理由跟一般人都不一樣。

我所尋求的回報是內在的，而如果你也有這種心態，就會在任何地方都找到成長的機會。在困難時期，這種成長可能呈指數級增長。我知道我不會贏得這場比賽的冠軍寶座，也不會以相當亮眼的成績完賽，但我得到了一份禮物，另一個難得的機會，讓我能在不利的條件下考驗自己並變得更好。甚至可以說，我造成的混亂使完成任務的欲望變得更加強烈。

與此同時，我需要減輕一些加諸自己的壓力。壓力伴隨著高期望，這是好事，因爲這能讓你發揮出最好的表現，但有時釋放壓力會更有幫助。當你筋疲力盡時，保持對思想和情緒的控制至關重要，這樣你才能用冷靜的頭腦做出決定。選擇緩解壓力，能讓你做到這一點。

在壓力山大時，你的視野就會像賽馬戴上眼罩那樣變得狹隘。這對於某些需要高度集中注意力的情況來說非常有用，但當你從事需要最大耐力的事情時，最好拓寬你的視野和意識，以更佳的狀態吸收正在體驗的一切，讓你在活動期間及接下來的幾天和幾週，獲得最大程度的成長。此外，如果你讓無情的壓力不斷累積，很可能會崩潰，讓原本糟糕的情況變得雪上加霜。別忘了，你的目標永遠是不留遺憾並保持冷靜地完成任務（無論它是什麼），這樣你就能利用獲得的經驗在人生中進一步成長。

培養出「在任何情況下都想獲得成功」的意志，是「重返戰場」方程式中最重要的變數。你對成功的渴望會建立自尊，它會拓寬你對自身能力的認識，但當事情變得更糟時，它是我們最先失去的東西。失去它之後，「放棄」通常感覺像是最明智的選擇——也許確實是，但要知道，放棄會削弱你的自我價值，而且總是需要一定程度的心理復健。即使迫使你放棄的原因是受傷或某種無法控制的因素，你還是需要在精神層面上恢復過來。一次成功的任務，很少需要任何情感上的維護。

爲了實現「追尋成功」的意願，你需要在不抱任何目的的狀態下依然做出表現。你聽說過所謂的「使命」，這是讓你得到充實的職涯並建立幸福生活的關鍵要素。如果我告訴你，「找到你的使命」的重要性其實被誇大了？如果你名爲「使命」的這個好朋友其實根本不存在？如果你怎樣運用在地球上的時間都不重要？如果你想怎樣都行，如果人生根本不在乎你是不是只想開心混日子？如果眞的是這樣呢？

我只知道，老子是他媽的大衛．哥金斯。我存在著，因此，我做什麼都會有始有終。我爲我在人生各個階段的努力和表現感到自豪。只因爲我在這裡！如果我迷路了，我會找到路；只要我還在地球上，我就不會半途而廢；任何我不足的地方，我都會改進，因爲我存在，也因爲我願意。

這是我們在陷入困境時應該努力爭取的心態。因爲當你飽嘗傷痛時，必須成爲自己的激勵者、自己的鐵血教官。在黑暗的時刻，你必須提醒自己當初爲什麼選擇上場，而這需要一種尖銳的口氣。當你一團糟並尋求更多折磨時，唯一被允許進入你腦子裡的口氣是勇士的口氣。那個勇士準備好深入自己的靈魂，尋找奮戰下去並贏得勝利的能量！

在摩押，我對成功的渴望被我的未來所激發。我知道原本計畫參加的比賽已經結束了，但從那一刻起，明年的比賽已經開始了。我的新任務是勾勒出這條賽道的最終藍圖。我已經釋放了壓力閥，我的整個團隊都精神煥發，準備和我一起探索細節。就像計畫搶銀行的劫匪，偽裝大師們日復一日地走進銀行，觀察內部格局，記錄職員們的工作節奏，並制定出無懈可擊的攻擊計畫。我們將記錄接下來一百三十五哩路的第一手資料，好讓我在二〇二〇年拿出炸彈般的驚人成績。

再次上路時，開始的十分鐘是用走的。我的步伐很糟，肺部感覺也爛掉了，但看到前方的第一個頭燈時，我感覺到了一點火花。之後，我開始一點一滴地提升壓力。我的步伐加快，競爭優勢重新顯現。我設法超越了二十幾人，然後來到第一百四十哩處的補給站。

接下來由綺希擔任我的配速員，她跑得樂在其中。我們倆已經一起跑步很多年，但這是她第一次在長距離跑步跟上我，而且看起來跑得輕輕鬆鬆。平心而論，這段路平坦光滑，跑起來確實比較輕鬆，但她也跟其他人一樣沒睡覺。她一直忙著指揮支援團隊，現在跑起來卻像睡足了一整夜。這時我已經跑了一百五十七哩（包括跑錯路的里程），渾身痛苦不堪，而她則有餘力滑手機、拍影片、聯繫其他隊員。每當我停下來用走的，她總是會跑到前面遠一點的地方等我。她這麼做並不是想激怒我，但我把這當作挑戰，也因此加快步伐，超越數十名跑者。有些人用走的，有些人在路邊或補給站睡覺，滿足於慢慢來，因爲他們知道還有三天的時間來完成比賽。我唯一跟不上的就是綺希，而這是我唯一在意的點！我們抵達第一百六十七哩處的四十六路補給站時，我又回到了前十名。

但現在還不是擊掌慶祝的時候，因爲肺部的問題依然存在。無論跑步還是走路，無論站著還是坐著，我都無法充分呼吸。而且我覺得很冷，這表示甲狀腺可能還來不及完全重置。我覺得糟透了，但已經熬過了甲狀腺問題，而且連續第二個晚上徹夜跑步，現在感到疼痛和不適本來就很正常。

這個補給站的小吃攤比較多，我吃得很飽。離開時（比我的配速員提早幾分鐘，他還在整理裝備，還沒準備好回到路上），我懷疑自己是不是吃太多了，因爲胸口感覺緊得要命。是不是消化有問題？我無法確定，所以繼續找原因。我背著一個滿載的背包，重量足以讓胸前扣帶極爲緊繃。也許這就是爲什麼肺部無法完全擴張？我鬆開帶子，結果感覺更難受。

雖然以前跑過比這更遠的距離，但那是在二〇〇七年，而且是在一條平坦的一哩長賽道上來回跑。我從來沒有在這種地形和條件下跑這麼遠，但曾多次把自己逼到極限，都沒有過現在這樣的感覺。這會不會是我的鐮刀型血球性狀出現大問題？如果是，以前從沒經歷過這麼嚴重的症狀。我找不出問題，但配速員追上時，我感覺非常不對勁。

我把一切都告訴了他。而當聽著自己傾訴我的悲慘故事時，不禁想起這些年來我遇到的那些愛發牢騷的傢伙，他們千方百計地解釋爲什麼沒辦法完成想去做的某件事。絕大多數只是在找臺階下，讓自己在放棄時還抬得起頭——就像我退出傘降救援隊時那樣。我在心裡記下了那些混蛋，記住了他們所處的場景，並牢牢地記在我的腦子裡。而在這裡，我聽起來就跟他們一樣。

無論是跑七哩還是兩百四十哩，我們都知道「爲了逃避自己說過要做的事，而跟自己討價還價」是什麼感覺。我們歸因於工作過勞、不堪重負，或只是不再感興趣。我從不屈服於那種心態，因爲我知道有很多人甚至連做出那樣的選擇都沒辦法。他們根本無法奔跑，但又極度渴望自己能奔跑。

話說回來，我知道自己的狀況不僅僅是不舒服，而是爛到谷底！但來跑摩押二四〇是我的選擇，繼續跑下去是我的選擇，我也很慶幸能做出這些選擇。所以，和往常一樣，我繼續堅持下去。當這條小徑蜿蜒穿過農地，伸向天空，進入一整天都在遙遠地平線上看起來像是畫出來的山脈時，我提醒自己爲什麼想來這裡。這是爲了那一瞬間的榮耀——有史以來最大的快感，像一道閃電一樣驟然襲來又消逝，但前提是你能找到一種方法來度過所有的痛苦，克服每一個最後的障礙，跨越終點線。

跟海拔高度的艱苦奮戰

在接下來的十三哩中，海拔上升到三千五百呎，我的步伐急劇減緩。部分原因在於斜坡，但有時立足點也很糟。小徑的某些區段被石板、破碎的鵝卵石和巨石覆蓋，地面的狀況非常不好，所以我慢慢來。十哩之後，開始感覺好一點，我並沒有感到活力充沛，但狀況有所改善。配速員一直盡職地觀察我稍早的表現，以評估我應該在每個區段出多少力，他說我們正在快速穿越這段路，給了我希望，因為這條小徑蜿蜒而入的高山森林海拔不到九千呎，而且我們在黃昏時進入波爾峽谷補給站，一名志工正在這裡煎鬆軟的薄餅，分發給所有跑者。我的隊員們正在這裡等著我，手裡拿著一疊淋了糖漿的薄餅，連同最新的賽事排名。我已經一路上升到第八位。

雖然不完全確定，但就算我的問題可能出在消化方面，還是必須補充能量。我接過綺希遞來的盤子，邊吃邊繼續找出不舒服的原因。我問她有沒有不小心在水瓶中加入了錯誤的粉末，像是含有咖啡因的東西。我對咖啡因不耐受，但綺希知道這一點，並向我保證這沒有發生。我還沒列入考慮的一個因素是海拔，因爲雖然之前有時爬升，但並沒有在海拔很高的地方停留太久。在六週前的萊德維爾賽事期間，我的肺部很正常，而且我參加過的一百哩賽事很多海拔都超過一萬呎。我的問題的根源依然難以捉摸，這讓我很困擾，因爲這場比賽還沒結束。這裡什麼事都有可能發生，而果不其然，在我離開補給站後不久，呼吸問題又出現了。

五分鐘後，我停了下來，請我這段路的配速員丹恩打電話給綺希，要她和隊員們留在波爾峽谷，以防我們需要掉頭，但我也想給自己機會穿越火海。也許是因爲薄餅？先前不舒服的時候，我在兩個小時後有好轉，而既然我能保持直立並繼續待在賽道上，那麼這些症狀可能會再次消失。

漸進的進步依然是進步，只要邁出一步，我就能再邁出下一步。我這樣告訴自己。

抱持著這個想法，我要丹恩再次打電話給綺希，說我們將繼續跑下去，如果有任何變化，會再讓她知道。我們在夜色中繼續攀登，朝整個比賽的最高點一萬五百呎處前進。我的標準程序是這樣：走幾步、彎下腰、用力拄在我的登山杖上，直到我能進行幾次深呼吸，以推動再往前邁出三到五步，然後循環重複。我在移動時根本無法呼吸，而是喘著大氣、呼吸困難。每次停下來呼吸時，能看到丹恩在等我，臉上掛著關切的表情。

「抱歉，」我喘氣說，「抱歉。」我一定說了快三百次的抱歉，我不知道我為什麼一直在道歉。他的回答大多是：「我們離巔峰不遠了。」這很好笑，因為我知道還遠得很！他試著灌輸我一些希望，但希望並不能讓我到達頂峰。還是謝謝你啦，丹恩！我心想。

在第四個小時，在這段十六．五哩的路段大約跑了六哩時（沒錯，我們以每哩跑三十多分鐘的龜速前進），我終於突然停了下來。「我的狀況……不太好。」我喘道，為自己努力嘗試自豪，但我的感覺還是沒有好轉。事實上，肺部已經變得更糟，丹恩同意我們應該離開賽道，去找醫療人員。他打了電話給綺希，告知這個消息，我看到他的臉因聽見她的回應而沉了下來。

「嘿，夥計。」他掛斷電話後對我說。我這時仍彎著腰，乞求氧氣。「我不想對你這麼說，但我們必須用走的離開這裡。」

他解釋說，我們只有兩個選項。選項一是走六哩的下山路，回到波爾峽谷；選項二是繼續攀登九哩，到達一條我的團隊能跟我們會合的小徑。這個消息對我來說並不意外，因為我們在一條狹窄的小徑上，我整晚都在尋找不同的其他小路，希望能找到一條能讓我們離開這裡的出路，但沒有找到。我看到的唯一小徑就是我正在走的這條，而我知道在這個無人區，任何車輛、全地形車或類似的東西都不可能到達這裡。我也確信沒有直升機可以帶我這個可憐蟲離開這裡，唯一的出路就是靠自己的力量。

我沒考慮回波爾峽谷，因爲儘管狀況很糟，但我並不打算退出比賽。也不知道爲什麼，我還是願意繼續參賽。所以我不想因折返而損失里程數，而是選擇繼續上山。這不再是一場比賽，而是成了一場戰爭，我受了傷，但保持希望，相信醫療人員會把我治好，我能繼續戰鬥。

我們繼續前進時，夜色從四面八方逼近。在某些地方，小徑的寬度只夠我把一隻腳放在另一隻腳前面。兩邊的懸崖會在毫無預警的情況下突然從陰影中顯現。呼吸依然困難，我不停想起約翰．斯科普，那個身高六呎二吋、體重兩百二十五磅的年輕猛男，在我參加的第三次地獄週期間死於肺水腫。

我拖著腳前進，靠在登山杖上，閉上眼睛，而約翰就浮現在我眼前。他發著燒，渾身劇烈顫抖，在泳池甲板上承受著肺炎和嚴重肺水腫。他的皮膚幾乎呈半透明，兩眼茫然，呼吸極淺，就跟現在的我一樣。他看起來脆弱得就像瓷器，卻沒打算放棄。他重新加入「毛毛蟲游泳」這個訓練時已經很虛弱，因爲幾乎無法呼吸，而在幾分鐘後，他被發現倒在池底，無法復甦。

約翰一直不惜一切代價，試著成爲海豹戰士，爲此我將永遠尊敬他。換成我，我也會像他那樣視死如歸。人生中有些事情需要「即使會要我的命」也不怕的心態。有時候，那是你必須去的地方，但那座山的另一邊必須是你在這世上最想要的東西。無論我多麼願意跑下去，「完成摩押二四〇比賽」都算不上是我在這世上最想要的東西。我已經取得了足夠的成就，因此完成這場比賽完全不會改變我對自己的看法，我更不需要爲此而死。

這時，我懷疑自己患有高海拔肺水腫，這是一種肺部充滿血液和血漿的危險疾病。這是發生在約翰身上的另一個版本，可能發生在身處高原地區的任何人身上，甚至可能發生在置身較低海拔處的登山老鳥身上。我所處的高度接近一萬呎，雖然不算非常高，但因爲我已經跑了兩百多哩，很容易受到任何因素的影響。

我再走三哩就會到達山頂，連同位於第二〇一．四哩處的下一個補給站，這時一名醫務人員和我的兩名隊員在小徑上發現了我們。不幸的是，醫生對我無能爲力。我的選擇是要麼繼續走去補給站，要麼在途中的一個小徑入口停下來，我們的車就在那裡等候。我知道在過了下一個補給站之後是一段很長的下坡路，儘管我感覺很糟糕，但我確實想知道我的身體是否能恢復過來。

然後我突然意識到這種想法多麼不切實際。

我常被誤以爲是個受虐狂。有些人以爲我是爲了比賽或表演而強忍痛苦、承擔不合理的風險，但事實並非如此。我是比一般人更拚命沒錯，但我這麼做並不是爲了傷害自己或給別人留下深刻印象，我也絕對不想死。我這麼做，是因爲我的身體和心靈的表現總是能帶給我驚喜。以我目前的身體狀況，我根本不該徒步走十六．五哩。最後九哩感覺幾乎不可能完成，因爲我認爲已經把身體逼到了極限，但我尋找極限時，發現了更多空間。每當我遇到挑戰，每當被迫尋找額外的資源來維持運作，我總是找到更多。這就是爲什麼我選擇這條路，因爲那些黑暗時刻是罕見、原始而絕美的。然而，那天晚上，我感覺自己的狀態是前所未有的惡劣，知道對我身體施加的任何額外壓力都可能是那個崩潰點。我們抵達那條小徑入口時，我離開了賽道去尋求治療，而這表示，根據規則，我等於中途退賽。

在前往當地醫院的路上，海拔下降了近六千呎，我開始咳出一塊塊棕色的痰。在急診室，醫生爲我做了胸部X光檢查，證實我的肺臟氣囊裡充滿液體，我確實得了高海拔肺水腫。她檢查了生命徵象、抽了血，對我進行了小劑量的霧化器吸氧治療以打開肺部，並化驗了痰液以了解受到哪種感染。幾個小時後，早上六點左右，醫院給了我一個吸入器，幫助我保持肺部暢通，然後讓我出了院。

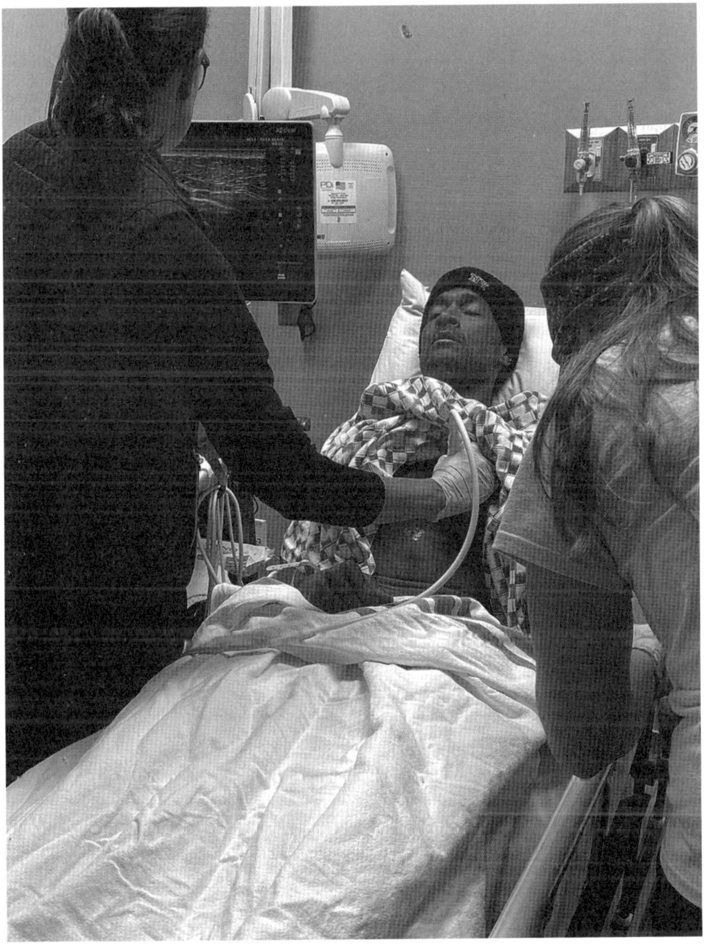

接受高海拔肺水腫診斷。

我回來了，王八蛋！

我和綺希回到我們租的公寓時，其他隊員正忙著清理和收拾行李，準備回家。大夥的士氣低迷，這場比賽對每個人來說都很辛苦。我的團隊克服了多次挫折，挺過了無數的高潮和低谷，而雖然我爲自己帶著破碎的身體跑了兩百一十五哩感到自豪，並認爲最後十六．五哩的緩慢行軍是我經歷過最艱難的一段路程，但退賽是一種很糟糕的感覺，而且每個人都知道。

至少我現在感覺好多了。到了下午，我已經不再咳痰，體溫和活力也恢復正常，這表示甲狀腺開始正常運作。以前我必須退賽時，在精神上無法很快恢復過來，情緒會低落好幾個星期。退賽對我來說是全新的體驗，使我不知所措。

很多人會在低潮待太久。他們可能原本病得很重，但正在好轉，但被問到感覺如何時，會表現得好像完全沒有好轉——事實上會故意裝病，就爲了博取同情。我不是那些混蛋之一。當覺得自己能重返戰場，我他媽的就會重返戰場。總而言之，讓我難以接受的，是現在覺得自己身體狀況良好，可以參加比賽，我卻躺在公寓裡，而不是跑在賽道上。

凌晨三點，腦海中的一個聲音把我從斷斷續續的睡夢中喚醒。它一遍又一遍地重複同樣的野蠻咒語：「你還沒完呢，混蛋！」我睡眼惺忪、半睡半醒坐了起來，房間裡除了綺希沒有其他人，而她睡得跟死人一樣。我躺回床上，閉上眼睛，但那個聲音又回來了：「你還沒完呢！」

我知道自己必須做什麼，但不知道綺希會如何反應，畢竟我們已經收拾了行李，團隊中的兩名成員已經離開，另外兩人再過幾個鐘頭就要搭機離去，但如果有必要，我會獨自完成比賽。我轉身，把手放在綺希的肩上，她眨了兩下眼睛。

「終點線幾點關閉？」我問。她瞪大眼睛，彷彿看到我額頭上長出一根老二。她一臉茫然，所以我又問了一次：「終點線幾點關閉？」

綺希知道我真正要問的，是我是否還有足夠的時間跑完最後四十哩左右的路程。比賽是在四天前開始，但選手們一共有一百一十個小時的時間完成比賽。她坐起身，從床頭櫃上抓起手機。「我們還有十五個鐘頭。」她說。

她就事論事的口氣助長了我的鬥志，她或許不明白我為什麼還抓著這場比賽不放，但她已經做出了決定。她願意配合我，而這才是唯一重要的。我們下了床，我叫醒了兩名仍在我們身邊的隊員，詢問他們是不願意把航班再推遲一天。

幾分鐘後，我們都在廚房裡整理裝備，迅速吃了點東西。獲得些許休息對我很有幫助，雖然摩押海拔只有四千呎，而且我們回到高海拔處時情況可能會發生變化，但我不會在高地待太久。我只需要爬坡一哩半，然後是很長一段下坡路，直接回到鎮上。但別以爲我想完成比賽，等於迫不及待想回到那裡再跑四十哩。我在過去的四天裡已經跑了兩百一十五哩，雖然現在覺得狀態還行，能繼續跑完，但身體已經開始恢復，這表示我將變得僵硬而且非常腫脹，我知道這會很痛。

在出門之前，綺希打了電話給老家的醫生，以確保我沒有冒任何不必要的風險。醫師沉默了一會兒，思索她正在和誰說話，並在腦海中細讀了我那厚厚的病歷後，表示同意。「如果你開始感覺到任何症狀，請立刻停下來，離開賽道，回到海拔較低的地方。」她說。

在開車上山的途中，我的耳朵嗡嗡作響，這提醒我們已經上升到多高的地方。我不知道在一萬五百呎的高度會發生什麼，雖然我其實並不想再次跑步，但我猜想自己應該有能力跑完，這表示我必須試著完賽。完成賽前的藍圖讓我興奮，所以我把心思集中在這一點上。

綺希把車開進第兩百哩處附近的停車場，那是賽道小徑的起點，也就是我離開賽道的地方。我不想在高海拔地區浪費任何時間，和配速員拿起裝備，迅速上山。我的團隊在開始的前兩哩跟我們保持聯繫，以確保我沒事。我的雙腿僵硬

回到犯罪現場，第兩百哩處。

如石，走路時步態不穩，但呼吸還算正常。儘管如此，我還是覺得虛弱且沒有自信，這個賽道從第七十二哩開始就一直把我整得很慘，不禁覺得我是瘋子，不然就是蠢蛋，才會試著完成這場比賽。我大概是又瘋又蠢吧。

綺希在通往山頂的碎石路上開車跟著我們，電影《洛基》的配樂〈奮戰到底〉從開著的車窗傳來，她開在我們旁邊，面帶微笑。那首主題曲是我的老友，我跟它一起度過了無數的黑暗時光，它總是能淹沒我內心的雜念，喚醒我心中的野蠻人。我讓音樂融入體內，下定決心要完成這場已經讓我痛苦了四天的比賽。

「我回來了，王八蛋！」我喊道，並加快了腳步。「你以為你擊倒我了！你以為你打垮我了！只有一秒鐘好嗎？老子回來了！」

從這一刻起，一切都是成長。接下來的四十哩，是我整場比賽中最強的表現。精神狀態達到了高水準，使我能在自由奔跑的同時打開背包，並檢查之前兩百多哩的成果。我的腳依然踩在先前失敗的地方，眼睛盯著那些對我造成視覺錯覺的岩石和樹木，腦子想著我搞砸的地方，與此同時，完成了我最終的藍圖。

當沿著下坡路來到摩押的紅岩時，我學到的最重要教訓，是兩百四十哩是一個全新的領域，而我的失敗源自方法中的某個根本缺陷。參加這場比賽之前，我已經精通了一百哩賽事的距離，知道需要什麼裝備，知道如何用腦來管理距離，但事實證明這些知識在摩押毫無用處。在一百哩的賽事中，每六到十哩就有一個補給站，但在摩押，補給站之間往往相隔幾個小時的路程。我參加過的幾十場一百哩賽事中，除了一場之外，所有比賽都有明確標示的賽道，因此沒必要把尋路事宜列入優先考慮。我小看了摩押，把它視爲另一場普通比賽，但它其實是一個完全不同的競技場，而這一個錯誤就導致了一連串的小錯誤，這些錯誤隨著距離而放大，最終釀成一場災難。

明年，摩押二四〇將是我的比賽兼軍事任務。我將想像比賽中可能發生什麼最壞情況，並爲此做足準備，如此一來，無論發生什麼，都會有一個能讓我保持競爭力的計畫。我意識到，賽事的距離越長，就越需要詳細安排所有細節，不能在裝備或藥物上冒任何風險，必須把所有東西都扛在身上。我不能指望一定能及時再次與團隊會合、抽查我的配速員、更新手機，並攜帶備用通訊設備。一般情況下，我喜歡在越野跑時處於脫離網路的失聯狀態，但明年我會破例，因爲這就是這個賽道的要求。我沿著下坡道飛奔而下時，在心裡進行了幾十次的小調整，肺部狀況良好，步伐高效又有力。

我提醒自己，在人生的每一次進化訓練中，你永遠不希望自己成爲任務失敗的主要原因。沒人想在比賽結束、隔天醒來後悔自己沒做好更充足的準備。這年頭有這麼多免費的知識觸手可及，而如果最近試著完成的某件事出了意外，產生了問題，那是因爲準備得不夠充分，而且沒有任何藉口。任務可能會因爲各式各樣的原因而失敗，這也沒關係，但得確保是無法控制的因素（上帝或大自然的行爲）阻礙了你實現目標，然後繪製你的終極藍圖，再試一次。

我從一條自行車道跑進摩押市的街道時，知道我其實能在時間限制內完賽，但因爲我已經退賽了，所以沒有資格越過官方終點線。對我來說，那條終點線得等明年再說。我們找到了一個很有價值的替代方案：路邊一根電線桿，繁忙公路上的幾支電線桿其中之一。

車輛從我旁邊駛過，我沿著路肩慢跑，直到總里程達到兩百五十五哩，包括了官方的兩百四十哩，加上我迷路多跑的那十五哩。我沒高舉雙臂，也沒揮舞拳頭，似乎沒人注意到有個傢伙完成了他開始的任務，但我還是感到一種深深的滿足感，沒有掌聲，但有榮耀，都在我心裡。

從表面來看，我的摩押二四〇就是一場災難。迷了路，凍得屁股差點掉了下來，還經歷了多次醫療狀況。我兩次偏離了路線，雖然一團亂，但我認爲這是這輩子最好的五場表現之一，因爲我原本根本不可能在時間限制內完成那個距離，但我做到了。沒錯，記分板上依然寫著摩押一分、哥金斯零分，但我帶著一份珍

我的二〇一九年摩押二四〇終點，所有榮耀都在我心中。

貴的禮物離開了猶他州。

二〇一八年的我對很多事情都不確定，但摩押賽後的我確切知道自己十二個月後會在哪裡：回來摩押。這需要長達一年的艱苦訓練，而且像鑽研課本一樣研究我的藍圖。沒問題，這場混蛋比賽沒打垮大衛．哥金斯，也還沒看到他拿出真本事！

進化6　散兵坑心態

慎選夥伴，別讓戰鬥的陣地變成墓地

做自己，不須讓周遭的人開心

心胸狹窄和軟弱之人會扼殺偉大的夢想。你可能有明確的目標，每天都在讓自己變得更好，但如果周遭有錯誤的人，很可能會吸走你的生命，確保你一事無成。

我在選擇團隊時，並不是在尋找菁英跑者來為我配速，我尋找的是具有「散兵坑心態」的人。在摩押賽事中加入我和綺希的那四人當中，只有一個人參加過超級馬拉松，另外兩人每星期跑不到二十哩，但我選擇他們並不是因為跑步能力，而是因為他們都理解我。他們欣賞我的心態，知道我願意把自己逼到什麼程度，也準備盡一切努力來協助我到達那裡。我在這場比賽中能否成功，是他們唯一的優先事項。當我告訴他們我要回去完成比賽時，沒人感到驚訝。他們一整天都陪著我，知道我感覺好多了，而且最重要的是，他們知道我他媽的是誰。他們本來就猜到我會試著完成比賽。我在凌晨四點敲門時，他們已經差不多準備好了背包，臉上的表情在說：「你怎麼現在才來敲門？」

在軍事術語中，散兵坑是個戰鬥陣地。在人生中，散兵坑是你的核心圈，你允許那些人接近你。他們了解你的歷史，也了解你未來的目標和過去的限制。但因為散兵坑是一個戰鬥陣地，所以也很容易成為你的墳墓。因此，謹慎挑選讓誰進入你的核心圈，至關重要。無論你是在戰爭中，在遊戲中競爭，還是在生活中奮鬥，你絕不希望你的散兵坑裡的某個人缺乏信心，或那人試著在前景慘淡時，允許你放棄或揮舞白旗，導致你無法充分發揮潛力。

當你在寒冷的仲冬早晨黎明按下鬧鐘的貪睡按鈕，理想的丈夫或妻子會直接把你搖醒，免得你錯過晨練。當你正在節食並抱怨受夠了每天吃同樣的清淡飲食時，他們會提醒你已經取得多少成果、你付出的所有努力，而且樂意和你一起吃同樣的粗茶淡飯。當你說因為熬夜念書而疲倦時，他們會陪你一起熬夜來激勵你苦讀。

當你在賽道上受苦時，理想的團隊會因見證你的奮鬥而受到啓發，他們知道這證明了你多麼努力。他們拒絕放棄你，這只會激勵你挖掘自己擁有卻忘了的備用燃料，然後付出更多。他們知道，只有在所有選項都耗盡後，才能打包走人。即使這表示又一個不眠之夜，或在最後一刻改變日程。有這些好夥伴在你的散兵坑裡，你怎麼能不繼續奮戰下去？

大多數人沒仔細挑選散兵坑夥伴，而是理所當然地邀請了所有的老朋友和親戚，彷佛與某人一起長大就是成為散兵坑夥伴的最重要資格。老朋友是很棒，共同的歷史也值得尊重，但不是每個在你的生活中存在很久的人，都在乎你的最大利益。當中一些人會因為你的自我改進而感受到威脅，有些人尋找朋友，是為了陪伴他們度過那半吊子的人生。

為了讓合適的人填滿你的散兵坑，你必須先知道你是誰。這表示擺脫一些老舊的信仰體系——關於這個世界，以及你在其中有何地位的陳舊觀念——因為它們不再為你帶來好處，也不再適合你隨著年紀增長而取得的新習慣和生活方式。別人加諸在你身上的任何想法或興趣——無論那個「別人」是你的家人、同儕，還是文化——你都必須謹慎審視，這樣才能看透它們，發現自己的獨特性。對大多數人來說，這是一個緩慢的成長過程，可能需要數年時間，甚至可能根本不會發生，但如果認真看待，你的個性化就可以加速。一旦明白你他媽的究竟是誰，這個世界就會開始為你提供充滿機會的關懷包，這些機會將為你的遠征提供燃料。

除了大吃大喝還有噴蟑螂藥，我二十四歲離開空軍後做了很多探索，一直尋找我在這個世界上的地位，並嘗試了不同的角色和次文化。我曾探索成為摔角手的可能性，開始從事健力舉重，並考慮參與比賽，但這些都不是誠實的選擇。我並沒有渴望在舞臺上摔角或舉重，只知道我不想再當大衛·哥金斯，我想成為有史以來最硬的硬漢。問題是，我根本不知道那到底是什麼樣子。

對任何人來說，承認這一點都是可怕的，包括我自己，因為當時我體型肥胖，做著低薪工作，而且入不敷出。你他媽要怎麼從那種人變成硬漢？我毫無頭緒，甚至懷疑自己是不是嗑了藥。誰他媽的給了我這種權利，讓我去做這麼大膽的夢？就連我也覺得自己聽起來很可笑。儘管看起來很荒謬，我並沒有放棄這個夢想，讓它留在我的腦海裡。然後有一天，關懷包以海豹部隊紀錄片的形式送來了，它就在那裡。我終於找到了一個可能會讓我進入硬漢領域的起點，我的夢想不再是妄想，而是感覺有可能實現。

我的進化已經開始，但隨著我的海豹未來在接下來的幾個月中具體化，我了解到，當你改變時，並不是生活中的每個人都會參與其中。你會遭遇一些嚴重的阻力，這會像痔瘡一樣讓你痛苦難耐。無論我走到哪裡，我都發現家人、朋友和同事抵制我的進化，因為他們喜歡那個噴蟑螂藥、大口灌下巧克力奶昔的肥仔。體重三百磅的我讓他們對他們自己感覺良好，換句話說，他們阻止了我進步。

多年後，我才知道這種事是多麼普遍。在我的招募下進入海豹部隊的人，很多都透露他們的妻子、女友或父母堅決反對他們去追求在這世上最想要的東西，而這可能會造成極大的壓力。當你努力做自己時（尤其當它涉及挑戰你的受苦極限或犧牲生命和肢體），你並不需要同時努力讓身邊每個人都開心。當你遭遇這樣的衝突時，內心的對話就會變得消極，而當那些關鍵時刻到來、腦袋裡要你放棄的聲音變得震耳時，這種內心衝突可能正是說服你放棄的原因。

找到你散兵坑中的最強支援

我第一次決定嘗試成為海豹戰士時，我的散兵坑裡只有我媽。她知道這表示什麼，也立刻表示支持我。我在她的眼裡沒有看到任何恐懼，她雖然擔心我，但更相信我正在做的事情，而這讓我能以清醒的頭腦和最大的專注力進行訓練和戰鬥。多年後，當我去跑惡水馬拉松時，她加入了我的團隊。在那一百三十五哩中，我徒步走了一百哩，全身爬滿馬蠅、在炎熱中受苦時，她從支援車裡跳下來，啜泣連連。不是因為我在受苦，而是因為她為我感到驕傲，因為我像個他媽的勇士一樣硬扛了這一切。

當你改變並致力於持續成長時，並不是所有的親友都會出現像我母親那種反應。有些人是打從心底被你冒犯，而你不需要，也不希望他們的聲音出現在你的腦子裡。這個委婉說法的意思是，你在一路上可能會必須叫一些混蛋去吃屎。你平時和哪些人相處談話，這是很重要的。這就是為什麼對於試圖戒毒戒酒的人來說，如果想保持清醒，那麼繼續和以前一起開轟趴的對象糾纏不清，絕非明智之舉。當你進化時，你的核心圈也必須一起進化。否則，你可能會下意識地停止成長，就只是為了避免超越或疏離那些對你來說很重要，但可能無法跟成長中的你相處的人。

當周遭沒有任何人相信或理解你的遠征時，必須把你的散兵坑變成「一人戰鬥陣地」。這也沒關係，找個夠強大的人來與你並肩作戰，在那之前寧可孤軍奮戰。你不能浪費時間試著把一個累贅拉到山上，我經歷過這種事很多次，你必須堅持到援軍到來為止，即使這需要幾年的時間。孤獨可能會讓人感到困難和疲憊，但我寧願你保持孤獨，也不希望你爬出散兵坑，穿越已知的領土，回到那些愛著昔日的你、對你的轉變感到不舒服的人的懷抱。

這是否表示你必須結束所有人際關係或斷絕一切橋梁？不，倒也未必。但你必須跟懷疑者保持距離，你核心圈裡的人都必須接受你是誰及你想成為誰。這可能需要調整期，這是可以理解的。但在合理的時間內，你的散兵坑裡的男男女女，必須在言語和行動上允許你做自己。

二〇一八年，就在我獲得海外作戰退伍軍人協會的獎項之前，我意識到自己多麼無法忍受退役。我花了幾個鐘頭打電話給軍中老友和新的聯絡人，尋找重返部隊的方法。我考慮過重新入伍加入傘降救援隊，但想起我多麼喜歡遊騎兵學校和三角洲選拔，我認為陸軍可能更適合，所以我讓他們知道我這個四十四歲的士兵有興趣入伍。沒多久，一名招募人員就聯絡了我。他堅信他能實現我的目標，但這表示要搬去某個偏僻的陸軍基地接受訓練。

綺希對此並不開心。她在企業界大展身手了二十年，沒想到要在人生的這個階段搬去陸軍基地。她也絕對沒想到我會拒絕幾十場收益豐厚的演講邀約，為第三次參軍做準備。那時，我一、兩個鐘頭公開演講賺的錢，已經比從軍一年賺的還多。

我發現自己如履薄冰，不確定我愛的女人還想不想和我在一起。與此同時，我知道按照別人希望我過的人生，一定會帶來痛苦。最終，由於種種原因，我沒有再次參軍，轉而從事荒地消防工作。我的使命並沒有改變，無論過去還是現在，我依然繼續努力成為有史以來最硬的硬漢。這不是自我膨脹，而是一種生活方式。這個夢想可能很牽強，甚至無法實現，但我依然致力於實現這個願景。

快轉到幾年後，綺希絕對符合我的散兵坑要求。現在，是她幫我拒絕了消防工作，連同這幾個月的每一次演講邀約，甚至連問都沒問我，因為她清楚知道我是誰、我想要什麼。她知道我的優先事項是什麼，也毫無疑問地完全支持。她欽佩我，因為我透過做一般人都不想做的那些事而感到滿足，因為金錢和名聲的誘惑對我毫無意義，反而只會讓我感到空虛。她希望我找到最好的自己。

我的想法也是一樣。當綺希向我吐露想在三小時二十五分鐘內跑完馬拉松時，我協助她訓練並制定策略，最終她在費城以三小時二十一分的成績實現了目標。她提到可能想申請法學院時，第二天就在門口收到一包法學院入學考試書籍。

你千萬別跟我說你想跑馬拉松，因為我會幫你報名參加比賽，監控你的日常訓練，然後和你一起去跑。如果你告訴我你想當醫生，我這個王八蛋就會趁你睡覺的時候幫你申請醫學院，你隔天早上醒來就得去上課。一般人無法承受這種強度，但這就是我想要的強力支持。這種類型的夥伴會期望你付出努力，會要求你付出數小時、數週，甚至數年的努力，因為這正是實現遠大抱負——更重要的是，找出你真正的能耐——所需要的。

誰在你的散兵坑裡？

在社群媒體上標記他們，告訴他們為什麼！

#*FoxholeMentality*（#散兵坑心態）

#*NeverFinished*（#我沒有極限）

第七章

清算自己，
看還能擁有多少的能耐

永遠對自己說「收到！」

從摩押一回到家，我就出門跑步。為明年比賽進行的訓練就是這麼快就開始了，我鬥志滿滿！跑步對我來說早已變得像呼吸，它不是一種愛好，而簡直就是潛意識的反射動作。我必須去跑，不一定樂在其中，但在開始跑的前八哩時，我看得出來接下來的訓練將非常不一樣，我已經能感覺到那團烈火。日復一日，我等不及出門跑步，也不顧一切地訓練。

我的思緒以前所未有的方式運作。這不僅僅是在某個待辦事項旁邊打勾，而根本就是救贖。獲得的體能強化，也有利於我二〇二〇年唯一關注的另一項重要活動：蒙大拿州的荒地消防季。

但在二〇二〇年四月，就在我要去蒙大拿州的米蘇拉市報到的前幾週，左膝蓋腫得像水球。自從海豹訓練以來，我的膝蓋就經常出現問題，一開始我並沒有太擔心。我一直進行高強度訓練，以為這只是因為過度使用，而不是受傷。我無視膝蓋的不適，連續幾天跑步都忍受著疼痛。長期以來，我的身體在疾病和傷勢影響下付出代償，我以為股四頭肌遲早會穩住膝關節，疼痛會消失，但情況卻變得更糟。

[redacted] 2020-05-01 23:16:40 (GMT -00:00)　Page 2/2

1. There is a complex tear in the posterior horn of the medial meniscus. Intrasubstance degeneration in the anterior horn of the medial meniscus
2. There is a tear of the inferior articular surface of the anterior horn of the lateral meniscus. There is also intrasubstance degeneration in the anterior and the posterior horns of the lateral meniscus.
3. There is an osteochondral defect in the medial femoral condyle. There is no free floating fragment
4. Partial tear of the anterior cruciate ligament
5. Sprain of the posterior cruciate ligament
6. Partial tearing of the medial and lateral retinaculum
7. Patella alta
8. Sprain of the quadriceps tendon. Tendinopathy of the patellar tendon
9. Tenosynovitis of the popliteus tendon
10. Suprapatellar joint effusion
11. Popliteal cyst
12. Lobulated cyst surrounding the posterior cruciate ligament
13. Soft tissue edema in the medial aspect of the knee
14. Moderate arthropathy of the knee

二〇二〇年五月，我左膝的核磁共振報告。

我不情願地把跑步里程數轉換成每天在橢圓機上鍛鍊幾個小時。然而，消防工作需要特殊的務實體能。爲了準備那個在蒙大拿州等著我的一百一十磅的笨重背包，我每星期有一、兩次會背著一百磅的背包，在附近的小徑上快步。現在想退出救火工作爲時已晚，我已經跟消防隊長保證過會出現，也決心兌現這一承諾；但到了月底，左膝腫得比平時大一倍，而且日夜抽痛。在前往北方的三天前，我決定去做核磁共振檢查，搞清楚到底是什麼狀況。

掃描技術人員認出了我，我在走出房間前問她能不能透露些什麼。技術人員不應該跟患者討論看到的內容或試著分析掃描圖像，但她搖了搖頭，表情表明我完蛋了。

「聽著，」她說，「你那個膝蓋有很多

問題。」

「這話是什麼意思？」

「意思是你短期內別想進行任何跑步或鐵人三項運動。」

我原本想告訴她，我來到這該死的放射科診察室之前已經跑了十哩，但我沒說出口，因爲我懷疑她是對的。我和綺希在愛達荷州的一家汽車旅館停下來休息過夜，趁這時候下載了檢查結果。官方報告證實了我的內側和外側半月板多處撕裂、後十字韌帶扭傷、軟骨破裂和關節炎、股骨下端缺損、膝蓋後面有一個巨大的貝克囊腫，最重要的是，前十字韌帶部分撕裂。用白話文來說：我的膝蓋徹底爛掉了。

這個消息令人沮喪。我這輩子最美好的感覺，就是辛勤工作一天。近一年來，我一直期待回到山區，跟荒地消防隊一起工作。我爲此預留了五個月的時間，並拒絕了這段期間所有的演講邀約，而現在，我的消防季看起來是玩完了。那天晚上徹夜難眠時，綺希提醒我，現在離第一天訓練還有兩星期，而且我們認識一位住在米蘇拉、非常有創意的三十五歲運動物理治療師，且已經在當地租了一間公寓。

那位治療師名叫凱西，專門與世界級的運動員合作，總是和知名職業網球運

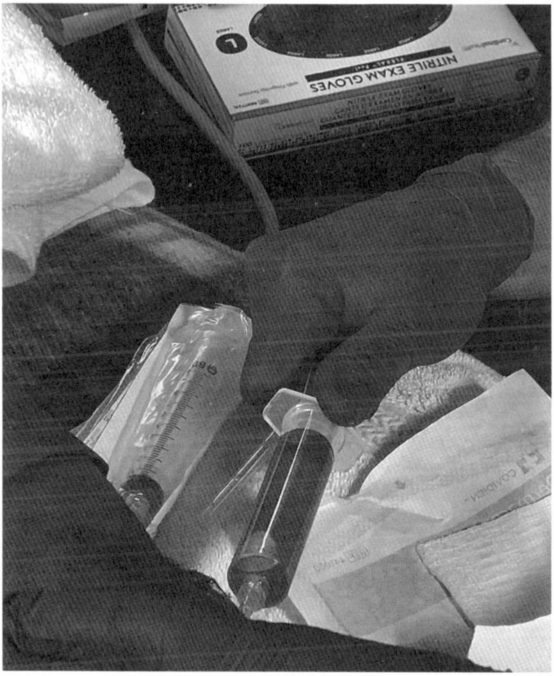

二〇二〇年五月，第一次進行關節排液治療。

動員一起巡迴比賽。事實上，我們在二〇一九年羅馬的一場錦標賽上見過，但因爲疫情暫停了巡迴比賽，所以他回到老家治療病人，能每天安排時間協助我。兩星期顯然不足以修復我的膝蓋，但我並不需要百分之百復原。哪怕他只能幫我恢復一〇%，大概也已足夠。

兩天後，我一跛一跛地走進凱西的

辦公室，他從我的膝蓋中抽出了一百二十毫升的帶血關節液，多得足以裝滿好幾個小瓶。這就像看著充氣玩具在徹底洩氣後成了皺巴巴的外殼，而且這個關節顯然沒剩多少完整結構。我的關節動作變得有夠畸形，左小腿移動起來像個該死的鐘擺，幾乎能往兩側傾斜四十五度，髕骨則像氣墊曲棍球一樣懸浮。

接下來的兩星期裡，凱西每天花四、五個鐘頭為我進行按摩療法、活動範圍訓練，以及一種類似針灸、名為「乾針」的治療法。他在我身上扎了兩百多根針，我他媽的成了真人版針墊。為了以防萬一，他幫我的膝蓋又進行了兩次排液，完全配合任何他所設計的瘋狂治療，我唯一能做的就是抱持希望。

希望這些治療能發揮某種效果，希望凱西能破解骨骼肌肉的密碼，來治好我支離破碎的膝蓋。希望他的針不僅能減緩膝蓋發炎，還能連接磨損與撕裂的韌帶，使軟骨重新生長。最重要的，是希望到時候消防隊長不會叫我在陡峭的斜坡上挖掘防火道。我可以應付疼痛，所擁有的穩定性也足以在平坦的地面上直線前進，但任何形式的橫向移動，尤其在不平坦的地形上，都是我不可能做到的。不幸的是，蒙大拿州並不是以平坦的土地聞名，而正如我們所知，「希望」並不是一個錨點。換句話說，我希望你明白我知道自己完蛋了。但無論如何，我還是在訓練的第一天早上，早早就出現了。

我的二〇二〇年消防季，在一場通宵挖掘中結束。我們背著沉重裝備，進入了米蘇拉北部林木繁茂的山脈，在那裡我忍受了五個小時的疼痛，拚命尋找穩定的立足點。我用普拉斯基斧頭劈砍堅硬的地面時，是用巨石和圓木來支撐無力的左腿。晚上接近一座斜坡的頂部時，我踩到了一根被落葉覆蓋的濕滑圓木。我的左腿向兩個方向同時移動，膝蓋發出爆裂聲，就像電影《星際大戰》中的帝國機械獸那樣，我癱倒在地，這真的是名副其實的一失足成千古恨。

那天晚上，急診室醫生幫我脫臼的髕骨復位時，我痛得眼睛泛淚。隔天幫我的雙膝做核磁共振的骨科醫生說，以他的專業角度來看，我的膝蓋就像九十歲老人的膝蓋，這句話正巧證實了我的感受。他暗示很快就得進行膝關節置換手術，並指示我休息幾個月。我的狀況很糟，不得不接受這個事實，但就和前一天晚上一樣，我沒有讓這個消息或痛楚在腦子裡停留太久。不幸的情況不會持續太久，但我知道不良的態度總是揮之不去，而且可能使任何挫折造成更大的混亂。

唯一比好的態度更具感染力的，是壞的態度。你越是沉浸在負面情緒中，就越覺得軟弱，而這種軟弱會感染周遭的人。反之亦然，找知道如果能控制自己的態度，並轉移注意力，就能控制整個情況。是很失望沒錯，但膝蓋的慘況並不讓我感到意外。現在，我得決定想不想從挫折中盡量學習教訓、適應並繼續前進。

宇宙中有一條不成文的自然法則：你遲早會受到考驗。你會被啪啪啪地打臉，颶風將降臨在你頭上，這對所有人來說都是不可避免的。然而，我們並沒有被正式教導如何面對突如其來的逆境，學校有性教育、消防演習、槍擊演習，以及關於酒精與毒品危害的課程，但沒有「你腳下的地毯突然被抽走了，你該怎麼辦」的課程。沒人教你，當失望、壞消息、故障和災難不可避免地襲來時，你該如何思考、行動和移動。只有當我們已經倒在擂臺上發呆時，身邊才會湧來一大堆的建議。而這表示，你得靠自己制定策略，而且擁有能遵守它們的自我紀律。

我的策略很簡單。**無論人生對我送上什麼挑戰，我都會說聲「收到」**。一般人以爲「收到」（ROGER）只是表示「收到命令」，但在軍隊中，有些人給這個字更多含意：「已收到命令（Received），也已另外下令（Order Given），敬請期待結果（Expect Results）。」如果以這種方式解讀「ROGER」這個字，就不僅僅是表達「確認」而已，而是一種促進劑。它繞過了過度分析的大腦，並激發行動，因爲在某些情況下，「想太多」其實是大敵。

我並不是建議你像機器人一樣遵守每一道命令。被擊倒後，確實需要花一些時間來了解發生了什麼，並制定前進的策略，但也必須採取行動。如果原地踏步，在殘骸中撿破爛，就可能會發現你已經被它吞沒。我們都喜歡東山再起的故事，因為它讓人明白「挫折」有推動我們取得最大成功的力量，但命運取決於使用的方法。在受傷或失敗時，大腦要麼陷入過度思考，要麼陷入麻木與自滿，而你需要練習，才能縮短這個過程。

無論發生什麼，對自己說聲「收到」，這就是讓你重返擂臺的門票。你可能被解僱、被擊敗、被退學、被淘汰或被甩；你可能是個壓力山大、被欺負的小孩；或是一個體重過重、沒有前途的退伍軍人；或人們只是塞了一雙枴杖給你，要你在場邊靜靜坐著，直到痊癒為止。你該給的答覆永遠應該是「他媽的收到」，而且大聲喊出來，讓每個人知道你聽到了他們說的話，而且敬請期待你最好的表現。別忘了微笑，這個微笑提醒他們，你在走投無路的時候，才是最危險的。這就是你該如何面對挫折、應對逆境並全身而退最有效的方法。

凱西聽聞我發生了什麼事，以為我會士氣低落，但在午餐後走進辦公室時，發現我已經在那裡，正在做引體向上，膝蓋以氣動式護具固定，枴杖則斜靠在牆上。我有足夠的時間來消化自己的狀況，也只有一個問題要問他。

「你認為到了十月的第二週，我會夠健康嗎？」我問。

「夠健康要做什麼？」

「摩押二四〇。」他聽得霧煞煞，所以我解釋了一些關於比賽的事情。他以爲我只是在開玩笑，於是轉身向綺希確認。

「他完全不是在開玩笑。」綺希說。

凱西從我的眼神中看出我多麼認眞，所以他抓起我的文件，大聲朗讀了兩次核磁共振的摘要，上頭寫得清清楚楚。但正如我收到的任何診斷一樣，壞消息中也隱藏著挑戰。凱西錯過了這一點，但我沒錯過。

「我們還是別抱期望比較好。」他說。

「收到。」我微笑點頭。

幫助你避開情緒陷阱的「淨正效益」

設定目標，能讓我制定策略並確定優先順序。這不僅僅是爲了療傷，每當挫折發生時，我總是設定一個目標，某個讓我能瞄準的可行事項，讓我專心在任務上，並避免被爛事帶來的悲傷所呑噬。

但請確保你的目標不會太容易實現，我喜歡在黑暗時期設定大膽的目標。人們常常確信自己正在自我挑戰，但設定的目標卻是之前做過無數次的事情。每當有人向我尋求訓練的建議，我都會聽到這樣的故事，而且這種人很多。劇透警告：但事情很少像他們希望的那樣發展。最近，有個人問我怎樣才能為半程馬拉松做最好的準備。

「你他媽的跑半馬做啥？」我問，「既然你已經在訓練了，那幹麼不直接跑全馬？」他結結巴巴，想給出令人滿意的答案，但我已經知道為什麼。他正在為自己「辦得到」的事情做訓練。並不是針對他，世上大多數人都跟他一樣，很少有人跳出框架、嘗試突破極限。他們打從一開始就排除了更偉大的挑戰；早在比賽開始前，就對自己的表現設定了嚴格的上限。我公開宣布想參加摩押賽，而這個舉動讓我在辛苦的復健中保持遠大的夢想，也讓我認為自己有可能達成特別的成就。

但這麼做並不保證能參賽，這種保證根本不存在。身體必須對我所有的努力和承諾做出反應，想站在那條起跑線上，就必須證明我有能力再次跑長距離賽事，如果這一切都成真了，那我將獲得一個獨特而罕見的機會。那個機會就是我能從傷勢中恢復，在摩押賽中贏得救贖。儘管我狀況不佳，卻還是相信自己有能力重返摩押賽道，而這個信念給了我信心和力量（專屬於我的力量），即使復健毫無進展、明顯不能像以前那樣跑步，我還是能依靠這種力量。這是設想的最壞情況，而如果它真的發生，我已經知道到時候該怎麼辦：設定另一個不合理的目標，再次投入努力。

在漫長的復健過程中，我設想了那不久的將來會帶來什麼，我從最壞情況開始想，然後從那裡思索其他問題。張大眼睛看著最壞的情況，向來是我在任何任務上的起點，因爲這麼做消除了我對失敗的恐懼，讓我爲任何結果做好準備，並打從一開始就能維持所謂的**「淨正效益」——帳面上的黑字（正面心態）總是大於赤字（負面心態）**。

無論在人生中發生了什麼事，都必須努力保持正面心態。當一整天都不順，你很可能會想早點睡覺、試著忘掉一切，但如果帶著赤字睡覺，就很可能帶著赤字醒來，而這種類型的負面情緒會如滾雪球般越滾越大。當一整天都一團糟時，請確保在熄燈上床之前完成一些正面的事情。要做到這點，你可能需要稍微熬夜閱讀、學習、健身或打掃房間。無論得做什麼才能帶著黑字上床睡覺，請務必完成。這能讓你每天都保持淨正效益，而在變成習慣後，會更容易察覺到情緒陷阱的出現，這將幫助你判斷怎樣繞過它們。

在蒙大拿州，這表示我必須保持開放的心態，並立足於現實。我知道目標太他媽的勉強，也不一定能跑完摩押二四〇。但也許我能跑個五十哩？也許能跑完一百哩？在這種情況下可能發生的最糟狀況，就是我他媽的根本沒開始訓練。而因為疫情的影響，摩押二四〇更可能像其他活動一樣被取消。我能忍受摩押賽事被取消，因為總是會有其他比賽，而且我知道五個月的高強度訓練和復健會讓我得到好處，而這只會幫助我繼續前進。復健了兩星期後，我還是不知道什麼時候才能再次跑步，但繼續專注朝著我那不合理的目標邁進，這種心態能讓我把所有不適和挫敗感，轉化為協助成長的補品。

與此同時，我對疫情相關的新聞也不可能視而不見。第一波疫情席捲全美，導致封城、醫院人滿為患、強制佩戴口罩，而習慣過著舒適可預測生活的普羅大眾，在面對悲劇和逆境時集體失去冷靜。人生中有許多問題是被環境所掩蓋，例如我脆弱又退化的膝蓋是被強壯的股四頭肌所掩蓋，這些肌肉能彌補關節穩定性的不足，但現在暗藏的問題終究暴露後，我的生活被搞得天翻地覆。

同樣的，疫情揭露了我們的社會缺乏穩定性。它告訴我們，民族團結是脆弱的，我們依賴的社會結構和習慣隨時可能灰飛煙滅。二〇二〇年春季，疫情造成的問題變得極為現實，突然之間，每個人都得待在家裡，很多人都感覺自己彷彿置身風吹雨打之中。失業人數激增，人們染病死亡、房租逾期無力繳付、學校關閉、供應鏈戛然而止。疫情宛如世界級的照妖鏡，一切都翻天覆地，局勢令人恐懼沮喪，不可預測，而且很多人都沒通過考驗，他們措手不及，但我不是。

我們都有一個共同點：我們在這裡，卡在名爲人生的遊戲中，經常受到無法控制的力量所影響，卻未曾爲此進行特訓。我們致力於外部目標，無論是關於健身、學校，還是工作，彷彿它們是孤立的事件，以某種方式與我們的生活脫節。但我們所做的每件事，都是讓自己在人生遊戲中變得更好的機會。我的人生，以及我對每一件必須去做但未必想做的事情所投入的努力，讓我爲疫情做好了準備，但這都是因爲我已經學會把所做的和經歷的一切，皆視爲訓練。

我是鑽研人生的學生。隨身攜帶筆記本，也寫日記。我研讀每一天裡所有的起起落落，彷彿明天就是期末考，因爲每個人明天都要考試。無論是否意識到，但每一次互動、每一項任務，其實都反映了你的心態、價值觀和未來前景，讓你有機會成爲一直想成爲的人。

你不必從創傷中倖存，也不必成爲體能方面的野獸，也能爲人生進行特訓。我們都曾在身體、情緒和智力上受過挑戰，也都失敗過。不要羞於在被遺忘的檔案中挖掘教訓。無論那些經歷在今日看來多麼無關緊要，它們還是很重要，因爲那都是爲接下來潛在的挑戰做事先演練。

「每件事，都只是爲了下一次事件做準備的事先訓練」的意識，就像一面能擴展感知的濾鏡。當你在職場或學校被分配了不想做的事，陷入沒預料到的衝突，例如親近的某人生病或死亡，或人際關係出現問題，你會明白這些挑戰是人生教科書中的新章節，方便你研讀，以確保在下一次遭遇失敗時不會覺得過於沉重。這麼做不只爲了自己，更爲了周遭的人。我們都知道，想在競技運動中脫穎而出、進入最好的學校、奪得最令人垂涎的工作，都需要訓練，因爲訓練才能讓你做好準備。如果疫情證明了什麼，那就是每個人都能爲人生中突然出現的黑暗轉折，做更充分的準備。

幽默是士氣和專注力的推進器

經過一個月的密集復健，我跑了三哩路來評估自己恢復到什麼程度。雖然速度慢得就像行人，但驚訝地發現步伐感覺多麼不同。原本總是以拖著腳步的方式跑步，無法跨大步，但在復健後的第一次跑步時，整個身體都吸收了腳落地時的衝擊力，而不僅僅是由膝蓋承受。這是我能利用的一項重大改進，我也確實好好利用了。

和往常一樣，我在這整個過程中的王牌是綺希，但她必須離開蒙大拿，所以我把檔位切換到苦行僧模式。我每天全身心地投入訓練和復健。那當中的一些時間，我是和凱西一起度過。在和凱西共處的每個鐘頭中，他想出了一些我以前聽都沒聽過的怪招，像是在腿上綁上壓力套，然後在VersaClimber攀爬訓練機上操練，以及在鍛鍊腹部和腿部時使用高速肌肉刺激器，但我靠自己也多投入了五個多鐘頭的鍛鍊。

試著從急性損傷中恢復的人，大多每星期會跟物理治療師見幾次面，每次頂多一個小時，卻把治療師當成領袖，並說服自己相信治療師的工作就是會治好那些損傷。不能倚賴他人來幫助達成我們要的成果，我們需要更多的自我掌控權及自我領導力。小時候在學業上遇到困難時，我媽曾請過幾次家教。第一次並沒有多大幫助，因爲我只有在家教每星期出現一次時，才會打開課本。我並沒有把家教當成嚮導、幫助我弄清楚怎樣更好地自主學習，而是把她當成一位昂貴的家庭作業教練。我跟那位家教的合作關係不久後就中斷了，在課業上持續落後。第二次聘請家教時，我下定決心要高中畢業並通過軍職性向測驗，而這次家教發揮了效果。並不是因爲第二位家教比較好，而是因爲我對自己想獲得的成功投入了決心，也投入努力。

凱西給了我很多幫助，但他不是我的領導者，而是一名顧問。我的復健工作是由自己負責，每週工作七天，每天工作長達十個小時，因爲我時間緊迫。我需要盡快增強力量與復原，否則永遠去不了摩押賽。我加強了飲食管理，以減掉多餘的體重並減輕膝蓋的負擔。我第一次加入心率訓練，再次開始進行交叉訓練。我游泳和划船，並在雅各爬梯訓練機以及AssaultBike風扇健身車上度過好幾個鐘頭。我對任何具有高吸引力的運動機器抱持開放態度，它們讓我想長時間使用，而且對膝蓋沒多大負擔。我的睡眠品質變得前所未有的好，隨著每次鍛鍊和日子一天天過去，心中的那條惡犬越來越飢餓，摩押救贖行動將按原定計畫進行。

當然，每當大衛．哥金斯覺得自己已經解決了所有問題，現世報就會捲土重來。我忍受著間歇性的腫脹，並繼續對膝蓋進行排液。事實上，在比賽的五天前，排出了膝蓋後側一個棒球大小的貝克囊腫，因爲它限制了我新發現的活動範圍。沒錯，還是有些毛病，但我認定膝蓋「夠好了」，也在十月七日那天站在了摩押賽的起跑線上。這是一項重大成就。就我而言，我的帳面已經回到黑字區，從這裡開始發生的任何事情，對我心中的惡犬來說都將是錦上添花的肉汁，而這種心態讓我能自由自在地奔跑。

我震驚地發現自己在跑步時感覺多麼舒適，本來一直以爲身上的輪子隨時可能掉下來。跑了大約七十哩時，開始感覺左腳踝上方一條肌腱不對勁，雖然痛得要命，但我盡量不去在意，滿腦子只想著一絲不苟地遵照藍圖進行。跑到大約一百三十哩時，在這一天當中最熱的時候，發現沒水了。這時的氣溫是攝氏三十二度左右，我比平時更快地喝完了三公升的水，在距離下一個補給站還有幾哩的時候陷入脫水狀態。我的步伐從輕快變得遲緩，舔嘴唇也沒多大幫助。雖然脫水是個問題，但還有更大的問題。我的新步伐給左腳踝帶來了更大的壓力，在賽事的前半段還沒什麼問題，但現在已經到達了極限，而且這種疼痛強烈得不再是我能忽視或拋之腦後的問題。

我們提前打了電話，在下午兩點左右抵達補給站時，綺希已經準備好了水、黃瓜汁（運動員用來防止抽筋的飲料）和電解質。這時我輕鬆地位居第二，落後領先者大約一個小時。只有支援車能幫我們遮蔽烈日，我坐在副駕駛座上補充水分。綺希把幾個冰袋放在我的腋下和頸後，我在襠部也放了一個，這幾個部位都是能快速降低核心溫度的觸發點。其餘的隊員讓我們倆獨處。我的身體冷卻得太快，結果全身很快就開始劇烈顫抖，而且這次我屈服了，綺希察覺到了我的擔憂。

「有事情困擾著你，」她說，「但如果你不告訴我你怎麼了，我就幫不了你。」我點點頭，脫掉左腳的鞋子。我的脛骨前肌腱（位於踝關節上方）腫得跟繩索一樣粗，做出任何動作都感覺像是正在用一把燒紅的刀片刺穿我的腳。我的疼痛反應一目了然，就連綺希在拿起電話打給凱西時也忍不住咬牙。

我邀請凱西加入我的支援團隊，因爲我長期以來依賴的「靠膽量撐過去」的慣例，這次顯然沒辦法解決問題。四十五歲的身體正在崩潰，而且我總覺得在比賽途中會需要凱西的專業。問題是，他這時候正在摩押市的團隊旅館裡休息，一個半鐘頭後才能來到我們身邊。這是我的錯，我應該確保他會出現在每個補給站，尤其當比賽進行到後半段的時候，但我在構思藍圖時沒想到這點。

這時我已經連續沒闔眼大約三十六個小時，現在唯一能做的就是閉上眼睛，在等凱西到來的同時試著睡一會，但在炎熱、腳踝疼痛、心跳加快和時限壓力的折磨下，我無法放鬆。我被困在這裡時，一直想著這場比賽的領先者像兔子一樣跑在前面。

「謝謝你幫我做的復健，老兄。我現在有新的步伐，但腳踝已經完蛋了。」我苦笑道。趕來的凱西從各個角度檢查腳和腳踝，關節部分脫臼，肌腱嚴重浮腫，彷彿即將從繃緊的皮膚底下蹦出來。「告訴我你能修好它。」

他輕輕放下我的腳，點點頭，雙手叉腰。他的眼神讓我想起在地獄週現場待命的醫護人員。這種人是特殊的品種，他們目睹很多痛苦，但就是不會表現出同情或叫你放棄。你的斷骨可能從皮膚底下探頭出來，他們會對它吹氣，用膠帶黏好，然後說「你沒事了」。凱西的行爲就跟他們一樣，讓我確信他已經找到了讓我繼續

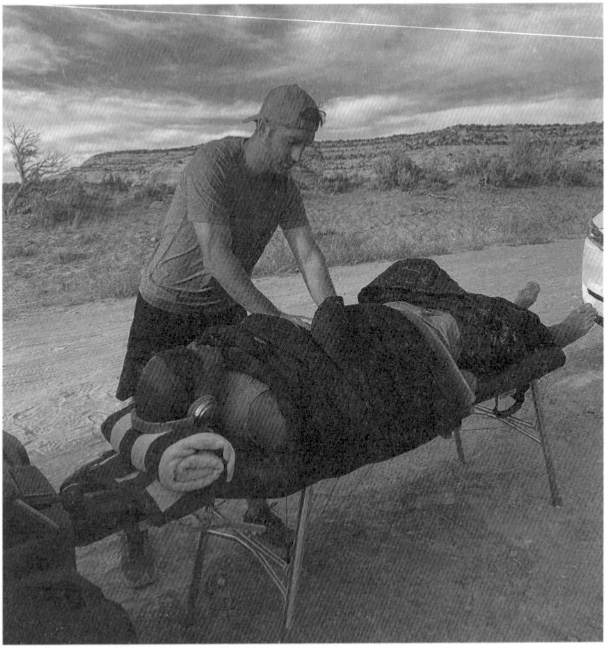

在第一百四十哩處接受治療。

前進的辦法，但這會讓我痛得哭天喊地，我只能咬牙忍耐！

「這條肌腱很想斷掉。」他這句話讓我吃了一驚，綺希也是。

「別擔心。我可以防止它斷掉，並讓它足夠穩定，這樣你就能繼續跑下去，但你會痛得想死。」

接下來的一個鐘頭裡，他用金屬鈍器刮擦我浮腫的肌腱，而我戴著眼罩躺在他的攜帶式治療臺上。唯一能形

在第一百四十哩處進行腳踝的最終調整。

容這有多痛的方式，就是它痛得我只能選擇笑或哭，而身為硬漢，我選擇笑。

「以前只有白人會蠢到覺得跑個兩百四十哩是美好時光，」我說話時，凱西挖著我的肌腱，試圖盡量移動關節液，讓我的關節滑回原位，「結果我這個黑屁股也來湊一腳！

「你們都知道我是自願來這兒吧？這是老子的選擇！不僅如此，我還為此付出代價。我付錢讓這混蛋飛來他媽的猶他州，在荒野拿鈍器折磨我！」

凱西越用力刮我的肌腱，我就笑得越大聲。我說的是那種上氣不接下氣的捧腹大笑。不久，所有隊員都累壞了。

我稍早一跛一跛地走到凱西的治療臺旁時滿腔怒火，隊員們看起來都很陰沉。我在前九十哩大部分的時候都跑在領先者附近，隊員們都很興奮。他們當時觀看我的表演，並幫助我制定策略，以牢牢守住第二名的地位，我等著在後半場採取行動，結果他們現在目睹了該死的挫敗。我似乎總是會出問題，這也不是什麼祕密，但發現自己一遍又一遍地出問題，眞是令人沮喪。

隊員們爲我難過，但我不需要也不想要他們的同情，因爲這對我毫無用處，同情心沒有力量。但相反的，幽默感能讓每個人都振奮起來，它是強大的士氣推進器。嘲笑人生的荒謬和自己愚蠢的選擇，能讓腦內啡流動，讓腎上腺素激增。這幫助我承受疼痛，並轉移了隊員們的注意力，讓他們不去想我剩下的比賽幾乎會是一場徒步盛宴的事實。他們都這麼認爲，因爲我的腳踝明顯受了重傷，而從我的語氣和笑聲中，知道我沒打算放棄。

拒絕放棄的人有很多工具可以使用，而我不是只把幽默感當成麻醉劑或策略性轉移注意力的工具，還用來讓我變得更專注。凱西對我進行的治療越多，我的團隊笑得越大聲，我就越清楚看到我的比賽根本還沒結束。

繼續笑吧，你們這些王八蛋，我心想。你們等著看老子在比賽後半段拿出什麼本事。事實證明，當時所有的笑聲都喚醒了我內心沉睡的野蠻人。

到達補給站的三個多鐘頭後，我的腳踝歸位，並用六種運動膠帶包裹，以防止彎曲。這幾乎就像打上石膏，但凱西向我保證，不管我的腳踝感覺如何，它能承受一些衝擊。

腳踝歸位前他說：「這個關節需要移動，會很痛，但調整後對繼續前進最有好處。」意思就是調整的痛楚，也是聖誕他媽的快樂。

停機了三個半小時，現在落後領先者整整四個小時，是時候看看我能做些什麼了。幸運的是，綺希女士接下來擔任我的配速員。我們離開補給站時，另一名隊員傑森走向凱西。

「你覺得他那個腳踝撐得住嗎？」他問。

「我們在下一個補給站就會知道答案。」凱西說。幾秒後，我重返下方的小徑，全速前進，綺希幾乎跟不上。「你也可以轉過身去，自己看看。」凱西對傑森說。

在比賽前，綺希選擇了在二〇一九年非常喜歡的那段路上擔任我的配速員，我一整年來也一直期待著這一刻。在整個兩百四十哩的路線中，我對這一段路的想像比其他區段都多，而我們倆一上路，我就加快了步伐。跑了四哩後，綺希難受得愁眉苦臉，看了智慧型手錶一眼，臉上充滿困惑。

透過面對害怕，來克服恐懼

「我們去年好像沒跑這麼快。」她說。

「噢，妳注意到了？」我忍不住微笑，「打電話給凱西，告訴他我們狀況很好！」

我加速上坡，這讓綺希大吃一驚。身爲配速員，她的職責是和我待在一起，所以她全速追趕。事實上，令她極度不爽的是，這是我在這場比賽中第一次開始用跑的爬上每一座山坡。最後，當我們抵達另一道斜坡的底部時，她抓住我的手臂，要我停下來。

「這段路用走的比較好吧？」她呼吸困難地問。

「好吧。」我笑著說，但在到達山頂之前，我又開始用跑的。綺希是非常優秀的跑者，但她沒想到會在比賽後半段接受體能考驗，尤其凱西不久前才說我的肌腱快斷了。我能看到山頂，能聽到她的呼吸聲，除非我主動說明，她開始提前詢問我要怎樣攻略每個山丘。有幾次，我告訴她我們要跑五分鐘然後走三分鐘，我卻把五分鐘的跑步拉長成二十分鐘，之後甚至拉長成二十五分鐘，我喜歡看她在未知領域中苦苦掙扎。

我是在折磨可愛的綺希嗎？是的，沒錯，我是在折磨她，但別爲她感到難過，因爲我知道哪些事情能刺激她。綺希非常友善、優雅又有禮貌，但別被她給騙了，看看她愛上了誰。那位女士是個暴徒，就跟我一樣。她這個狠咖體內也有一頭恐怖的惡犬，而且絕不容忍軟弱無能。

我們剛開始交往時，她不斷提到過去的戀情總是缺少一些東西。以前的對象都沒有鼓勵她挑戰極限。她未曾受過挑戰，但喜歡受到挑戰。事實上，因爲我知道她對前男友的要求多麼嚴厲，以至於在二〇一九年摩押賽事期間，當看到我在她能輕鬆應付的地形上跑得苦不堪言時，我忍不住想像她當時可能在想什麼。我願意承認，在那一刻我患有「縮蛋症候群」，蛋蛋縮進了我的胸口；而在二〇二〇年，無論我是否能到達終點線，我都必須贏回在這些山丘上失去的所有尊敬，這樣蛋蛋才能回到它們應有的位置。

當她終於說「我不記得這段路有這麼難跑」時，我知道我得逞了，我再一次笑得差點在地上打滾。

我們比二〇一九年的成績提前了九十分鐘，完成綺希擔任配速員的路段，而且我越跑越猛。但現在，是時候冒險進入高地，對抗前一年差點要了我老命的地形了。小徑的海拔逐漸升高，通往一座宛如盤龍、隱約可見的山脊時，我無法擺脫恐懼。我害怕身體在跑了四十個小時後會有什麼反應，深怕長期的肺部問題會再次出現，害怕會在這裡失敗。

我害怕很多事情，但學會了透過面對來克服恐懼。第一次開始面對恐懼時，我完全不知該如何是好。這很正常，我感受到的情緒和不適只證明了這個過程多麼有效。當思緒逐漸接近拚命想避免的事情時，我的焦慮加劇、腎上腺素激增。但暗藏在這些能量中，是一種精神和情感的成長因素，能帶來自我賦權。

正如幹細胞會產生刺激細胞交流、肌肉生長及傷口癒合的生長因子，**恐懼是一種種籽莢，裡頭充滿心靈可以運用的生長因子**。當你有意識、持續地面對高度的恐懼，或令你不安的特定人士、地方和情況時，這些種籽就會發芽，信心將會成倍增長。你可能還是討厭從高處往下跳或游過海浪，但「願意繼續這麼做」的意願，將幫助你和討厭之事和平共處，你甚至可能會受到啓發，想試著精通它們。一個一輩子都怕水的孩子，就是這樣成爲海豹戰士的。

有些人則走相反的路：逃避恐懼。他們就像被有惡龍的謠言所嚇壞的村民，嚇得甚至不敢走出家門。他們畏畏縮縮，而那頭他們從未親眼見過的惡龍，只會在他們的心中獲得力量和地位，因爲當你躲避任何讓你害怕的東西時，生長因子就會對你產生反效果，它將成爲你的恐懼，並迅速增長，而你的潛力將越來越受限。

前方是長達四十哩的持續上坡。我花了很多時間思索去年的崩潰，腦海中確實閃過我彎下腰、呼吸困難的畫面，但登上龍脊的另一道尖峰的每　步，都證實了我對這項任務投入了所有心力，直到我成爲騎士，在一個安靜的夜晚出現在那個村莊，磨利了我的劍，斬殺了那頭該死的惡龍。

二〇二〇年的摩押賽中，稀薄的空氣並沒有困擾我。肺部很清澈，而且我跑得很好，配速員甚至因此很難跟上我，但這一切都是有代價的。我的屁股上出現了嚴重的皮疹，整隻左腳成了一個特大號的水泡，而且在堅持了近六十哩後，支撐我的腳踝、小心翼翼裹上的膠帶開始解體，專注力也隨之瓦解。我痛得連走路都很困難，更別說跑步，而且完全無法思考。野蠻人哥金斯逃離了現場，大衛在第二〇一哩處體力耗盡，一瘸一拐地進入了補給站。

皮疹造成的嚴重刺痛，使我像螃蟹一樣橫著走向流動廁所時不發一語。綺希

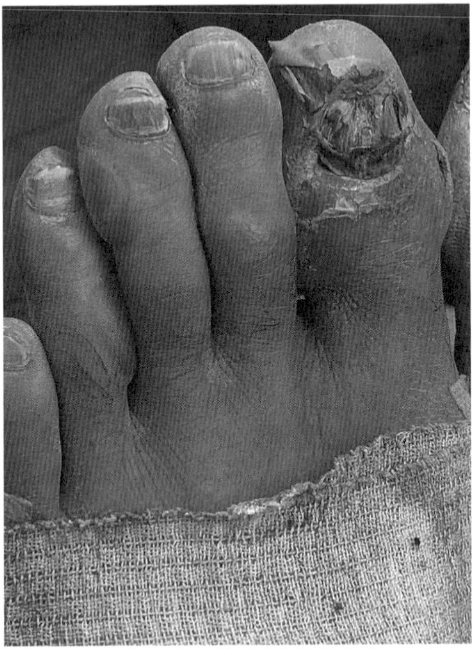
我的兩條腿在第二〇一哩處痛苦不堪。

拿著一套乾淨的衣服，連同一大瓶Desitin屁屁膏尾隨著我。她拉下我的短褲，看到眼前的猙獰景象，不禁倒抽一口涼氣。我的屁股變得就像漢堡肉，疹子滲出液體，傷口被扯開，但綺希立即動手，把含有氧化鋅的屁屁膏塗在該塗的地方，直到她的手沾滿了我的血。這才是眞愛啊，鄉民們！每次她觸碰到我的皮疹，我的脊椎就會像遭遇電擊一樣疼痛，痛得我咬牙切齒。彷彿這樣還不夠精采，凱西用針刺穿水泡，重新包紮了我的腳踝。雖然感覺實在不舒服，但我累得沒力氣再表演一場喜劇。這整個過程花了一個鐘頭，實在太久了，但我當時並不介意，因爲我早已深陷疼痛，除了生存之外什麼都考慮不了。

競爭對手，是彼此的燃料

我的配速員麥克和我再次動身，以殭屍的速度艱難前進時，我承受著聖經級的劇痛。每走一步，屁股就像被生鏽的刀片切成薄片。我的水泡痛如火燒，而且腳踝那條肌腱像橡皮筋一樣斷裂似乎是遲早的事。行進了六哩後，我們發現了一個位於湖邊的營地廁所。我騙麥克說我得去上廁所，其實只是想趕緊坐下來。路程還剩三十三哩，我已經達到了極限，只希望這場比賽早點結束。

以前，疼痛未曾在任何一場超馬中讓我停下來；但現在，我處於恍惚狀態，躲在廁所裡，穿著跑鞋瑟瑟發抖。就在這時，哥金斯再次出現，在那裡找到了我。哥金斯知道對付疼痛的唯一辦法，就是直接衝撞這個王八蛋，所以他拿刀宰了大衛，把他塞進馬桶，然後接管了一切。

我和麥克在第二〇一哩處再次上路。

從那一刻起，我拿出了以爲再也不可能做到的水準。我把麥克當成燃料，與他競賽，彷彿他是我的對手，在一處下坡路上甩掉了他。冗長又無趣的下坡地形是他在跑步方面的唯一弱點，卻是我的強項。任何漫長又無聊的事情都是我的強項，我領先了他幾分鐘的路程。麥克是個非常成功的傢伙，在紐約市從事金融業，也是成績優秀的超馬跑者。他不習慣被拋下，更別提在比賽進行到兩百哩的時候被人甩掉，這讓他大發雷霆。

我放慢速度，讓他跟上，他追上後打了電話給綺希，告訴她我們比原定速度快了很多，這令她震驚，因爲她正在住宿處洗衣服，沒料到還得趕回賽道上。然後麥克打給了太太（她也是菁英跑者），對我如何甩掉他表示惱火。他想讓我聽見他的感受，掛斷電話時，開始對我咆哮。

他把我的行爲，解讀成對他傳達出「你去吃屎吧！」的訊息，但我正是出於對麥克的尊敬而試著拋下他。我知道他是多麼出色的跑者與競爭者，我想刺激他的神經。我這麼做是在挑釁一個喜歡戰鬥的人，因爲我知道這會激發彼此做出更好的表現，而這正是我需要的。

正如我希望的，麥克把我的舉動視爲對他的挑戰。我對他施加了痛苦和羞辱，他果然決定對我還以顏色。在這一刻，摩押二四〇消失了，這場比賽成了兩個正在決鬥的大男人主義者之間的十七哩比賽。他的步伐從奔跑變成走路再變成狂奔，而且我們倆都痛苦不堪。這時候，我已經跑了兩百二十哩，他跑了八十哩，我們的速度依然快得每哩低於八分鐘，然後加快成低於七分鐘，而且彼此都在不爽。在那條路上的某一處，我們決定再次成爲朋友，他困惑地看著我。

「我以前從沒見過這種事，」他說，「你眞是個怪胎。你能舉起重得要死的東西，能像這樣跑步。你的腳踝和膝蓋都快報廢了，而且在這場比賽中已經跑了兩百哩了，居然還有辦法甩掉我？」

我經常從朋友和陌生人嘴裡聽到這樣的評論。他們在某處讀到或親眼目睹我接受不可思議的挑戰，而且經常做出高水準的表現，以爲我天生就這麼厲害，以爲我擁有他們所缺乏的一些與生俱來的特質。即使在《我，刀槍不入》出版後，很多人還是這樣以爲，儘管事實恰恰相反。我生來就有缺陷，前途無亮，在地獄中長大，但我找到了出路。麥克早就知道我整個人生故事，但現在是親身經歷了一些他以前從沒見過的事。他親眼看著我超越破碎的身軀，我不僅拒絕放棄，甚至以違反邏輯的方式拿出驚人表現。

「我不是怪胎，」我說，**「只是比一般人更相信自己，知道我們都有能力做到什麼，而爲了達到那種境界，必須利用所能利用的每一絲力量和能量，那些存**

在於每個人內在和周圍的力量。我把你的弱點轉化成我的力量，我把你的憤怒轉化成我的力量，我用你的好勝心來點燃我的好勝心，激勵我跑得更快。因爲，如果我已經跑了這麼久卻還能甩掉你這種狠角色，這表示我他媽的有多厲害！」

當我們到達下一個補給站時，麥克已經從陰沉鬱悶變得開開心心。原本的目標是在七小時內抵達補給站，結果只花了五小時。我因爲跟他比賽而筋疲力盡，但白晝只剩一個半鐘頭，還有十六哩路要跑，這表示我必須繼續前進。在蒙大拿州復健期間，凱西開始和我一起跑步，他的速度給我留下了深刻的印象，所以我請他擔任最後一段路的配速員。

除非發生災難，否則我第二名的地位應該不會發生變化，但在進入每個新路段之前，我都會即時設定小目標。前方的地形充滿了起伏的山丘，以及散布著鵝卵石和巨石的狹窄小徑。我的目標，是保持比每哩十二分半還要快的平均配速。如果做得到，我將以有史以來第五快的速度完成比賽。

我們在那片山路上跑得飛快。即使太陽下山、拿出頭燈後，還是迅如山羊。從一塊巨石跳到另一塊巨石上，沿著狹窄的小徑飛奔，經過陡峭的陡坡，在該區抽象畫般的紅色岩層上，投射了我們的身影，甚至有幾次每一哩路只花了六分十五秒。激起的碎石和灰塵，如煙霧般從我們的腳跟飛起。繁星在上空閃爍，最亮的一顆就是我意念中的北極星，它引領我進入另一個心流狀態和全新的次元。

在那一刻之前，我一直以爲二〇〇七年已經是我的體能巔峰。那年我三十三歲，把一百哩的賽事當成 **Kit Kat** 巧克力在嚼，但當時還沒有達到我四十五歲時成爲鬥志野獸的境界。當年的我，只是個正處於體能巔峰的強悍野蠻人，那個硬漢能撞倒煤渣磚牆，但他在彈性、意識和策略方面比較差。我不確定年輕時會願意在膝蓋排液的五天後，跑了兩百四十哩。

二〇二〇年摩押賽的最後一段路，是我在公路或越野賽中感受過最棒的一段，也是在比賽中跑了那麼久之後還能跑得飛快的一段，而當第一抹城市燈火在我們所在的山丘下閃爍時，我知道終於得到了救贖，在欣喜若狂的狀態下跑過了終點線。我感受到的，大概不是你所熟悉的那種幸福，而是哥金斯的版本：骯髒而令人興奮難耐。我對自己、我的心魔、群山、漆黑的夜空，還有我的北極星噴出各式各樣的嗆聲，胡言亂語得就像說出聖經中那種聖靈方言。

「你不知道我有什麼本領，小子！」我仰天嚎叫，「你不知道老子有多厲害，小子！」

看我撲在地上做了二十五個伏地挺身，稀疏的人群發出歡呼，我的隊員們哈哈大笑，因爲我現在還是一尾活龍。在這場比賽大部分的時間裡，我都排名第二。我離開第一百四十哩的補給站時，落後了領先者四個鐘頭，但我跑出了摩押二四〇有史以來最快的後半段成績之一，並以六十二小時二十一分二十九秒的成績完賽，僅落後冠軍九十分鐘。我體內的野蠻魂現在完全綻放，而且有著一種無法滿足的飢渴。

穿越佛羅里達與關節手術

在開車回家的路上，綺希和我討論了感恩節計畫。我們要去她在佛羅里達州的老家度假，我告訴她，以前以海軍招募員的身分四處出差時，會報名參加任何我能順路參加的超馬比賽。我把那些比賽稱為「中途停留」。她上網找到了感恩節前一週在馬里蘭州舉行的一場「中途停留」，那場賽事叫作「甘迺迪五十哩」。我在現場報了名，並以七小時八分二十六秒的成績完賽，總成績排名第二十五。

凱西被自己在猶他州的表現所啓發，在甘迺迪五十哩賽與我們會合，參加了這輩子第一次的超馬。最後二十哩路對他來說是一場艱辛的戰鬥，因此在我跑完後，我和綺希在賽道上發現了他，我一路陪著他跑回終點線。就這樣，我的五十哩中途停留，其實是六十二哩。

我對這兩場比賽的成果感到非常滿意。雖然關節因勞累和長時間站立而痠痛，但肌肉恢復得比以前更快。感覺自己好像正在達到一個我意想不到的體能巔峰。

第二天，我們從馬里蘭州飛往佛羅里達州。星期三下午，我的手機收到訊息，一個老友滔滔不絕地談論最近聽說的一項新賽事：「穿越佛羅里達兩百哩」。這不是傳統意義上的比賽，沒有群體起跑，也沒有大會主辦方的後勤團隊，而且參賽者必須百分之百自給自足。路線是從墨西哥灣沿岸開始，利用大約一百八十哩的小徑、泥土路和二十哩的柏油路，像一條逃亡的巨蟒一樣滑行，穿過佛羅里達州東北部，到達大西洋與海岸的交匯處。跑者有七十二小時完成比賽，但目前還沒有人能跑完，有個人跑了一百二十哩，另一支團隊跑了大約五十哩後收拾行囊回家。

綺希在連續幾場比賽中一直辛苦地為我提供支援，因此期待著和家人共度週末，所以我試著把佛羅里達賽事拋在腦後。但這場史上最扯的「火雞路跑」就像一顆陌生月亮一樣在我腦海中旋轉。每當我閉上眼睛，它就在那裡，像迪斯可球一樣閃爍，問我敢不敢。

我總是在尋找更多的燃料，因爲我跟這個時代格格不入，它就是有辦法讓我覺得毫無生氣。每個人都必須不時地在精神上充電，有些人喜歡打高爾夫球，有些人喜歡在週日看橄欖球賽，我喜歡去荒山野嶺，折磨自己好幾天。佛羅里達賽事是一個意想不到的機會，讓我把精神油箱灌滿燃料。在感恩節盛宴結束後，我心中的惡犬依然渴望更多殘羹剩飯，所以我和綺希驅車北上，在週五早上，我來到墨西哥灣的潮線，開始向東跑。

我跑了兩天半，和鄉巴佬的狩獵車隊和醉酒的飆車族擦身而過，跑過喧鬧的公路路肩，跑過嗡嗡作響的電線和緋紅天空之下。我穿過私人土地，穿過沼澤和潮濕的森林，那裡幾乎是佛羅里達州所有野生動物的家。我指的是：蛇、熊、鱷魚，還有二十種不同種類的吸血昆蟲，我發誓什麼生物都看到了，那場比賽根本是他媽的佛羅里達鄉間野生動物園！

大約還剩三十哩的時候，夜深人靜，我跑在一條繁忙公路旁，這時一名警察亮起了警車的燈，攔住我。我從比賽開始以來還沒在路上見過任何一個黑人，而考慮到我在北佛羅里達州見識過什麼，我做好了最壞的準備。但那名白人警察與我握手，臉上掛著熱切的微笑。他是我的粉絲，一直在Instagram上追蹤我的進展，希望能遇到我。友好地說了幾句後，他打開了警笛，路上其他車輛的前燈和煞車燈如海水般分開，他護送我跑過接下來一段路。綺希把車停在那裡，正拿著熱食等著我。然後，他用無線電聯繫了他的哥兒們，不久後三輛警車和四名警察站在我們周圍，大夥一起合照、閒扯淡。他們都很有禮貌，對我保持著敬意。

然而，這個世界就是這樣：我繼續奔跑，跑不到五哩後，在同一條公路上，一輛形同廢鐵的皮卡車從我身邊緩緩駛過。我轉頭看了一眼副駕駛座上的孩子，他對我大喊：「黑鬼！」

那輛車繼續前進時，我搖搖頭，但他的無知並沒有惹惱我，那是他的問題。事實上，他原本希望會傷害我的這句話，直接被我刀槍不入的心靈彈開。我即將在不到六星期的時間內，跑完總計五百哩的各項超級馬拉松，這是一個巨大的成果，我之所以能有如此成績，是因爲我始終專注於做到最好。當你是這樣過日子時，就沒時間向鄉下的種族歧視者，或任何其觀點被狹隘思想所定義的人，捐贈出你的任何注意力。在我人生的這個階段，「黑鬼」這個被認爲具有攻擊性、難以啓齒、有著黑暗又暴力的歷史的單字，已經化爲一串無害的符號，一串毫無意義的字音和母音。

只剩兩哩路時，天空的水閘門敞開了，清涼潔淨的雨水傾盆而下，把我的汗水、汗漬和鮮血沖洗到沙路上。

「雨神有夠廢！」我嚎叫，「下得更大點行不行！」

我沿著路前行，那條路穿過樹林，一直延伸到緊鄰大西洋的白色沙灘上。我在不到三天的時間內正式跑遍了佛羅里達州，成為第一個完成「穿越佛羅里達兩百哩」賽事的人。

這時四十五歲，正處於這輩子最好的狀態，我等不及迎接二〇二一年。有我的北極星照亮道路，我打算在新的一年裡打破職涯的所有最佳成績。

抱持著這個想法，我在二〇二一年的二月安排與骨科醫師會面，討論雙膝持續疼痛的問題。聽說他有一種新的幹細胞治療法，可能有所幫助，但他建議還是動手術比較好，那是一項簡單的關節鏡清創手術。他要切除磨損的邊緣，去除漂浮的組織，並保證我在恢復兩到三週後會有明顯改善。

我同意了，但隨著手術接近，我開始更加擔心。以前經歷過一些庸醫手術，而且現在儘管會覺得痛，但跑得很順暢，我不想失去現在擁有的狀態。然而，每當我考慮前景時，就會想起他在辦公室對我和綺希說過的話：「風險低得沒有任何負面影響。」我們都同意一個簡單的目標：清除掉殘餘疼痛的根源，好讓我能繼續鍛鍊。

二月十日，手術當天早上，我進行了一次長跑。因爲接下來至少會停機兩個星期，所以我需要再跑最後一次。然後我洗了澡，刮了鬍子，開車去醫院。手術結束後，外科醫師在恢復室跟我見面。手術花費的時間比他預期的要長，但他沒提到什麼併發症，也沒改變我們的復健與復原計畫，出院時甚至連枴杖也沒給我。

接下來的幾個夜晚，疼痛非常嚴重，痛得甚至讓我想吐。我不得不把牆壁當成枴杖，下床慢慢走去浴室。雙膝幾乎無法承受任何重量，而且我知道在接受一個簡單手術後不該這麼痛苦。大多數人應該能在手術不久後開始行走，並在兩週內恢復體能活動。手術室裡一定發生了什麼大問題，但那個醫師什麼也沒說。我隱隱感覺到：我這輩子再也沒辦法跑步了。

進化7　成為自我領導者

無論發生什麼，都不會迷失自我

領導者的餐桌

打從有印象以來，我就渴望在桌邊占有一席之地。即使在還只是個不良少年時，我就知道有一天我會坐在那張神祕的桌子旁，與我所屬領域的偉人們同桌。這大概出於我對「受尊重」的強烈渴望。我非常想成為大人物，因為我覺得自己像個無名小卒。這就是為什麼我在非常年輕的時候就被特種部隊吸引，也是為什麼當我意識到自己成績爛得快被退學時，如此積極地想改變。我知道除非更認真地看待自己和人生，否則永遠碰不到那張桌子。然而，儘管我非常想加入那些偉人、決策者和天選之人，還是花了很多年等待正式邀請函。

我不記得想像收到那張浮雕的金色門票多少次，受邀去參加夢想中的那場盛宴，牛排和龍蝦由那些欽佩並想接近我們的人送上，但擁有這些之前我必須先證明一些事情。我心想，如果融入某個適當的組織或結構，並拿出符合標準的成果，就會有人注意到我（一位導師或嚮導），並為我指明那些大人物在哪裡聚集。我沒妄想坐在首位，只要一個座位而已。

與此同時，我成了服侍菁英的服務生之一。不久後，一些在我看來沒有我那麼有資格的同齡人，也坐在了桌邊。我忍了下來，也為他們服務，但還是希望有一天有人拍拍我的肩膀，為我拉出一把椅子。我非常希望得到優秀前輩的認可和賞識，希望有人告訴我：「你終於來了，大衛．哥金斯。現在你被公認為佼佼者之一。」

麻煩的是，這款正式邀請函很少寄出，對我而言，它從來沒出現在我的門前，但在等待過程中，我近距離觀察了所謂的優秀前輩。觀察他們工作，研究他們如何表現自己，然後意識到大多數其實都是相當尋常的傢伙，而我想變得不尋常。因為正是不尋常的故事，以及不尋常的領導者，激勵著其他人不斷追求自我，更努力工作，迎難而上。

眾所周知，絕大多數的人更喜歡「被」領導，因為跟隨他人要比自己開路更輕鬆。然而，我們常常是由老闆、教師、教練和有權有勢的官員領導，他們擁有地位和頭銜，送上樂觀的演講、企管術語，以及在某個大學、研討會或同桌的同事那裡學到的策略，但這些東西無法激勵我們。也許是因為他們說太多，做太少，也許因為他們的人生也陷入失控狀態。無論什麼原因，隨著時間推移，會發現這些曾經被我們遠遠仰慕的男男女女，顯然並不具備領導自己的能力，更別提領導他人。然而，當他們拒絕或忽視我們時，我們允許這種態度限制了自己，也限制我們去影響所屬的組織、影響周圍人的能力。

但這其實是可以改變的。

太多人誤以為「領導力」是發生在高層、在聚光燈下、在那張神祕桌子周圍，但其實最有權勢的領導者是在暗處努力工作。他們知道改變鄰居、家人、同事和朋友人生的機會無所不在。**他們無須多言，就能發揮巨大的影響力，而成為這種無名英雄的第一步，就是學習如何成為「領導自己」的自我領導者。**

沉默的狠咖

早在一九九六年，當我還是「戰術空軍管制組」（TACP）的二十一歲軍人時，我和一般人一樣以為「領導力」有某一套基本定義。領袖就是負責人，擁有最高的階級、豐厚的薪水，以及愛戴他們的後勤人員。領導者有權力僱用和解僱我這種初級苦工，也有權力造就或毀滅我們。我從沒想過，其實一個無法把我呼來喚去的人，最終會對我的人生產生如此重大的影響。我不知道我很快就會參加一場關於自我領導的速成班，以及它如何把任何人變成強大的榜樣，讓他人無法忽視或遺忘。

一般來說，TACP是空軍和陸軍之間的聯絡人，我當時駐紮在肯塔基州坎貝爾堡的一個陸軍基地，也是著名的「空中突擊學校」的所在地。眾所周知，空突學校的十日訓練是「美國陸軍最艱難的十天」。每一班有將近一半的學員不及格，因為它結合了艱苦的體能訓練與嚴謹的智力考驗，考生要完成一系列的體能進化訓練，並學習如何用直升機來吊運悍馬車和燃料囊之類的重型設備。所有設備都必須以精確的方式接上直升機，以確保負載物能在正確的地點和時間脫離直升機。作為駐紮於坎貝爾堡四年的空軍人員，我知道兩件事：我一定會收到進入空突學校的命令，而且如果我畢業時制服上沒有那枚徽章，這將明確傳達「我缺乏動力，成績不佳」的訊息。

那麼，我是不是已經做好了準備，彷彿那些命令隨時會出現？並沒有。我擁有獲得「榮譽男子」殊榮所需的一切，但並沒有依據空突學校的情況來調整鍛鍊計畫。我隨時可以使用一座障礙訓練場和兩座負重行軍訓練場，卻從沒去跑過。我也沒閱讀相關書籍，或請教那些對吊索負載測試有第一手知識的同事。每個月都有新的空突訓練班開設，我原本可以好好訓練和學習，在準備好之後去申請。但相反的，我只是等著那些命令從天而降，而當它們真的從天而降時，我毫無準備地去報到了。

訓練「第零天」的樂趣是從一場體能測試開始，候選人必須在十八分鐘內跑完兩哩，接著完成一連串操他媽的測驗：攀爬能壓碎肋骨的牆壁、繩索攀爬，以及走過一系列離地三十呎的平衡木。報到的人太多了，沒有人真正脫穎而出，而且多數人都沒達到入學所需的基本標準，但我做到了。

訓練第一天的天亮前，我和前一天沒注意到的某人，一起走向通往空突校園大門的拱門。雖然天色仍黑，但看得出來他和我差不多高，而且年紀沒比我大多少。現在我們正式屬於空突班，每當我們穿過拱門時，都被要求進行一組「五分錢加一毛錢」，也就是五個引體向上和十個伏地挺身。我們每天要多次穿過這些拱門，而且總是要支付同一筆過路費。

我和那傢伙同時抓住了橫桿。我完成了標準的五個引體向上，但我落地並完成伏地挺身時，那傢伙還在槓上。我杵在那裡看著他，發現他做的引體向上遠不只五個。他心滿意足地落地，接著向前撲倒，做了遠遠不只十個伏地挺身，然後才去教室。我們接下來要度過一整天艱難的體能訓練，將有更多的伏地挺身和引體向上，其他人滿足於達到標準就好，想保留體力度過接下來的十天，但這傢伙已經準備好在第一天的清晨就狠操自己，這是我第一次看到有人拿出超出要求的成果。我一直以為自己的工作就是滿足高層制定的標準，但他在意的顯然不是高層對他有何期望或即將發生什麼。

「那傢伙是誰啊？」我朝非特定對象詢問。

「那是康納利上尉。」某人說。好吧，他是陸軍上尉，但在空突班，他根本沒有任何指揮權。他是我們當中的一員，只是另一個試圖贏得徽章的學生。至少我是這麼以為。

幾分鐘後，我們背著三十五磅的背包，排成隊伍，進行六哩的行軍。我在一年半前能拿出每哩只需六分鐘的速度，而且在傘降救援訓練中幾乎每次跑步都是前幾名。在第一天的跑步時，我甚至幻想會再次名列前茅，可能拿幾次第一名，但我那是拿自己跟一般人比較。我的注意力集中在常態分配的鐘型曲線上：一群人當中，九九·九九九%的人都是一般水準，而在表現方面，我認為跟班上其他人相比，我的水準應該接近頂端。我的體重不再只是一百七十五磅，因為舉重和吃太多而增加了三十五磅，但我對此並不在意。在一般人眼中，我看起來還是很強壯、很結實。呵，但我其實早就變軟了。

當教官喊「出發」時，並不是每個人都全力以赴。有九十分鐘的時間完成路線，而且班上至少有一半人打算大部分的路程用走的。我計畫全程跑步與徒步參半，因為我知道跑步能讓我節省時間，讓我名列前茅。在一開始的兩哩多路上，我是五隻領頭羊之一，其中包括康納利上尉。我們大多都邊抽菸邊開玩笑，跑得相當賣力，但也忙著打屁鬥嘴，不到二十五分鐘，我已經氣喘吁吁。始終保持沉默的上尉幾乎沒流一滴汗，我們浪費寶貴的力氣瞎扯淡時，他滿足於獨處，而且集中精神，專注於讓我們這幾人相比之下都像廢物。

跑了大約三哩時，道路開始向上傾斜，進入石灰岩山丘，整個團隊似乎立即降檔並開始行走，彷彿大夥有著共同的想法。我們呼吸沉重，我知道上坡用走的、平地和下坡用跑的是最好的方式，這樣就能以不錯的時間完成，還能為接下來幾個鐘頭的體能訓練保留一些力氣。但康納利上尉沒降檔，他跑在我們前面，沉默得像個幽靈。有些人大聲嚷著說要趁他終究停下來休息時追上他，但我確信在終點線之前，我們不會再見到他。康納利上尉是完全不一樣的動物，他偏離了鐘形曲線——他是一個異常值，他不是我們其中之一。

當你接近你以為的體能極限時（在當時，我在還剩四成體力時就會動彈不得），看到還有人能讓困難之事看起來毫不費力，這會對你產生某種影響。他的準備程度顯然比我們高出好幾個等級。康納利上尉來到這裡，並不只是為了完成訓練課程並畢業，為他的制服收集一雙翅膀，加入坎貝爾堡的硬漢兄弟會。他是來探索自己的能耐，讓自己成長。要做到這一點，需要願意盡可能設下新的標準，並做出表現，不一定是給我們這些蠢驢看，而是給他自己看。他對教官和學校都抱持尊敬，但他並不是來這裡接受領導。

比勳章更為榮耀的事

負重行軍在拱門處結束，在我們接近時，看到康納利上尉的身影，他完成了一次又一次的引體向上。他再一次嘲弄了「五分錢加一毛錢」的標準，我們其他人卻滿足於繳交這幾枚銅板就好。跟同齡人相比，我們的表現確實遠高於一般水準，但在觀看了康納利上尉的演出後，我感覺我們並沒有厲害到哪裡去。因為我知道，雖然我在報到時做出的表現還可以，但他早就為此做好了準備，抓住了機會，交出了亮眼的成績。

一般人都愛死標準了，這讓大腦有個目標可以集中注意力，幫助我們達成成就。來自教官或老闆一聲「幹得好啊，孩子」的稱讚，讓我們有動力去表現，沿著鐘形曲線往上爬。相較之下，康納利上尉不需要外在動力，按照自己的標準進行訓練，並利用現有的結構達成自己的目的。空突學校成了他的八角形鬥籠，在這裡他能以教官都無法想像的程度來測試自己。

接下來的九天裡，他低著頭，默默致力於打破空突學校的每一項標準。他看到教官所設下的標準，我們其他人把它視為需要跨越的障礙，他卻一次又一次地拿出驚人表現。他明白，只有當他尋求不同的認證，他的軍階才有意義，他要的是一個隱形徽章，上面寫著：「我就是榜樣。跟我走，混蛋們，我會告訴你，人生中除了所謂的軍階、制服上的條紋或徽章之外，還有更多東西。我將讓你看到什麼是真正的雄心壯志，超越所有的外部結構，在一個心靈無限成長的地方。」

他並沒有說出這些話，他根本沒張嘴。我不記得他在那十天裡有說過一個字，但透過他的表現和極端的投入，為任何清醒且懂得向他看齊的人留下了指路的麵包屑。他亮出了他的工具包，向我們展示了什麼是強大、沉默、堪稱典範的領導力。他參加了由該校跑得最快的教官所帶領的每一次「黃金組」跑步活動，並自願第一個舉旗。

即將進行吊索負載測試時，我以為這可能就是他的剋星。我希望他只是體能上的種馬，一個天生的怪力男。我想找到他的缺點，因為這會讓我好受點。但教官問誰自願第一個接受班上半數的人都會不及格的測驗時，他沒舉手，也沒大聲說話，只是走上前，去接受關於直升機、吊索、扣環、適當的索具及確認成果的測驗，而他也拿出了亮眼的成績。

他在每一次體能進化中拿到第一名，每次考試都獨占鰲頭，提高了整個小組的水準。我們都想變得更像他，想和他競爭，把他當作衡量標準，當作可以效法的人，因為他允許我們超越標準。多虧了他，我自願在某一次黃金組跑步中扛旗，而直到今天，那都是我完成過最艱難的跑步之一。跑步時如果不使用手臂，就不可能產生同樣的力量和前進慣性，而那面旗幟感覺就像降落傘把你往後拉。然而，我的體能遠不如他；第十天的十二哩負重行軍到來時（空突學校的最後一項測試），我唯一能做的就是看著他消失在遠方，他打破了空突學校有史以來最快的十二哩紀錄。

畢業時我身心俱疲，但被授予那雙翅膀時（我原以為它會讓我成為坎貝爾堡的成功人士），我幾乎沒有任何感覺。我還是對康納利上尉的努力程度大感困惑又惱火，感覺幾乎像是跟他有私人恩怨。和他在一起並不是很有趣，我卻享受每一秒。他讓我感到不自在，因為他暴露了我的缺點：我缺乏每天都全力以赴的決心。和這樣的人在一起，會迫使你更加努力，變得更好，雖然這是一件好事，但當你生性懶惰時，你真正想要的就是休息幾天。世上的康納利斯上尉們不會給你這個選擇，當他們在你的散兵坑裡時，沒有所謂的休息日。

他的狀態顯然超乎尋常，而且我說的不僅僅是體能方面。體能優異是一回事，但保持足夠的心理準備，每天來空突學校這樣的地方報到，一心打算技壓群雄，需要更多的精力。而他能做到這一點的這個事實告訴我，這不可能只是偶然。這一定是在健身房、步道和書本上度過無數孤獨時光的結果。他人部分的努力都是隱藏的，但正是在那些看不見的努力中，自我領導力得以培養。我懷疑他之所以能持續超越任何標準，是因為他的投入達到了一般人無法理解的水準，就為了為所有機會做好準備。

讓你的誓言成為領導者

沒學會自我領導的人，在面對人生時就像我去空突學校報到時那樣。他們沒做好準備，也沒有攻擊計畫。他們只是乾等，被強迫參加某件事（念書、工作、一次體能測驗），然後即興發揮。想想網路上有多少資訊，想培養技能的任何地方，無論是新兵訓練營、哈佛商學院、緊急救護員認證，還是工程學位，都能在網路上找到詳細資料。你可以在被錄取之前就先學習先備能力，開始提前自修。你可以準備得好像你已經在教室裡，這樣當時機到來，你也真的獲得了機會，因為你已經準備好成為第一名。這就是自我領導者所做的，無論他們的生活多麼忙碌。他們這麼做，並不是因為執著於成為佼佼者，而是因為努力成為最好的自己。

自我領導者很少休息。在激烈戰鬥中，自我領導者會變成海豚，睡覺時大腦的一側處於警戒狀態，一隻眼睛始終睜著，好讓牠們能智取、擺脫或對抗掠食者，而且清醒得能隨時浮回水面換氣。為了維持如此龐大的能量輸出，自我領導者一次又一次整理自己的人生。他們是為了比自己更偉大的事而活，而正因如此，他們的人生發光發熱，充滿了別人能感受到的能量。這還能引發連鎖反應，挑戰並喚醒人們發現體內尚未汲取、日復一日浪費的力量。

透過行動而非言語來樹立榜樣，永遠是最有效的領導形式，而且每個人都能做到。你不必是出色的演講者或擁有高級學位，那些身分或能力當然都很好，也有其地位，但領導團隊的最佳方式，其實就是以身作則，透過付出、努力、表現和結果，來讓團隊或同學看見什麼是真正可能的。

這就是我現在的處境。部分歸功於康納利上尉樹立的榜樣，也因為我當時意識到他是一個稀有品種，而且我謙虛得願意向他學習。然而，如你所知，蛻變並不是立即發生。可惜的是，空突學校結束後，康納利上尉就退出了我的人生，火花消失了，我又回到了原樣。雖然我當時一直想著那十天的經歷，但還沒有能力領導自己。我真該從那十天中學到教訓，將其應用到接下來五十年的人生中；真該想像康納利上尉每大都在看著我。相信我，如果你認為自己被監視著，過日子的方式就會有所不同，你會更注重細節，更嚴謹。但我沒那麼做，我要再過三年的時間，才會從腦子裡的個人檔案庫中挖出康納利的檔案，研究它們，成為自我領導者。

我在海豹部隊待了兩年，就意識到沒人會來指導或引導我在那張桌子旁邊坐下，但在那時候，我想擺脫鐘形曲線。我想創造機會，獨自在自己的餐桌上吃飯——我想成為異類。

在三角洲選拔進行十八哩負重行軍時，我打破了康納利上尉的十二哩成績，該紀錄已經烙印在我的腦海裡六年了。我是背著更重的背包在一條更艱難的路線上完成了新紀錄。在最初的十二哩中，我想像他就跑在我面前，撒下麵包屑，看我有沒有能力超越他多年前設下的標準。他是第一個向我示範怎樣以較弱的體能達成更好的成績，而且如果你一心想成為最好的自己，那麼「深入挖掘自己的潛力」不僅是可能的，也是必須的。當我打破他的紀錄時，我意識到我不再追趕康納利上尉了。從那時起，我參與的每一所學校、每一門課程、每一場比賽、每一場紀錄，都成為我自我發展的競技場。

當你這樣過日子時，往往會遠遠超越你的父母、教師、教練或其他傳統導師及其哲學的影響。為了保持謙虛，你需要確保遵守自己的準則。許多偉大的組織都有鼓舞人心的使命宣言，菁英軍事單位是圍繞著某種精神或信條建立的，它們定義了該組織的男男女女應當如何行事。我每次來到一所新學校或努力加入新的特種作戰部隊，都會研究並記住其精神或信條，這些話語總是感動著我和大多數的同儕，但「自滿」是人類天性，無論組織的理念多麼強大，即使是善良、熱愛自己所做的事情的人（尤其是那些資歷深厚的人），也常缺乏在日常生活中實踐信條的精神耐力。如果一個組織之中的大多數人並沒有真正遵循或堅持那些根本原則，那麼那些原則到底有什麼價值？於是，我向自己宣了誓：

我抱著「第一週的第一天」的初衷心態活在這個世界上。這種心態乃是根植於自律、個人責任和謙虛。一般人在累了的時候就會停下來，我只有在完成後才會停下來。在這個以「平庸」為標準的世界上，我的畢生使命就是成為不尋常中的不尋常。

我們都該堅持一些事情，因為這是我們欠自己的。「原則」為我們提供了一個基礎，基礎就是堅實的大地，讓我們在持續重新定義人生的可能性時，能信賴並在這片大地上發展。當然，有些人會因為你龐大的投入和努力而不高興，有些人會說你太執著了，或認為你瘋了。當他們這樣對你說時，你只須微笑著說：「我沒瘋，我只是不是你而已。」

不要倚賴團體的精神或公司的使命宣言來作為你的指南，不要漫無目的地四處走動、試著湊巧找到目標或融入其中。挖掘你的核心原則，並提出自己的誓言。確保它是有抱負的、它挑戰你去努力並取得成就，而且你每天都遵循。

當一切變得陰暗、混亂，感到孤獨和被誤解時，重溫對自己立下的誓言。它會讓你站穩在大地上。有時候，考慮到人生的變化，你需要修改誓言，但別給它摻水。確保它總是強大，能作為你面對人生及所有挑戰時的日常指南針。恪守你的誓言，就永遠不需要任何人來領導你。因為無論發生什麼，你都不會迷失。

你會成為誰，你想代表什麼？你準備好成為新的標準了嗎？

如果你願意，請分享你的自我誓言。

#*OathToSelf*（#自我誓言）

#*SelfLeadership*（#自我領導）

#*NeverFinished*（#我沒有極限）

第八章

無論面對何種逆境，建立新標竿堅持下去

令人沮喪的關節手術

手術六天後，我的膝蓋沒有好轉，幾乎無法動彈。約了時間去見外科醫師，他看了我腫脹的膝蓋一眼，決定進行引流。他沒抽取關節液，而是從右膝中抽取了七十五毫升深紫色的脫氧血液，從左膝抽取了三十毫升。十天後，腫脹又復發了，他不得不再次對雙膝進行排液。從醫師的表情能看出，我所承受的疼痛和持續的腫脹並不是他料到的，真的出了大問題。雖然他進行了第三輪的高濃度血小板血漿注射，希望能加速我的復原，但也提供了手術室裡到底發生了什麼的第一個線索。

這個手術的目標，只是對半月板進行簡單的清理；半月板是軟骨墊，充當脛骨和股骨之間的減震器，但當他試圖修剪軟骨時，器具壞了，原因是我的半月板和附著於骨頭末端的關節軟骨太厚也太硬。他說這是由於沃爾夫定律，一位十九世紀的德國外科醫師發現的現象。沃爾夫發現隨著時間推移，當骨骼上的負荷增加時，這些骨骼會變得更緻密、堅固。這聽起來像是好事，但對膝蓋來說，可能導致軟骨惡化或異常，進而引發關節炎。在我的案例中，骨頭之間的半月板填充層並不像橡膠墊那樣厚而光滑，而是像樹皮一樣多瘤而扭曲，像砂漿一樣粗糙。

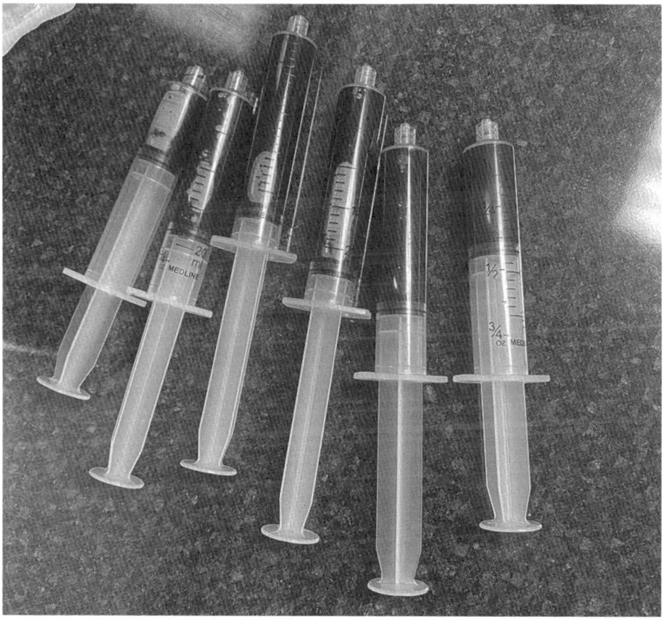

手術後從我膝蓋裡排出的脫氧血液令人震驚。

關節軟骨也同樣堅韌，一點也不好切割，而是近乎防彈。我那一團亂的結締組織，居然把外科醫師貴到爆的醫用剪刀給弄壞了。

「就連你的軟骨也學會了當個硬漢。」他開玩笑道。

我沒怎麼笑，因爲這些細節是我應該在術後恢復室聽到的，而不是兩週後才聽到。這令我不安，然而又忍不住產生了一種變態的自豪感。我這輩子有很多次在激烈的體能進化訓練中受傷或生病卻又不肯放棄，迫使我的身體做出了龐大的代償。多年來，我已經適應了多種病症（遺傳和後天的都有），以完成數十項艱苦、長達多天的耐力壯舉。在醫師的困惑中，我看到了強制代償的醫學證據。我的骨頭長期承受沉重的負擔，因此已經變得跟石頭一樣硬，並將軟骨變成了幾乎不可能切得開的水泥。但經過幾次失敗的嘗試後，醫師在手術中終於成功切開。

醫師雖然看出我的身體做出了代償——某種生理適應——使我能繼續進行高強度體能操練，但他在手術中還是使用了千篇一律的手法。我的膝蓋在手術前確實已經嚴重受損，但還是能用，就在被推進手術室的幾個小時前，我跑了十哩。兩週後的現在，我一跛一跛地走向健身房的健身車，希望能出汗，堅持了二十二分鐘後，終究屈服於劇痛之下。我曾跑完摩押二四〇，跑遍佛羅里達州，現在居然在健身車上只撐了二十二分鐘。

手術整整一個月後，我再次回到醫師的診間，當我告訴他我有多痛、多麼不良於行時，他對此輕描淡寫，接著漫不經心地告訴我，手術時有對一根骨頭鑽孔。他在手術前完全沒提過或許有可能需要這麼做，而且在術後恢復室及之後兩次看診時，都沒提到他在我的左股骨上鑽了兩個小孔。這很奇怪，因爲這不是醫師可能會忘記的事。

他說在切除我左膝大部分的軟骨後，他想敲開我的骨髓，這樣它就會漏出來，形成一個凝塊，他覺得這麼做能讓凝塊取代完整半月板的軟墊功能。他還提到，在手術中的某一刻，他要所有與手術無關的人離開手術室，這項發現並沒有讓我感到自豪，而是讓我火冒三丈。我這輩子動過幾次大手術，這還是第一次以這麼零碎的方式得知重要且意想不到的細節。外科醫師們都知道要盡早說明手術內容，但這個人並沒有遵守這些規則。

從手術後的第二天開始，綺希有幾次想聯繫那名醫師，要求他解釋我的疼痛和行動不便，因爲這遠超出了他在術前所說明的。我當時也有同樣的感覺，但盡力控制情緒，避免按下恐慌鈕。然而，在得知他在我的骨頭上鑽了洞後，在回家的路上，我的焦慮加劇了。

那天晚上，我和綺希做了一些調查，在網路上讀到的內容令人不安。就我們所查到的，他似乎給我做了某種微骨折手術，卻對此隻字不提。經過幾個不眠之夜後，我在清晨五點左右傳了簡訊給醫師，告訴他我需要一些明確的答案。令我驚訝的是，他立即回了訊息，並再次重申膝蓋如今已經清理乾淨，只會持續好轉。我質疑這是否是微骨折手術，他說微骨折手術至少要鑽五個孔，他「只」鑽了兩個，此時它們「應該」已經被填滿了。他說我很快就會像以前一樣重新開始跑步，沒有什麼能阻止我。我原本就覺得這個醫師鬼話連篇，而那些簡訊證實了這一點。

我再也沒辦法相信他。不管他的動機多麼純粹，他確實做出了可疑的單方面決定，手術做得很差，害我骨頭磨骨頭，然後零碎地向我告知令人不安的細節，這一切舉動都沒有任何正當理由。

三月十七日，我在手術後第一次踏上跑步機。我這時正在接受物理治療，我的團隊還不知道，但我已經決定這是我最後一天跑步。我的右膝有稍微感覺好一點，左膝則依然破爛不堪，而且內側塌陷。治療師們一直在監測進展，儘管我疼痛難耐，他們還是希望看到我慢跑五分鐘，但我跑了四十二分鐘。

不是因爲跑的時候感覺很好，每一步其實都痛得差點要了我的老命，但我繼續跑下去，因爲我知道這將是我在可預見的未來（也許這輩子）最後一次跑步。考慮到跑步長期以來都是我人生的中心，跑五分鐘感覺根本不夠向它道別，跑個痛苦的五哩會更有意義。我跑完後，關掉跑步機的電源，小心翼翼地走到地板上，一瘸一拐地離開了房間。

我開車回家時感到矛盾，一方面想繼續維持足夠的耐心，讓身體（這部偉大的代償機械）再次發揮作用，但另一方面，擔心我的跑步生涯這一次眞的結束了。儘管周遭有一些聲音已將我的挫折視為福音，但我不想相信這個事實，我不能相信。因為自從我決定不再繼續當個胖子，整個人生都圍繞於體能活動。**雖然「心態」對我來說向來最為重要，但透過體能訓練和艱難的身體挑戰實現了我的心態，這些挑戰提供了立竿見影的投資回報。**體能挑戰並不是讓意志變得堅強的唯一方法，但當你跑了數千哩、在冷水中長距離游泳，或做了數千次引體向上，投資回報確實來得更快。**當你把大量的痛苦和磨難投入在自己身上時，就能打造出精神韌性。**

換句話說，從我二十四歲到膝蓋手術那天，我的人生和自我意識都建立在努力訓練和競爭的基礎上，為了在精神層面上變得堅強。而短短的九十分鐘手術，就從我身邊奪走了這份堅強。不是出於意外或離奇傷勢，而是一名醫師未能履行他的希波克拉底誓言：「首先，不造成傷害。」我知道他是無意的，但確實造成了重大傷害。

打斷腿骨顛倒勇

我無法透過流汗來釋放壓力，所以很難消化所有的情緒和挫折感。有時候連我都想屈服於自憐。我厭倦了哥金斯，厭倦了總是在戰鬥，而雖然我討厭藉口和滿嘴藉口的人，但我每天早上和晚上在鏡子前檢視自己時，對自己說出直接了當的眞相：結束了，你再也沒辦法跑步了。我透過這種做法找到了一些安慰。

我覺得自己就像一名四分衛，在爭球線上判讀防守陣形，除了眼中充滿血絲的突擊手之外什麼也沒看到。防守線鋒、線衛和防守後衛的數量將超過並輕鬆壓制我的防禦者，從邊緣繞過，衝進內線，我的「口袋區域」（傳球時，五名進攻線員會圍著四分衛構成一個半圓形保護袋）就會失守。除非我在災難發生前就避開，我必須發號施令，在爭球線上大聲喊出新的戰術，讓全隊都能聽到。但當我在腦海中翻閱戰術手冊時，找不到任何可行的解決方案。

不過，這對我來說並不是什麼新鮮事。我這輩子經常面對渺茫的勝算並發號施令，但這次是勝算最渺茫的一次。當你整個身分是根植於某種特定的生活方式，而它從你身邊被奪走了，這時候正確的戰術是什麼？

儘管焦躁不安又沮喪，但我知道「耐心」是目前唯一的戰術。有時候，四分衛能做的最好決定，就是擲出「不成功傳球」，這能避免失去更多陣地，也能停止比賽計時，以便重整旗鼓。雖然我相信膝蓋不可能好轉，但還是想給它一些時間，看疼痛是否會減輕，或穩定性是否會改善，所以現在不是在膝蓋上頭修修補補的時候。從原本一口氣能跑兩百多哩，變成現在走下樓梯都會導致左膝崩潰，這對我來說是毀滅性的打擊，但我必須停止每天和每週都評估自己的狀況，相反的，我後退幾步，試著用廣角鏡頭來觀看這一切。

不可能有辦法參加夏季消防季，短期內也不可能再次跑步，這表示我不必急著尋求解決方案。二〇二一年基本上就只能這樣了，接下來的重點是明年夏天和那之後的季節。這讓我感到寬慰，因爲這表示還有很多時間。我不需要立即得分，甚至不需要立刻傳球，只須觀看並等待。我決定等待整整九十天（從手術當天算起），給身體一些時間休息，並希望（又是這個詞）身體會爲外科醫師的錯誤判斷做出代償。然而，九十天過去了，什麼都沒改變，那場集中兵力的閃電戰仍在向我襲來，等待的時間已經結束了，我必須決定戰術。

接下來的三天裡，我和綺希坐在廚房餐桌旁上網找資料。瀏覽了經過同儕評審的學術研究、醫學期刊、醫院網站和醫師簡介，發現微骨折手術通常是解決半月板問題的最後手段，而如果這麼做無效，符合邏輯的下一步就是採取「關節置換術」。關節置換術是截肢的一種，脛骨和大腿骨的邊緣將被切除，以容納人造膝蓋。我還沒準備好做到那種程度。

然後，在第四天的某一刻，我和綺希偶然同時發現了一篇文章，介紹了紐約市的「特種手術醫院」一位世界級外科醫師。安卓亞斯・戈莫爾醫師是美國少數幾個能進行半月板和軟骨移植來治療嚴重受損膝蓋的外科醫師之一，我指的是受損到一般骨科醫師都會認爲最好採取關節置換術的那種程度，這就是我一直在尋找的戰術。

根據我們在網路上看到的，半月板移植的效果遠好過微骨折手術。這不僅能減輕疼痛，恢復功能和生活品質，甚至可能恢復到能再次進行我所習慣的高強度活動。這對我來說很重要，因爲還有未竟之志。

從二〇一四年以來，我就一直把某個崇高目標放在心裡。它充滿特種部隊對身體和心理的所有挑戰，也由同樣的英勇精神所推動，但我每次接近它時，機會總是從我的指縫中溜走，那就是我想成爲一名空降消防員。

空降消防員是空降至荒野的消防員。他們跳傘進入偏僻地區滅火，以免火勢演變成熊熊大火並成爲世界新聞。對成爲空降消防員的追求，就是我加入荒地消防的首要原因。經過多年的挫折，終於有機會在二〇二〇年加入蒙大拿州的空降消防隊，但我的膝蓋不願配合，而在二〇二一年手術失敗後，只能認定空降消防對我來說依然遙不可及。

六月七日，我在紐約見到了戈莫爾醫師。他評估了我的核磁共振影像，並對我已成O形腿的左腿拍了一些X光片，膝蓋錯位的程度令他震驚，退化程度比他預想的還要嚴重。「我不知道你怎麼有辦法用這種膝蓋跑一哩，」他說，「更別提五十、一百、兩百哩。」

戈莫爾醫師知道我是千里迢迢來找他，儘管他希望能提供幫助，但我不適合進行半月板移植，因爲膝蓋受損得太嚴重。他提議使用支架，可能會減輕一些疼痛，但他知道這不算是很好的解決方案，因爲沒人一天二十四小時都會戴著笨重的支架，而且僅靠支架也沒辦法讓我重拾人生。

沒什麼好說的了。他陷入沉默，吸收著我明顯的失望。這不僅僅是因爲我被痛楚折磨或無法運動，還必須接受另一個事實：我一直欽佩並想爭取的那些英勇工作，將再也不適合我。他轉身準備離開，但走到門外一半的時候，突然停了下來，回頭看著我。

「嘿，先試試支架兩個月，」他說，「如果有幫助，我們或許可以討論另一種選擇。」

「如果我們現在就能討論另一種選擇，我將不勝感激。」我說。這時我迫切希望能獲得任何一絲曙光。他有些猶豫地點點頭，再次在我對面坐下，說明了一種不常見的手術，有辦法動這種手術的醫生不多，稱作「高位脛骨截骨矯正手術」，簡稱HTO。這是一項重新調整膝關節以減輕壓力和疼痛的手術，但爲了實現這一目標，他必須鋸入我的脛骨，挖出一個五毫米的楔子，以便在骨頭上形成間隙，然後擰入一個錐形金屬板來覆蓋間隙，該間隙最終會被新的骨組織塡補。

「這絕對稱不上是王牌方案，」他說，「而這就是爲什麼我原本不太想提出來。」他接著解釋，該手術成果取決於患者本身及在復健過程中有多大的決心，但他知道我的背景，對此並不擔心。他之所以不太願意提起，是因爲他知道就算把一切都做得妥善，我的身體還是可能對手術反應不佳。有些膝蓋是無藥可救的，他得進了手術室才能確定我的膝蓋是否有得救。「有時候，手術並不能解決問題，而我們最不樂見的就是讓情況變得更糟。」

「當然。」我說，「但如果手術成功了，這對我來說代表什麼？」

「取決於你需要多少時間恢復，最終你在體能方面會面對的限制應該會很少，甚至可能完全沒有。」

「我願意。」我說。

他顯得驚訝。看來一般人不太願意讓他鋸進他們的脛骨。

「我還是覺得你應該先試試支架。」

「你的意思是，如果HTO成功了，我就什麼都能做？」我問。

「幾乎吧，應該只有跳傘不行。」我消化他這句話。這感覺就像另一把刀插在肚子上，但這並不是已確定的未來。他只是猜想跳傘應該不行，但他不認識我。

「好，」我微笑道，「不跳傘。但是，戈莫爾醫師，你是美國最優秀的骨科醫院的頂尖人才之一，以你的專業眼光來看，你認爲我沒有其他選擇嗎？」聽我這樣評價他的技能，他微微臉紅。他身上有一種謙虛的態度，我很欣賞。

「如果你決心奪回失去的東西，」他說，「那麼，沒錯，我認爲這對你來說是最好的選擇。」

看到不算高的勝算，有些人會覺得採取這種無法保證結果、不常見又痛苦的手術是巨大的風險。我覺得重點是你能忍受什麼、不能忍受什麼。很多人能忍受平庸。他們不僅能忍受平庸，甚至還滿足於自己的平庸。那麼，祝他們聖誕快樂，但這不適合我。噢，我也想休息，但現在還不行。如果眞的有機會讓我重拾昔日體能，那我根本別無選擇。

「好吧，醫師，」我說，「打斷我那條腿。」

不能跑，我就用騎的

我於六月三十日接受了手術，在醫院住了兩個晚上，接著在紐約市的一家旅館住了一星期。感覺如何？感覺就像有人他媽的鋸開了我的腿！我試著站起來時，疼痛程度是十分之十。血液會湧到以螺絲固定的鋼板所在，痛得我皺眉、頭暈目眩。走動時必須拄枴杖，而且只能坐在椅子上洗澡。我每天數次冰敷，倚賴肌肉與骨骼電療刺激，並躺在床上進行一些基本的物理治療。

搭機返家的旅程只能用痛不欲生來形容，劇痛如波浪般席捲全身。我渾身冒冷汗，幾乎神智不清，這時，我回想起我們離開紐約前在戈莫爾醫師辦公室的最後一次會面。

「重新定位成功了。」他微笑說道，指著最新的X光片，顯示不再是骨頭壓在骨頭上。

直到那一刻前，他不太願意做出太多承諾，我也要求自己別抱持太大期望。在動手術的幾天前，我讀了無數關於HTO術後恢復的文章、留言板和論壇，只能說我並沒有感到振奮。大多數人需要三到六個月才能正常行走，一篇文章讚揚了一位跑者，他在HTO手術後的十八個月完成了馬拉松比賽，令醫師們跌破眼

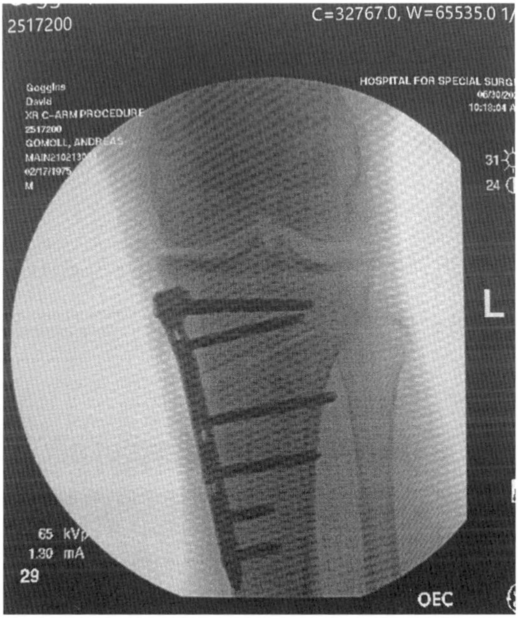

除了打斷我的腿之外，沒有辦法解決骨頭錯位的問題。

鏡。對我來說，他成了黃金標準。雖然跑馬拉松完全稱不上是一件容易的事，但跟空降消防員帶來的挑戰相比，實在算不上什麼，如果我還有可能成爲空降消防員的話。在我這個年紀，錯過每一個消防季就是錯過一個重大機會，而我已經被迫缺席了最近兩季，對我不利的機率高得就像天文數字。

　　但現在戈莫爾醫師似乎確信我會擁有好的術後成果，我不禁在腦海裡想著空降消防員的訓練場景。這部電影是黑白片，畫質的粒子很粗糙，但配樂很熟悉，是〈奮戰到底〉的銅管吹奏版，而且循環播放。

「我要多久之後才能開始訓練？」我問。

「雖然你的膝蓋不是問題，但手術部位是個問題，這需要一些時間才能痊癒。但幾個星期後，應該可以騎健身車動一下。」

「只是動一下。」他說。在那趟返家班機上，我透過做白日夢忍受了劇痛。在腦海中看到自己拄著該死的枴杖，搖搖晃晃地走向健身車；在腦海中看到自己騎了幾個鐘頭，看到車輪轉動，看到車身底下積滿了汗水。

七月十五日，大約手術後的兩星期，這個想像成了現實。我勉強把腿跨過座椅，也沒有把太多力量傳遞到踏板上。腿每次放鬆時就會抽痛，就好像那塊鋼板自己也有了心跳。每一次踩踏板都是一次人間地獄，痛得讓我搞不懂幹麼讓自己經歷這種事。我堅持了三十分鐘，聽起來不多，卻是意義重大的第一步。接下來的問題是：我能提高訓練強度嗎？

人生中幾乎沒有什麼是永遠不變的。諸多條件和處境就像風和潮汐一樣永遠在變化，這就是爲什麼我的心思永遠不會固定下來。我總是在付出努力，持續調整，永遠在尋找新的「全力以赴」。年齡、健康狀況和所承擔的責任，有可能帶來限制，但並不表示我們應該屈服於這些限制，或把它們當成躺平或放棄夢想的藉口。可以承認限制的存在，只要致力於找出在這些限制下（無論是暫時還是無限期的），我們依然可能做什麼，並將其最大化。

一般人在接受大手術後，會在醫師規定的恢復時間內放鬆，接受六到八週或是六到十二個月的休息。在從紐約的特種手術醫院出院之前，我想確切知道什麼時候可以回健身房，以及能進行多大強度的訓練。這感覺像是我的最後一搏，而且風險太大，不能只倚賴專業的物理治療師。我比任何人都了解自己的身體，也不想讓潑冷水的人進入我的散兵坑。我的復健和未來的命運將取決於我，這使得我不斷地正向思考。

每一天，成千上萬的人一覺醒來，過著受到新發現、難以接受的限制所影響的生活。也許他們被診斷出患有末期疾病，或脊椎受傷之類的狀況；他們可能失去了肢體，或患有創傷後壓力症候群。但不斷變化的環境並沒有那麼可怕，有時候，改變現狀是好消息。也許你是新手父母，或找到了一份收入豐厚的工作，需要每天忙碌十到十二個小時；可能你最近結婚了，這表示必須考慮的不再僅僅是自己的目標。無論變數如何，「新的全力以赴」就在某處等著你去找到。

問題是，大多數人都不願意去找。因為每當你試著尋找新東西時，就表示你必須不再是以前的你，這可能會讓人沮喪得決定放棄尋找。有些人利用新的處境來降低努力水準，而不是調整方法並依然全力以赴，來實現自己的目標。你必須運用你所擁有的東西。我在術後沒辦法奔跑或負重行軍，但這並不表示我完全無法戰鬥。

無論你正在面對什麼，爲了目標，都應該最大程度地利用所擁有的資源和能力。如果遭受了異常的傷害，或收到了將改變一切的診斷，那麼你新的最大努力程度是什麼樣子？很多人會決定靜候時機，等著看接下來會發生什麼，但在一、兩年後，他們發現自己還在等。面對生活中每一次不幸的轉折，無論這個擔子有多重，你都必須全心全力地付出努力來克服那股壓力。無論你的年齡、能力、身心障礙或責任是什麼，都必須致力於尋找新的標竿。這不僅能讓你保持專注，擊退心魔，甚至可能讓你實現以前根本無法想像的事。

我這輩子跑得最快的時候，是在十九歲時。當年的我能在八分十秒內跑完一哩半，但如果你叫那個孩子一口氣跑五十哩，更別提兩百四十哩，那孩子一定會捧腹大笑。當然，我在動手術時已經四十六歲，脛骨上有一塊鋼板，二〇二〇年的摩押賽事感覺像是上輩子的事。手術前，戈莫爾醫師解釋，我不太可能再次參加百哩的賽事，而且以後能不能跑步還有待觀察，但這並沒有讓我灰心，我只需要找到另一種方式來努力訓練。諷刺的是，六月一日，在我還不知道戈莫爾醫師是誰之前，我已經報名參加十月初舉行的「納奇茲小徑四四四」長距離自行車賽。我當時就懷疑健康狀況可能無法參賽，但我知道沒辦法跑步，所以決定改成參加超級長距離的騎車賽事，覺得這樣比較合理。戈莫爾醫師隨口建議我使用健身車時，騎自行車就成了我的施力點。我用力抓住它，開始攀爬。

這並不容易。每天早上，我抓起枴杖時，感覺自己好像回到了二十四歲、體重兩百九十七磅、試著只跑一哩的我。腿腫得要命，每一次踩踏板都是折磨，我把車子的阻力設得很低，卻還是痛得流汗。有一百次想停下來，但最終還是拒絕屈服，就像很久以前的那個胖子一樣，我擔心如果停下來，就可能再也不會動起來。

有那麼一星期，每次騎車的開場都是這樣，但我沒降低輸出，而是提高。請注意，我當時仍得拄枴杖，有四個星期沒做任何重量訓練，有六個星期拄枴杖，但作爲復健計畫的一部分，我每天早上騎六十分鐘，下午再騎二十分鐘。我的腿部肌肉已經變得更強壯，靜止心率也開始下降。這一切都代表著進步，但這些剛起步的鍛鍊和兩個小時伸展操與活動範圍的復健，並不足以讓我相信能在十月的第一週準備好騎四百多哩的距離。爲了阻止負面想法蔓延，我掌控了自己的大腦。

對我來說，身心兩方面的健康向來彼此交織，儘管已經連續錯過兩個消防季，我還是決定利用復健時間來獲得更多的知識和技能，因爲身體有可能恢復到足夠的水準，即使沒辦法成爲空降消防員，至少還能幫忙救火。對許多消防單位有吸引力的一項技能，是高級救護技術員認證，但因爲我經常四處出差，一直沒能參加課程。現在就是我去上課的完美時機，我發現家附近有一門速成班即將開課。報名後，我從衣櫃裡翻出舊的緊急救護技術員教科書，翻到第一頁，重新溫習了基礎知識。在我的認知裡，課堂已經開始了。

和往常一樣，我的日程安排得滿滿滿，這對我來說是有利的。每一項活動都會彼此影響，合力幫助我改善自己。我花了好幾個鐘頭研究人體，學習如何拯救生命，並花大量時間騎健身車，我上一次這樣狂練騎車是在二〇〇九年，爲了參加「穿越美國」自行車賽。

納奇茲小徑的硬漢

早上騎車的時候，我回想起那些漫長而平靜的騎車時光。雖然我以跑步聞名，但其實更擅長騎車。然而，在認眞考慮十月份的比賽之前，我不能繼續只騎室內健身車。八月中旬，也就是我第一次開始騎車三十分鐘後的一個月，打了電話給戈莫爾醫師，問他能否准許我騎個幾哩。

「你打算騎多遠？」他問。

「四百四十四哩。」我說。他非常清楚我仍承受著多少疼痛，而且我才剛開始放下枴杖，但既然他沒哈哈大笑，我覺得這表示我們的醫病關係取得了進展。

令我驚訝的是，我自己也沒笑。在健身車上進行四百四十四哩自行車賽的訓練，是一種可笑的冒犯行爲。沒有哪個認眞的自行車手會這麼做。就算冬季被迫在室內訓練的鐵人三項運動員或職業自行車手，也會把眞正的公路自行車放在訓練臺上練習。而我唯一能做的，只是把每天兩次的飛輪增加到三次。

接下來的幾個星期，我變得非常孤獨，所有的物理治療、念書和騎自行車，都是單兵任務。這很單調，讓人筋疲力盡，最糟糕的是我知道明天、後天和大後天要做的事都一模一樣。大多數的早上，我很難找到堅持下去的動力，但還是做到了。每次騎上那輛自行車，我都會感到一種勝利的喜悅，這是只有當克服自己想放鬆或徹底放棄的欲望時，才能獲得的快感。這種感覺雖然短暫，但做得越多，就變得越強烈。

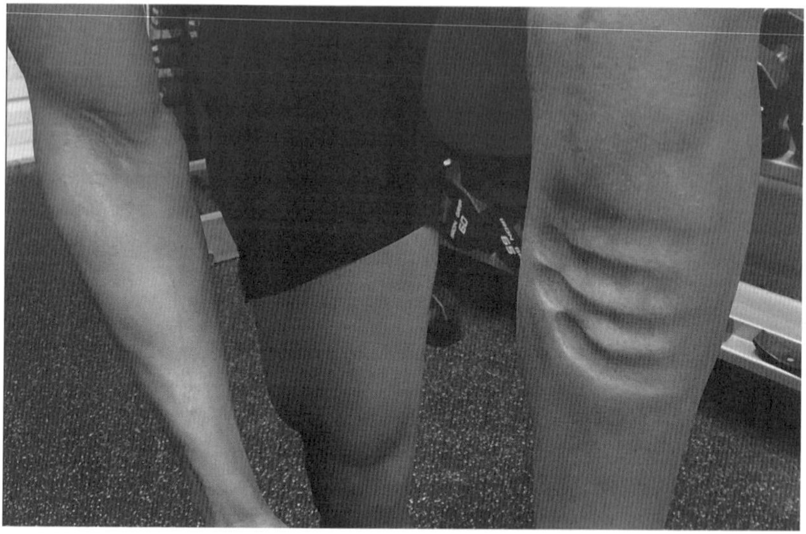

水腫的問題過了幾個月才消失。

比賽十天前，我的左小腿依然腫得要命，裡頭累積了大量液體，看起來和摸起來都像記憶海綿。擠壓時，留下的手印要過幾分鐘才會消失。儘管如此，我還是把舊單車從倉庫裡挖了出來，撣掉了灰塵。這是一輛格里芬，在二〇〇〇年代末期是頂級車型，但在二〇二一年已經成了古董，也早已停產。

我把車子裝在新買的自行車訓練臺上，騎了兩小時十八分鐘。我總共完成了八次訓練，最長的騎行時間是四小時三十一分鐘。但在手術後僅僅十三週，在登上飛往比賽地納什維爾的班機前，我沒有在任何馬路上騎過車。

「保護自己」的本能會讓你變得太過小心，結果反而更魯莽。我的小腿尚未完全恢復力量，加上傷病未癒，因此不願意置身於心不在焉又沒耐心的城市駕駛人之間，不能讓自己有任何一絲發生車禍的可能。相較之下，納奇茲小徑公路是一條平坦的鄉間道路，車流量很少，沒有停車讓行的號誌或轉彎，而且我會有一輛支援車。以公路自行車賽來說，這算是非常安全了。當然，除非你把徹夜騎行和睡眠不足納入考慮。

然而因為不願意暴露於受傷的可能，在比賽當天早上，我已經很多年沒有在戶外騎過車，不習慣全新的賽車鞍座，綺希也從來沒有在我騎行時遞過水瓶或食物，因此在比賽開始前的那幾分鐘，我和綺希在室內停車場練習了怎樣傳遞東西。

起跑時間是交錯開來的，就像計時賽，選手們是分批出發。我是最後出發的選手之一，剛開始的幾哩路有點尷尬，因為我得重新學習如何及何時換檔，但我很快在納奇茲小徑公路上安頓了下來。這是一條風景優美的公路，有著許多美國歷史的故事，像條光滑的絲帶一樣展開，從田納西州的納什維爾伸向密西西比州的納奇茲。這條起伏道路穿越小溪和沼澤，曾是昔日商人、探險家和美洲原住民使用的小徑，並繞過了古老的原住民儀式場所與貿易站。兩旁長滿青苔的古老橡樹俯身於兩條車道的邊緣，但我完全沒注意到這些景色，把精神集中在我一整天都在不停吞噬的那條白線，越過密西西比州的州界時，我排名第四。

我在不到十二個半小時的時間裡騎了兩百多哩，路上只有停下來小解，但隨著太陽下山，越來越難忽視腿部的劇痛，這是那塊鋼板所造成的，擠壓到了腿筋。我每次彎曲腿時都會感到疼痛，而騎自行車數百哩時，腿彎曲的次數根本多得數不清。終於痛得無法忍受時，我在一個岔道處停下來，好讓駕駛汽車的綺希能在我身邊停下。

「這是個壞主意，」我咕噥，「這眞他媽愚蠢！」我拖著腿爬進汽車，懊惱再次自討苦吃。我十天前才正式決定參賽，而且並沒有爲此進行適當的訓練，只有在自行車訓練器上進行了八次單調的騎行練習，而且是邊騎邊看ＥＳＰＮ體育臺。然而，我還是設法騎了兩百哩，這聽起來是一項了不起的成就，足以說服我打道回府。我閉上眼睛，聆聽腦海中那個聲音，那個願意見好就收的聲音。

他媽的兩百哩，我操！誰會做這種事？誰會在腿部動了大手術的十三週後騎兩百哩？你眞他媽厲害，哥金斯！

這都是事實，只是在四百四十四哩的比賽中，沒有人會因爲只完成了不到一半的賽事而給你一枚「你眞他媽厲害」獎章。更好的問題會是：誰會在手術的十三週後騎四百四十四哩？

我知道，這聽起來像是白日夢。當我打開車門，再次騎上我的格里芬老戰馬時，我就是這麼想的。我猜我不會堅持太久，這就是爲什麼我的選擇對大多數人來說可能根本毫無意義。他們會認爲，冒著嚴重受傷的風險來試著完成不可能的任務，是愚蠢的行爲。但戈莫爾醫師向我保證過，我的膝蓋不會受到任何傷害，而且那塊鋼板很牢固。另外，我知道當我們願意進行不合理的思考，並超越一般人都會要求停下來的地步時，就能做到什麼。

我感受到的疼痛是甩不掉的，重點是我願意忍受多少。我想著這些時，沿著路又騎了幾哩，在漆黑的夜空中，我的北極星撥開了兩朵雲，哥金斯在將近一年後第一次從灰燼中復活。

誰會在手術的十三週後騎四百四十四哩？我操，就是我！

我進入了恍惚狀態。有一半的時間，甚至沒意識到綺希還在身後。我只是沿著那條白線，不斷地駛過那些歷史悠久的路邊景點，進入了逃跑的奴隸、奴隸販子、美洲原住民戰士、內戰士兵，還有他媽的劉易斯與克拉克遠征隊的幽靈世界，而在我的腦海裡，我把這一切景色都抹掉了。我正在寫下納奇茲小徑的新歷史，這個故事是關於史上最硬的硬漢騎著兩個輪子穿過這條路。

還剩大約八十五哩時，天空下起雨。一整天都是騎碳纖維輪，我停了下來換成鋁輪。我仍然排名第四，而且這時已經知道我能忍受疼痛，我會騎到納奇茲。我以舒適的速度再次上路，立即注意到新車輪讓我感覺好很多。我向來更喜歡鋁輪，現在想起了爲什麼：它們更重，能讓我立刻獲得反饋。我能感覺到每次踩踏時所施加的力量，也從中汲取能量。我完全不知道落後領先者多遠，直到飛快通過一個彎道，進入一條直線，看到前方有兩名騎手，跟我相距幾百公尺。

我輕鬆地超越了他們倆，一路加速抵達終點線。在最後八十五哩的那段路上，我是最快的騎手，在不到二十五小時的時間內騎行了四百四十四哩，以第二名的成績衝過了密西西比河畔的終點線。第一名的選手爲這場比賽訓練了十二個月，只比我早三個多小時完成比賽。我第一次騎車是在比賽日的十一週前，在七週前才擺脫了枴杖，而現在走路仍一瘸一拐。

我沒有時間慶祝。爲了參加這場比賽，我放下了課本幾天，而一把自行車放進攜車箱後，立刻再次拿出課本。我在自行車上付出的巨大努力已經成爲後照鏡上的過往雲煙，因爲我不能在學習進度上落後。我在機場和回家的班機上都抱著課本，而在八週後，我以畢業生代表的身分在畢業典禮上致告別辭，從高級救護技術員課程畢了業。

十二月，我把注意力轉向了國考。連續十個晚上熬夜到凌晨兩點，做了一大堆模擬考。我解答了四千多個題目，每次答錯時，都會查看課本以了解原因。我不喜歡這麼做，但對我來說學習並不容易，必須付出這種努力，才能在課堂上取得成功。

在學業、工作或體育方面落後的人，大多不願意採取一切措施來追趕，並最大限度地發揮自己的潛力。他們不要求比同學和競爭對手更努力，而是滿足於老師和教練設定的標準。他們只付出能獲得及格分數的努力，然後昂首挺胸地走向平庸，說服自己已經盡了力。但在努力與成功的定義上，我有很高的標準，尤其在醫學相關領域，用猜的是行不通的，我在模擬考上答錯的每一題，都代表某個傷患可能會因此遭到重創或失去生命。這對我來說並不是遊戲或運動，而是攸關現實世界，我並不希望只是通過考試並獲得認證，能把工作做得「還行」就好。這就是爲什麼我即使在國考及格後，當天晚上還是回家研究了那些我認爲答錯的幾個題目，直到把正確答案都牢記於心。

制定新的黃金標準

二〇二二年一月，我跟隨我的北極星，進入加拿大育空地區邊境以南的英屬哥倫比亞省（又稱卑詩省）的結霜上游，探索我渴望已久的機會。我在聖約翰堡市會見了「北方和平空降消防隊」的幾位高級成員，當時氣溫是攝氏零下三十四度，狂風呼嘯，他們帶我四處參觀時，天空看起來好像在鬧情緒。我了解到，他們處理的火災大多是由荒野深處的雷擊所引起的，那些地點離道路很遠，因此幾乎沒有任何探測員深入其中。在我離開之前，他們鼓勵我應徵，如果被錄取並通過四月舉行的六星期艱苦訓練，之後的工作量一定會很大。

隔天早上，我的班機起飛時，天空還算清澈，能看到廣闊的景色，這裡有層層疊疊的山脈、花崗岩山峰和綿延數百哩的北方森林，一直延伸至阿拉斯加。我想像空降其中，將是多麼可怕又刺激，但事實是我已經很多年沒背著降落傘跳出機外，也已經十個月完全沒跑步，戈莫爾醫師說過我那條經過手術修復的腿唯一無法承受的，就是背著降落傘落地。

你可以拚命努力幾十年，比大多數人有著更好的適應和發展，但無論你是誰，也無論你做過什麼，有些事情真的無法勉強。這一次，就連我也不得不承

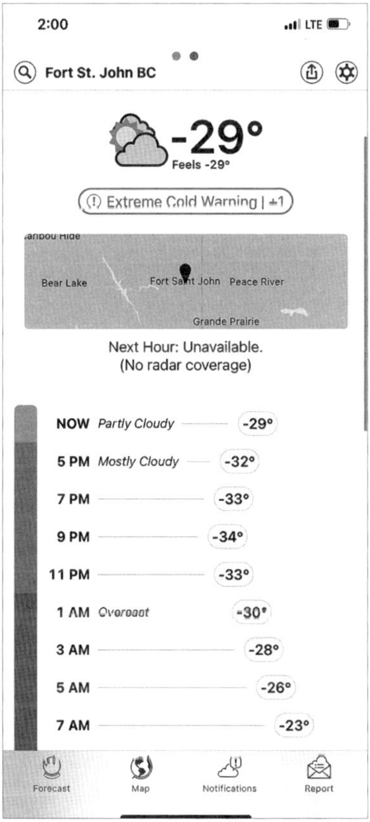

在聖約翰堡受到氣候「熱烈」的歡迎。

認，我的勝算渺茫得幾乎完全看不見。常常有人問我，如果身體做出反抗而且不能再跑步、騎自行車或參加任何體育賽事，我會作何感想。這個問題很容易回答，因爲我已經知道我會怎麼做。我可能需要幾個月才能克服挫折並重新調整，但在那之後，我會在其他能做的事情上做出精采的表現。

膝蓋手術已經過去了六個月，不到兩個月後就是我的「4×4×48挑戰」，我需要看看到時候跑步會是什麼感覺。雖然我多年來一直獨自進行4×4×48，但在二〇二〇年，邀請了在社群媒體上追蹤我的一些人一起加入挑戰，並鼓勵他們進一步挑戰自己的極限，同時爲他們選擇的慈善機構籌集資金。4×4×48的意思是，每四小時跑四哩，持續四十八小時，一共跑四十八哩。在過去的三年裡，我們爲世界各地的慈善機構籌集了數百萬美元。想到這項挑戰在短短幾年內所產生的影響，我深感榮幸。籌集到的資金，以及努力熬過一整個睡眠被剝奪的週末的痛苦經歷，改變或影響了無數人的人生。一群想讓自己變得更好且心懷善意的人聚在一起努力訓練時，就會發生這種好事。

儘管這挑戰在一開始是跑步活動，但我早已向參與者明確表示過，如果無法跑步，也可以步行、游泳，或每四個小時在健身房鍛鍊約四十分鐘。二〇二一年，第一次膝蓋手術所造成的後果，使我再也無法跑步，於是我設計了一種高強度的循環鍛鍊，相較之下跑四哩路輕鬆得就像去做水療。

我的目標是在二〇二二年開始跑步，就爲了看看自己能跑到什麼程度。一月份的第二週，我在相隔十個月後第一次踏上跑步機，進行「跑－走」的運動。我跑三分鐘，接著走兩分鐘，這樣持續了五個循環。左小腿痛得要命，但我還是每天這樣跑，然後慢慢增加里程。接下來的幾星期裡，我從跑步機改成戶外小徑，最後改成街道，同時透過電子郵件收到來自聖約翰堡的最新消息。

每一封信都像在挑逗我。每次讀到新成員將面對什麼樣的體能要求和任務時，我都會感到一陣羨慕。但我上網搜尋關於該訓練各方面的資訊時，知道我的腿無法勝任。與此同時，我在一個位於貧民區的大型市立醫院找到了急診室醫護人員的工作。那裡忙得不可開交，進來的病患什麼樣的人都有，在十二個小時的輪班中，我竭盡全力讓自己變得不可或缺，而且我們提供的護理是一流的。我給病患吊點滴，清理皮膚上有潰瘍、腿上滴著血便的病人，並幫忙處理心臟驟停的患者。病人流量減緩時，我去清理治療區和工作站。除非是午休時間，否則你永遠不會看到我坐下來。而在上班前、下班後及休息日，我鍛鍊身體，並繼續進行物理治療。

我設法完成了4×4×48，但我們不是透過Instagram直播讓大家觀看，而是在路上進行了幾次現場的團體跑步。第一場活動在加州的奇科市，接著是沙加緬度，

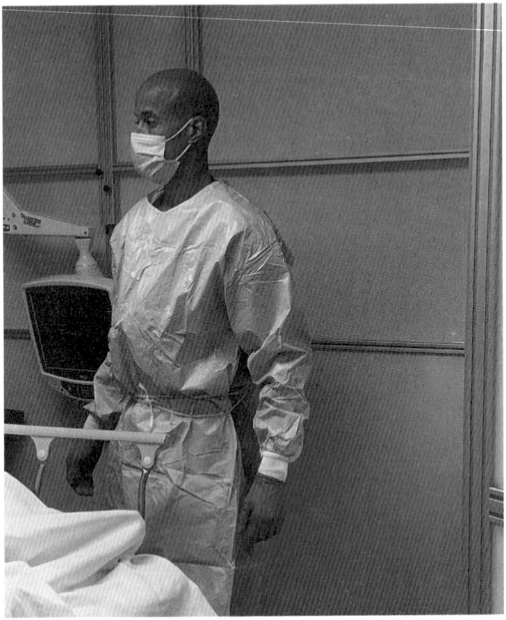

在急診室查房。

然後從那裡向南移動。各種年齡和背景的人們聚集在一起，我們像野狗一樣成群結隊地在狹窄小徑、郊區和城市街道上奔跑。在倒數第二段路上，我們占據了赫莫薩海灘著名的自行車道。隨著活動的週末過去，我的速度越來越快。

儘管我很欣賞沿海各地的參與人數和熱情，但我是個內向的人，成為眾人關注的焦點對我來說並不自然。在赫莫薩與人群拍了一千張自拍和擊掌後，我們驅車前往科斯塔梅薩，我在途中靜下心來，休息充電。我也進行了快速的身體掃描，儘管左腿還有些灼痛感，但在不到四十一小時跑了四十四哩，我驚喜地發現這條腿撐住了，也知道這還不是我的極限。我正在為脛骨截骨矯正手術的術後恢復制定新的黃金標準，不禁好奇戈莫爾醫師對此會有何看法。

在最後一段路上，我跑出了最快的成績。途中受到了幾個人的挑戰，他們可能跑過，也可能沒有跑過每一條路線。「4×4×48挑戰」就是這麼回事，有些人是來感受氣氛，在四十八小時只跑了一次。我跑完了所有十二條路線，最後一段是我整個週末跑得最快的路。在最後那半哩，我甚至不在陽光明媚的南加州，而是在遙遠的北方，那裡除了被荒野雷擊照亮的山脈和森林之外什麼也沒有，這種環境打造出了一支能應對艱難挑戰的空中消防部隊，其艱難程度會讓我見過的一些強者開始質疑自己到底有多堅韌。

當然，我這麼做是在騙自己。加拿大的空降消防人員不使用沖壓式傘翼，這種降落傘能夠輕柔著陸。他們更喜歡硬著陸，在觸地的瞬間翻身滾動。戈莫爾醫師大概是對的：如果像他們那樣落地，我的腿可能至少會在兩個部位斷裂。但每個統計學家都會警告你，在看待機率時，一定會出現異常值。

一定會！

二〇二二年赫莫薩海灘的4×4×48，
一場八百人共襄盛舉的團體跑步。
（攝影：傑瑞．辛格頓）

進化8　強韌打敗心魔

突破那條把「還行」跟「偉大」區分開來的界線

「偉大」的定義

大多數的人一輩子都沒想過何謂「偉大」。對他們來說，偉大的人是籃球明星史蒂芬．柯瑞、西班牙網球明星拉斐爾．納達爾、作家托妮．莫里森、藝術家喬治亞．歐姬芙、音樂神童沃夫岡．阿瑪迪斯．莫札特，或傳奇飛行員愛蜜莉亞．艾爾哈特。他們把所有偉人放在神壇上，認為自己只不過是凡人，這正是為什麼他們無法達成偉業。他們把偉大變成了某種不可觸及的次元，幾乎任何人都無法到達，他們也根本沒想過瞄準它。

無論我在做什麼，無論從事哪個領域，我都以偉大為目標，因為我知道我們都是凡人，而只要願意在自己的靈魂之中尋找偉大，任何人都有可能實現。**在「哥金斯字典」中，偉大是一種狀態，你在這種狀態中放下所有的缺點和不完美，汲取體內所有的力量和能量，徹底運用，來完成下定決心要做的事，即使外頭有個王八蛋跟你說這不可能做到。**偉大是那些願意把自己推到不合理的極限、付出代價的罕見靈魂所追求的感覺。

一九五〇年代末期，約瑟夫．基廷格上尉這位空軍飛行員，被派往新墨西哥州執行航空實驗和跳傘任務。他當時並不是一個家喻戶曉的名字，事實上根本沒人聽說過他，直到一九六〇年八月十六日那天，他穿上了貼滿膠帶的紅色壓力服，登上了拴在一顆洋蔥形氦氣球上的敞篷吊艙。他駕駛該裝置飛到將近二十哩的高處，直到薄薄的大氣邊界層，一切都從藍色變成黑色。他來到了一個地平線或海平線都不存在的地方，超越了之前所有已知的極限。他懸浮在十萬兩千八百呎的高空，解開繫帶，步入太空。他的自由落體持續了將近五分鐘，最高速度是每小時六百一十四哩。他垂直墜落了八萬多呎，直到主降落傘打開。這可不是知名廣告詞「給你一對翅膀」的紅牛派對，也不是電視節目。基廷格不是藝人，而是探險家。他探索這個世界的新境界，他的飛行和跳躍使載人的太空旅行成為可能，也探索了他自己。

我不會想從外太空跳回地球上，但我知道那條介於藍色和黑色之間的大氣邊界層。它是貫穿人類靈魂的偉大微光，存在於每個人心中。一般人一輩子都不會看到它，因為要到達那裡，就必須願意把自己推到極限，而且不保證能成功。

話又說回來，「成功」也只是旅程中的另一個里程碑。跳傘落地後一邊點菸一邊漫步離去，彷彿這天只是個普通的工作日，讓基廷格看起來超酷，但這並不是讓他變得偉大的原因。他之所以偉大，是因為他願意參與這件事，明知道失敗的可能性很高，加上他為此付出了多少。這並不是為了獲得名聲或「流量」的特技表演，只是為了看看人類能做到什麼程度。

正如詞彙可以被重新定義，永遠別懷疑我們可以重新定義自己。我們有時會覺得不可能做到，因為我們活在一個充滿任意劃定的邊界及固定社會界線的世界，這些界線厚得就像堡壘的圍牆。更糟的是，我們讓這些牆在太多方面限制了自己。洗腦很早就開始，而且是從家裡開始，和我們一起長大的人，以及成長的環境，決定了我們認為自己是誰、我們認為的人生重點。你在小時候只知道你所看到的，而如果你只接觸到懶惰的人、安於平庸的人，或讓你相信你毫無價值的人，那麼偉大就永遠只是個幻想。

別讓「身分」的心魔限制了你

如果你住在貧民窟或垂死的工業或農業城鎮，那裡的建築物被木板封住，毒販猖獗，學校一團亂，就會影響其他人和你為未來設想的可能性。即使享有特權，也可能覺得被自己的處境綁住。絕大多數的父母根本不知道何謂偉大，所以沒有能力、也不敢鼓勵孩子擁有偉大的夢想。他們讓孩子享有安定的生活，不希望孩子經歷失敗，受限的視野就是這樣代代相傳。

幾乎每個人都喜歡扭曲人生敘事，使自己裹足不前，對此感到驚訝嗎？我經常聽到這種事，享有特權的孩子會說：「我擁有的東西太多了，所以沒辦法發展出你擁有的那些技能。」一無所有的孩子會告訴我：「我擁有的東西不夠多，所以沒辦法發展出你擁有的那些技能。」無論一個人過著什麼樣的人生，都會承認自己為什麼無法抵達想去的境界。他們一開口，我就看到他們的視野是多麼受限，說出自己的悲慘故事時，總是期望我會把「變得偉大」的工具包送到他們的家門前，但人生沒這麼簡單。

身分是個陷阱，如果放任不管，就會永遠綁住你。有時候，身分是社會加諸在我們身上的負擔；有時候，是我們貼在自己身上的一個類別。把自己跟某個特定的文化、群體、工作或生活方式聯繫起來，確實能賦予自己力量，但也可能讓自己受限。如果你過度堅持自己的身分，就很容易受到「群體思維」的影響，可能永遠不會知道你到底是什麼樣的人、能達成什麼。我認識一些人，他們太執著於找到某一種工作，而一旦在該職位安頓下來後，就剪掉了自己的翅膀，不再繼續前進或嘗試新事物，而這阻礙了他們的進化和發展新技能。有時候，我們會被他人誤導，他們根據我們在他們眼中的身分來分類我們。我和海軍招募員會面時，其中幾個試圖引導我放棄海豹訓練，要我尋找其他機會，因為認為我不適合。我當時體重過重，軍職性向測驗分數很低，膚色也是個問題。別忘了，我只是海豹部隊歷史上第三十六位黑人成員。招募員那麼做並不是想傷害我，我也不相信他們有種族歧視，而是真心認為提供更實際的選項是在幫我。

然而，最常誤導我們的，其實是自己，我們這些很難看見自己有何價值的人，就像我小時候那樣，經常拿最心煩意亂的事情來建立身分。不是因為我們想這麼做，而是因為潛意識裡認定其他人就是這樣看待我們。千萬不要讓別人對你的看法，或你正在面對的問題來阻止你進步。

我的生長環境和過去的經歷，使我過度焦慮、壓力破表。膚色使我成了槍靶，幾乎到哪都得面對刻板印象且孤立無援，而我的職責就是反抗這一切。無論你的環境多麼艱難、絕望或安逸，找到埋藏於你靈魂中的那條由藍轉黑的邊界線——那道微光——並尋求偉大，就是你的工作、義務和職責，也是你該為自己負起的責任。沒有人能為你指出那道微光，你必須自己去發現。

成為偉人並沒有先決條件。你可能是被一群狼養大，可能在三十歲時無家可歸、大字不識，可能在四十歲時從哈佛畢業；你可能是這個國家最有成就的大咖之一，但你試著征服一個新領域，依然比你認識的其他人還要飢渴又努力。這一切的起點，是**「決心去看看自己已知世界的外頭」**，超越你所在的街道、城鎮、州或國籍，超越文化和身分。只有這樣，真正的自我探索才能開始。

在那之後，真正辛苦的工作才要開始。每天早上和一整天與那些心魔搏鬥，真的會讓人發瘋，因為它們只想打垮你。當你對抗自我憎恨、自我懷疑和孤獨之類的有毒限制時，你的心魔不會鼓勵你，也不會讓你對自己或你的渺茫勝算抱持正面想法。它們想限制你，希望你投降、走回老路，希望你在變得韌性十足之前就早早放棄，因為如果你變得強韌，那麼長期以來讓你感到無比沉重的辛勤犧牲、努力付出和孤獨苦修，反而會變成你的避風港。你原本一直無法想像自己能變得偉大，但在變得強韌後，這對你來說會變得易如反掌。到時候，動力會像上升氣流一樣聚集，將你送入空中，飛向你已知世界的外部極限。

現在該提高自己的等級，去尋找那條藍黑邊界線了。
那條把「還行」跟「偉大」區分開來的界線，就在我們每個人的心中。

#*GreatnessIsAttainable*（#偉業可以實現）

#*NeverFinished*（#我沒有極限）

第九章

榨乾你的靈魂，進化成最好的自己

自願上戰場的鬥士

鬧鐘響起的六分鐘前，我的眼睛猛然睜開。有時候，「清晨五點三十分」來得比聽起來還要早。我的海豹日子裡，在太陽出來之前就得起床忙個不停，在心理層面上先戰勝其他人——就是我所謂的「收割靈魂」。但那個四月的早晨，我必須強迫自己一吋吋地挪動，我的左側從臀部到肋骨全是紫色瘀青，肋間肌肉痠痛得連呼吸都難受，脖子僵硬得幾乎無法轉頭。

空降消防新手訓練已經展開了兩週，地面相關的教學也進行到一半，而且當時正是聖約翰堡降落傘著陸訓練的季節。在一天當中大部分的時間，我這支離破碎的老屁股，會一遍又一遍地在冰凍的地面上彈跳。

起床後，我把震動的手機從床頭櫃上拿下來，然後強迫自己從床墊上爬起來。這是從二十四歲以來第一次感到如此疲憊和痠痛，當年我盡了一切努力減肥，讓自己有資格進入海豹訓練，因爲我知道這會改變一切。我將能離開印第安納州，獲得自尊和自信，並爲人生注入意義。但現在，我參加的空降消防訓練確實沒有押上任何賭注，甚至沒讓多少人知道我現在在哪裡、在做什麼，我的外在動力爲零，獲得的只有所有的痛苦。

每天早上，我都會問自己同樣的問題：「我他媽為什麼要讓自己經歷這種痛苦？」我並沒有缺乏自信或忙著尋找人生意義，也不缺錢。簡言之，我來這裡，因為我他媽就是這種人。

我慢慢站起來，拖著腳步來到窗前，拉開窗簾時，幾乎能聽到渾身骨頭嘎吱作響。一夜之間又下了一呎的雪，而且鵝絨般的大雪還在下個不停。原本就知道卑詩省北部會很冷，但這裡不只是冷而已，這是他們印象中最冷的春天，不是下雨就是下雪，不斷變化的北風就是有辦法讓人感到刺骨。

有時候，只要凌晨一點有場大雨打在我床上方的屋頂，我內心的野性就會被點燃。我把惡劣天氣當作一種挑釁，它剝去了睡意的薄霧，點燃了導火線。雨或雪越大，我跑步的時間就越長，因為我知道除非必要，不會有人想在惡劣天氣下跑步。我最喜歡的跑步經歷，是在惡名昭彰的芝加哥寒冬期間沿著密西根湖跑二十哩，但那是滿久以前的事了。

我看了一眼綺希，她睡得正甜。嚴格來說，在早上八點整才需要去基地報到，床鋪正在向我招手，引誘我回到綺希的懷裡，所以我再次轉向窗戶，看著雪花飄落。它看起來就像寒冰地獄，而這就是叫我登場的提示。我穿上發熱衣、一般的跑步短褲和一頂毛線帽，戴上一雙發熱手套，出去跑了九哩。

我並不想跑。今早起來感到的左腿疼痛簡直是史詩級，但我沒有任何討價還價的空間。在這裡，我不是按照自己的行程表操課。過去七年裡，我能在我方便的時候進行訓練，可以按照跑步和上健身房的時間來安排其他事情，以優化我的鍛鍊和表現。但現在，我又成了新兵，不能帶著過度僵硬的身體去基地報到。

對我這個四十七歲的新兵來說，這些晨跑沒得商量，因爲在新兵班上，幾乎每個人都只是二十到二十五歲左右。他們大多來自加拿大的偏遠地區，從小每年打六個月的冰球。他們選擇退出「躺平世代」，其中少數幾位決心拿出一切來與我競爭。我對此表示尊敬，但如果你想來搶我這個老頭的王冠，就會遇到一些阻力。

換句話說，就算我的身體沒辦法像他們那樣恢復得那麼快，就算我必須吃更乾淨的食物，早上和晚上練伸展操，並優先考慮如何讓身體恢復；就算我必須少睡一點，因爲任何糟糕的一天都只有二十四個小時……這一切我都甘之如飴。如果我就是必須這麼做，沒問題，因爲我是自願上戰場的勇士。

自願上戰場的勇士不會找藉口。雖然試著說服自己別去做困難或不方便的事是人的本性，但我們知道該做的就是得去做。有很多人願意加入軍隊或警隊、申請某種工作，或申請大學或研究所，因爲他們期望自己的投資能得到一些務實又及時的回報。勇士上戰場，並不是為了現金或福利，那些都只是錦上添花。即使我身無分文，也會找到某種方法來付錢給美國海軍，讓他們願意讓我成為海豹。沒有人把我招募來聖約翰堡，我接受這份工作等於減少收入，但自願上戰場的勇士會尋找自己的使命，並支付所需的一切費用。我想做這份該死的工作，就這麼簡單。

帶來力量的袍澤儀式

天寒地凍，我渾身痠痛，但身上的瘀青和外頭的爛天氣才不在乎我的感受——放心吧，我也不在乎它的感受，因為我不滿足於只是出席並希望能畢業。年紀較大時，你往往會因為只是參加了某種體能挑戰，就獲得比你應得的更多榮譽。沒有人對你抱有太大的期望，你也可能會想低空飛過就好。露面是重要的第一步，但既然你打算露面，還不如順便全力以赴。

我來到室外，路上的雪完全沒被鏟雪車剷過。我撞開小路上的粉雪，來到公路，在皮卡和大卡車輾壓出來的雪泥輪胎印上奔跑。聖約翰堡住滿了早起的人，他們在當地的牧場、石油和天然氣工廠，或是在寬廣無際的雲杉林和北松林中工作，他們喜歡在冰冷的公路上開得飛快。

我的腳很快就麻了，雪勢也越來越大，幾乎成了暴雪。我瞇起眼睛，從迎面而來的車流旁邊跑過，雪和冰打在我的臉上。一般來說，我必須從路中間衝到路肩上更深的積雪所提供的安全地帶，每當我能瞥見某個駕駛人時，都會從他們因驚訝而睜大眼睛、充滿震驚的表情中找到動力。他們看到我在暴雪下現身，就像來自異世界的怪物，我的汗水在低溫中形成的霧氣宛如光環罩身。他們似乎都在問同一個問題：「他是瘋子？還是我見過最有鬥志的傢伙？」

那條公路上的每一個腳印、我跑過的每一條街道，都屬於我。鎮上沒有其他人步行出門。空降訓練班的其他菜鳥大多還在熟睡。然而，我這個渾身是傷、已經取得那麼多成就的四十七歲大叔，表情還是跟二十多歲的時候一樣。這個事實讓我如火炬般明亮。

我的傷勢不再重要。短短幾個小時後的新手訓練中等待著我的痛苦，對我來說根本沒差。我的身體開始變暖，而心靈再次變得堅硬，硬得就像鑄鐵。雖然我爲此跑了將近九哩，但體內那個野蠻人已經爲接下來未知的一切，做好了所有準備。

以較短距離的跑步來說，班上跑得最快的兩人，一個我暱稱爲普雷方丹（美國著名長跑運動員），另一個的綽號是蠻牛。這兩人都二十出頭，在訓練的第一天，我們進行一系列體能測試時，他們在一哩半的短跑中擊敗了我。當時沒人知道我九個月前才動過手術，腿裡裝了鋼板。也沒人知道我八分二十五秒的成績只比我十幾歲在空軍服役時創下的個人最佳紀錄慢了十五秒。我對自己的表現感到興奮，這兩位同學都是一流的運動員，而我已經到了他們父母的年紀，卻還能追上他們，這提醒我，我還是跟啄木鳥的鳥喙一樣堅硬。

我們進行的許多體能訓練，都沒有設定距離和時間的限制，因爲在救火時，永遠不知道你的體力輸出、工作或痛苦何時會結束，而教官們想看看我們的身心對未知要素如何反應。這玩意兒簡直就是爲我量身打造，跑的距離越長，背包越重，健身房的鍛鍊越激烈，痛苦越多，我就表現得越好。班上的年輕人或許在短跑上跑得更快，但我的耐力幾乎贏過他們每個人。

某一次負重行軍時，我和蠻牛跑得特別快，甩掉了其他同學。我加快了步伐，他一直跟在我身邊。我們全速飛奔，經過幾哩的艱苦奔跑後，他的呼吸變得凌亂而沉重。他聽起來就像一隻發情的鬥牛犬，但拒絕讓我甩掉他，也不願意停下來。之前，我和他在下班後一起進行的另一次長跑結束時，他曾停下來過一次；而這一次，他跑到了終點線，氣喘吁吁得就像肺臟在翻滾，我們並肩完成了行軍，都筋疲力竭。我轉向他點頭道：「他媽的幹得好。」

我為他感到驕傲，但也為自己感到自豪。我在為了能有資格從事這世上最艱苦的工作之一而來到這裡之前，只有很少的時間能鍛鍊體能。這是一趟艱鉅的旅程，疼痛始終如影隨形。然而，在手術後的第十三週，我騎自行車騎了四百四十四哩；手術後的第八個月，我在四十五小時內跑了四十八哩；第九個月，我在各方面挑戰了二十幾歲的年輕人，像是跑步、負重行軍、引體向上，還有長距離搬動重物。但我的目的並不是收割他們的靈魂，這個年輕的團體激勵了我，我想要像他們推動我那樣推動他們，因為他們是新一代的硬漢，雖然我確實喜歡在跑步和鍛鍊上獲勝，但他們擊敗我時，我更開心。

跑完九哩的晨跑來到工作地點時，看了同學們一眼，很明顯我們都很難受。我是基地裡最有經驗的醫護人員，他們當中一些人向我請教關於脛前疼痛和應力性骨折症狀的問題。其中一人有腦震盪，而我們每個人都脖子痠痛，因為當你戴著頭盔從三、四呎的高處跳下，頸部肌肉就得付出代價。

大夥士氣低落，每個人都形同殭屍。教官命令我們一字排開，開始做伏地挺身時，團隊精神蕩然無存。空降消防需要大量的上半身和核心肌力，跳傘和著陸對體力要求很高；此外，我們還得背著至少六十磅的消防水帶，連同鏈鋸、水泵和其他消防設備來進行負重行軍，而這些都不輕。很多時候，我們會在沒有車輛支援的情況下徒手搬運水泵和移動原木，還得負責去拿空投下來的裝備，將其移動到正確位置。為了幫助我們做好準備，教官們在整個訓練過程中不斷要我們做伏地挺身，以及其他的肌力訓練和健身操。我們根本不知道每天要在什麼時候做、做多大的量，只是來回做這些操練，而且持續一整天。

那天早上，我們的姿勢和節奏都他媽的一團糟。當中一些人做得輕輕鬆鬆，其他人則生不如死，且顯然毫無鬥志。做完後，我聚集了全員並告訴他們，要做下一組的時候，將採取不同的方式並一起努力。

過了一會兒，一名教官叫我們做伏地挺身時，大家都等我先撲倒在地。

「準備！」我就位後大喊。

「準備！」他們大喊，也紛紛撲倒，然後按照我的節奏開始。

「伏下！」我吼道。

「一！」他們喊道。

「伏下！」

「二！」

「伏下！」

「三！」

以軍事節奏發聲，這麼做有幾個好處：能幫助你調整呼吸，激發腎上腺素，並增強士氣。看在外行人眼中，可能看起來和聽起來都是不必要的裝腔作勢，但如果你是一個疲憊不堪、身心俱疲的團隊的一員，這種袍澤精神會把單調又殘酷的事情變成一種帶來力量的儀式。你不再只是做伏地挺身，而是成爲團隊中的一員，融入一種共同的能量力場，這有助於每個人跟上進度，熬過每一天的每一項訓練。我們後來都漸漸愛上了伏地挺身！

艙門前的鬥牛犬

在體能訓練方面，能在班上名列前茅的感覺很好，但我的掙扎並不是從早上開始、在早上結束。每天開始著陸訓練之前，我們必須在三分鐘內穿好克維拉纖維製成的跳傘裝，而考慮到我的身體在手術後尚未完全恢復，而且這一切都是在室外低於冰點的溫度下進行，所以我有一些併發症需要處理。

我跪下來會很費力，老友雷諾氏症帶著他媽的復仇之怒捲土重來，因爲我在訓練時不能使用發熱手套。幾分鐘內，指尖就失去了靈活性，我感覺不到手指，也感覺不到所有的小拉鏈、繫帶和按扣。因此，我比其他人花了更多的時間（遠比規定的三分鐘更久）穿上跳傘裝，把備用降落傘固定在胸前，並將抽繩袋夾在兩腿之間。那些年輕人看我辛苦著裝看得很過癮，這是我第一次在他們面前顯老，他們也趁機拚命取笑我。但在體能訓練時間到來時，他們總是閉上嘴，因為知道我會給他們帶來痛苦。

和往常一樣，著陸訓練對每個人都很殘酷。無情的酷寒使地面更加堅硬，也使我們的身體更加緊繃又脆弱，無論是從十二吋高的架子還是三呎高的平臺往下跳，或是爬上另一個平臺，抓著繩索像空中飛人一樣在半空中擺盪再放開繩索，都加劇了痛苦。但這一切都是為了建立肌肉記憶，好讓我們能用身體來記住教官們所說的「正確的著陸姿勢」。

一般人從高處往下跳時，會本能地張開四肢，並在落下時向下看。但我們被教導要保持身體緊密，雙腳和膝蓋併攏。將兩條腿固定在一起，就能分散和吸收衝擊力。我們的目標並不是以漂亮的動作著陸，因為跳傘落地的速度太快，所以這是做不到的。我們練習的是在著地的瞬間，往一邊翻滾。由於每一次跳躍都涉及不同的要素和條件，因此必須能自在地左右滾動、向前滾和向後滾，而且交替動作重複練習。

這些對我來說都不算是新鮮事，因為我是少數有跳傘經驗的新人。我曾經從各種高度和飛機上跳傘，配備了相當廣泛的各式裝備，但上一次進行引張帶跳傘，是還在海豹部隊的時候，我也確實需要時間來掌握其中的技術。每個人在某些動作上都會遇到挑戰，而因為我非常在意保護左腿免受直接撞擊，所以每當向左滾動時，臀部和肋骨都必須承受更大的衝擊力。我吸收了持續升級的疼痛，因為戈莫爾醫師那番話仍釘在我腦海中的布告欄上。如果那條腿想斷，就得等真的跳傘後再斷。無論渾身多麼瘀青腫脹，我都不打算在從金屬平臺往下跳或做一個笨重的擺盪時，讓我那根脛骨暴露於傷害之中，這大概就能解釋我的整體動作為何缺乏流暢性。每次著陸訓練結束後，教官都會批評我們的姿勢，我聽到最多次的字眼是「笨重」。

連續幾天把自己像一袋屎般地扔進泥土裡後，我們的訓練升級了，改成在「震盪塔」上。這是一座二十呎高的平臺，我們坐在一個飛機艙門的模型上，以扣環固定在一條僵硬的彈力鉤繩上，練習如何跳傘。練習內容包括從十呎高處墜落，然後被彈力鉤繩猛然拉回，造成輕微的頸部揮鞭症。在一開始的嘗試中，我站在一名個頭矮小但運動能力很強的年輕女子身後，我叫她鬥牛犬，因為她外表非常友善，但內心深處鬥志激昂。在教練拍拍她的背，示意輪到她跳躍的時候，她僵住了。

鬥牛犬十分敬畏上帝。我在她身邊時會管住自己的嘴，因為髒話會讓她覺得不舒服。但海豹二號船隊的哥金斯會像水手一樣狂飆髒話，強迫她克服障礙；當恐懼使她在進化訓練過程中癱瘓時，那個哥金斯甚至可能會捧腹大笑。然而，雖然體內的野蠻人依然生龍活虎，但我已經不再是那個傢伙。在海豹部隊訓練時，我喜歡看到其他人僵住並退出訓練，我覺得這在某種程度上提高了我的自我評價，但那是自負所驅動的不成熟和糟糕的領導力。如今，我認為我的職責就是讓每個人都變得更好，無論什麼工作或情況。在接受北方和平空降消防隊的面試時，我被要求描述我最棒的優點。

「如果你們僱用我，」我說，「我班上的每個人都會畢業。這是我最棒的優點。」這並不是一個空洞的承諾，而是誓言。

「妳需要一點時間嗎？」教官問鬥牛犬。

「是的，沒錯。」鬥牛犬說。

讓我想和這支空降隊伍合作的因素之一，是他們對每一個人的接受和尊重。儘管有一些標準需要滿足和超越，他們也確實強迫我們全力以赴，但他們明白每個人都有一些需要多花點時間跨越的障礙。然而，我從經驗中知道，在這種情況下，「花更多時間思考」對鬥牛犬沒有幫助。

看著她，我感覺就像在第二次地獄週開始時看到自己在衝浪區，看起來就像一頭被迎面衝來的大卡車的車頭燈癱瘓的雄鹿。我從她茫然的眼神看得出來，她已經覺得這不好玩了，而且這次跳躍把她嚇呆了，但有些恐懼必須立即克服。那一刻唯一能幫助鬥牛犬的，就是停止思考、直視恐懼，而且無論如何都要跳下去。當她退後並建議我先跳時，我搖搖頭。

「別做那種屁事。給我繼續站在該死的艙門口，冷靜下來。」我的髒話打破了癱瘓她的咒語，我跟她四目相對。「如果妳現在僵住，以後就會再次僵住，但到時候是在天上，當妳必須玩真的的時候。所以，妳走到門口時，儘管很可怕，還是大聲請求跳傘許可，讓妳的腎上腺素飆升。眼睛盯著地平線，感覺到有人拍妳的背時，就把自己像彈弓一樣彈出去。」

她點點頭，下定決心，站好位置，深吸一口氣，接著大聲喊道：「請求跳傘許可！」

「準備好。」教官回答。在他拍了她肩胛骨之間的那瞬間，鬥牛犬變成了砲彈。

對年齡限制的誤解

我在聖約翰堡的領導風格是變色龍。對一些同學來說，我是他們的醫官。對於其他人，我在最困難的時刻給了他們嚴厲之愛。我和班上最優秀的運動員們競爭，讓他們變得好上加好，晚上我會接到那些認爲自己無法畢業的人的電話。但我不確定有多少人理解我也面臨被淘汰的風險，因爲我確實無法掌握某一種技能。

軍事傘兵的空降區幾乎都是沒有自然障礙的地形，而相較之下，空降消防員幾乎總是跳入狹窄區域。在地面學校，我們被教導要在出了問題或風向轉變且主空降區依然遙不可及時，尋找替代的落點。有時候你就是無法進入空降區，加上四面八方都是森林，確實有可能卡在樹上，沒有人會來救這些懸掛在半空中的傢伙，這正是爲什麼我們要做「下降訓練」。

我們每個人其中的一個腿袋裡，裝著一百五十呎長的尼龍織帶。這是緊急下降繩索。我們被教導如何打一系列的半結來將其綁在傘衣的組帶上，然後用這條繩索安全地下降到地面。但這都是理論，這件事說來容易做來難，因爲當你被降落傘懸掛在半空中，而且戴著頭盔時，會很難看到遠在你肩膀上方的組帶。而且就因爲你被困在一棵樹上，並不表示會一直掛在那棵樹上，最好趕緊下降到地面。這就是爲什麼這是一個計時練習，在考試當天，我們必須在九十秒內完成左右兩側的繩索固定，否則根本別想跳傘。

在最初幾次嘗試中，我並沒有成功，因爲我感覺不到織帶。那幾個星期中，我們每天至少重複練了十幾次，但天氣一直很冷，我的手拒絕配合。我的動作非常笨拙，甚至讓教官們和所有關注我的同學開始感到尷尬。儘管我年紀大了，但每個人都對我抱有最高的期望。在他們眼裡，我他媽應該無所不能才對，但隨著考試日的逼近，我還是慢了三十秒。

我的苦苦掙扎再一次被所有人目睹，但我從來沒有垂頭喪氣。在那個項目的訓練中，每個人每一天至少都會在某個項目上陷入掙扎，我們在人生中也都有障礙要跨越。這再正常不過，你如果垂下頭，就是向大腦發送一個直接的訊息：認爲自己沒有能力變得更好，這會讓你更難集中注意力、獲得成功。當正在努力實現一個對你來說很重要的目標，但事情不如所願時，永遠不要讓任何人看到它害你失望，別讓那些旁觀者稱心如意。你垂下頭的時候，就根本看不到你他媽該去哪、需要做什麼。如果需要協助，就開口求助，永遠不要爲此感到丟臉。沒錯，當時天氣很冷；沒錯，我陷入苦戰，但我沒生悶氣。我始終抬頭挺胸，努力工作。

我每天晚上都練習好幾個鐘頭。起初，我用衣架在衣櫃裡做了個降落傘的組帶模擬裝置，每次嘗試之前，都把雙手放在冰箱冷凍庫裡一會兒，但因爲不夠冷，所以我把東西移去室外，把手伸進雪裡，直到徹底失去觸覺。然後，我站在一棵樹的底部，在頭頂上方綁繩索。綺希出來幫我計時，她穿著三件毛衣、兩件派克大衣和幾頂冬帽。

這麼做並不是爲了讓我的雙手適應嚴寒，雷諾氏症讓我永遠不可能做到這一點。但連續幾個鐘頭重複這些動作，腦袋和身體同步了。我清楚知道織帶在哪、如何處理，無論我是否能感覺到它。有一天晚上，我把時間縮短了三秒鐘。隔天晚上，縮短了五秒鐘。我的進步並不是立竿見影，也不是極其顯著，但確實在持續進步，所以我堅持下去。

在六星期裡每天工作和訓練十八小時以上，想保持正面的態度和投入並不容易。空降消防之所以適合年輕人是有原因的，我剛來這裡時體能很好，但我正在以一種已經闊別多年的方式使用身體，所面對的折磨確實無情，在精神方面也很疲憊。這並不是我參加過最具挑戰性的訓練，但確實是一場辛苦的掙扎，因爲我老了很多，不再是年輕時的我。

很多人都讓這樣的認知限制了他們的未來。他們失去了鋒芒，縮減了自己的雄心壯志和期望，就爲了保護自己。他們退休了，不再把自己推進不舒服的環境和充滿挑戰的境地，這在很大程度上與年齡有關。人生中的一切都有開始走下坡的時候，以年齡來說，我們似乎有一個共同的誤解，認爲在什麼年齡就應該有什麼感受或體能狀態，但有時候，問題其實並不是源自年齡。把你整得很慘的，常常不是歲月老爺，而是他的兄弟——疲勞老爺。

大家都說沒人能打敗歲月，這可能是眞的，但你絕對可以讓他的兄弟感受到你的抵抗。如果你願意一分一秒、日復一日地克服疲勞所帶來的逆風，那麼有一天，你至少可以和歲月老爺面對面地談判。每當我覺得太累或因痠痛而無法起床時，我都會盯著地平線，並提醒自己：空降消防訓練是暫時的。有些早上，那種又累又痛的感覺其實讓我很爽，因爲這代表我仍願意挑戰自己，尋找那條從藍轉黑的邊界線，做一些我的靈魂喜歡的事情。

見真章的時刻

沒錯，我不再是原來的大衛．哥金斯——我是加強升級版。我曾經以爲，一個人必須在每件事上都做到最好，才能成爲偉大的人，成爲一個強大的領導者。但這並非事實，**英勇的硬漢，是那些面臨巨大困難卻仍繼續嘗試的人**。班上那些年輕猛男看到我在上班前先在雪地裡奔跑時，覺得不知該如何是好。當他們得知，我這個據傳曾威震武林的四十七歲野蠻人，竟然把自己軟屌般的雙手塞進雪裡，接著在下降繩索上練習幾個鐘頭，只爲了追尋某種生理層面的適應時，這讓他們看到什麼叫作「我拒絕被你拒絕」，什麼叫作沒有極限。這提醒他們，這個機會非常特別，而且他們還能做出更多努力。

考試當天，我在時限內完成了下降測驗，雖然不算迅速，但確實做到了。我也在不到三分鐘的時間裡穿好跳傘裝，雖然著陸或翻滾的動作沒有體操選手或芭蕾舞者那樣優雅，但我向教官們和北方和平空降消防隊的創始人湯姆·萊因博特證明了我的一致性和能耐，並從地面學校畢了業。

「我看得出來，你獲得的成果並不是來自天分。」湯姆後來這麼說。和我一樣，他度過了艱難的童年，年輕時一直在流浪，直到發現了空降消防這一行。二十七歲時，在健康出了問題之後，他創辦了自己的團隊，並建立了一種以尊重和卓越爲中心的文化。對他來說，這一切都得來不易，也絕非自然而然，而這正是爲什麼我想來這裡。「你不是天生好手，這反而是好事，」湯姆說，「我看到了你的意志力，也深懷敬意。」

幾天後的五月初，我們集合起來進行模擬演習。我們穿上了防護裝備，其中包括克維拉跳傘裝及帶有面部格柵的頭盔，然後走向機場。第一次跳傘訂於隔天早上，時間取決於天氣，教官們要我們到時擠進一架「DHC-6雙水獺」運輸機，這是消防隊擁有的兩架飛機中較小的一架。模擬演習的目的，是讓我們熟悉飛機，以及在什麼時候把引張帶接上哪個位置。

迎接我們的那架飛機看起來歷史悠久。登機時航空燃油的味道沿著走道飄散，鑽進我的鼻竇，坐下時，這種氣味激起了我內心的某種東西。我的脈搏加快，皮膚因期待而起雞皮疙瘩，但這只是一次模擬訓練。聽取簡報後，我們下了飛機，上了一輛卡車。就在這時，教官要我們再做一次。我重新登上飛機時，意識到這不是另一次演習，然後發現飛行員正朝著駕駛艙門走去，他們打算毫無預警直接帶我們飛上天際。我們一坐下，飛行員就啓動了螺旋槳，沒有給我們任何時間思考或退出。兩分鐘後，我們爬升至一千五百呎的高度，抵達預定高度後，觀測員扔出紙飄帶來估算風速。他指著空降區時，我看著紙飄帶在熱氣流中展開。

這天天空蔚藍，風勢不強，大概只有三到五節，飛機繞大圈飛行著。我們一一站起，走到引張帶旁，屈膝跪地，扣上扣環。

我是最後一批跳的人之一，當我將插銷插進引張帶將其固定時，內心感到平靜，儘管有些不確定。「見眞章的時候到了。」我心想，「我將在這裡斷腿、夢想破滅。」這是顯而易見的事實，但我很欣慰，因爲終究走到了這一步，至少我能跳一次。如果這是我的第一次也是最後一次，最好跳得精采萬分。觀測員告知我風向，指出了空降區，並列出了危險的因素。飛機朝我出口的方向傾斜，我發出跳傘請求。

「請求跳傘許可！」這時以九十節的速度飛行，但我把一條腿伸出敞開的艙門時，脈搏出奇地平穩。

「準備好。」他說。儘管天氣寒冷，我的脖子後面卻汗水直流，感覺時間大幅度放慢，直到觀測員拍打我背部的那一刻。

「一秒鐘！」我大喊一聲，用雙手把自己拉出門外，十四年來第一次用引張帶把自己拋向天空。「兩秒鐘，三秒鐘，四秒鐘！」使用引張帶跳傘時不需要拉繩（除非你要打開備用傘），只過了大約五秒鐘，我的傘衣就以猛烈的拉力打開了。「檢查傘！」

我抬起頭，檢查傘衣是否破損或扭曲。我的傘繩有輕微扭曲，但我知道這個問題如何解決，拉動了組帶，像騎自行車一樣踢打雙腿，眨眼間就使傘繩恢復了平穩。降落傘被空氣灌滿，下降速度再次放慢。

降落傘駕馭起來就像一艘駁船，向左或向右拉時，感覺到一種令人毛骨悚然的延遲，但我妥善地判讀了風向，以每秒十七呎半的速度下降時，穿梭於風中。這種速度感覺挺快的，因爲地面迅速迎面而來，但我沒有往下看。我保持穩定，眼睛注視前方，以併攏的雙腳和膝蓋觸及地面。向右翻滾時，感到左脛骨一陣劇痛，但這種疼痛並沒有持續太久。

我的腿沒斷！

一名教官跑來，氣喘吁吁，而且顯然對我有些佩服。他給了我一些建議，拉了我起來，當我站起時，發現自己沒辦法收起臉上的微笑。這也不是哥金斯那種猙獰的微笑，而是開心、自然，而且辛苦爭取而來。

接下來的兩週，隨著我們不斷跳傘，空降區的面積變得越來越小，指定的著陸點不再是開闊的田野，只有樹林裡的一片小草皮。許多樹木都遭到甲蟲蹂躪，但那些樹幹仍如哨兵般聳立，就像一片殭屍森林。從空中看去，就像一根根尖刺。那些樹並不是唯一的危險，附近還有巨石、河流、湖泊、沼澤、倒下的樹木及帶刺的灌木叢，很多活生生的常青植物也等著抓住我們。在大多數的跳躍中，

我之所以笑得出來，是因為我原本以為那條腿鐵定會斷掉！
（攝影：格雷格．瓊斯）

總是會有哪個同學被卡在高處，有個人被卡在九十呎高的針葉樹頂部，但它幾乎支撐不住他的體重。他很幸運及時脫身，因為降落傘一旦失去空氣支撐就毫無用處，他可能會摔死。

有時我們很難從飛機上認出空降區，風向也總是變幻莫測。觀測員提供的風向情報通常只在幾分鐘內有效，所以如果你不是第一批跳的人，必須在九十秒的墜落途中判讀風向。而在我尋找教官布置的橘色X記號時，風向的問題使得「如何避開每一個危險因素」變得更加困難。

雖然我從來沒有卡在樹上過，但曾在一次跳傘時肩膀擦撞到一棵樹，曾被變幻的風向轉動了身體，又重又快地落地。這讓教官們虛驚一場，但我很高興這種事有發生，因為我的腿再一次吸收了衝擊力，從那時起，我確信我的腿沒問題了。

我的身體正在恢復，身上大部分的瘀青已經消退，肋間肌肉也放鬆了。在新手訓練的最後幾天，我能自由而清澈地呼吸，一切對我來說都放慢了節奏。我能正確地判讀風向，更加自信地駕馭降落傘，很早就能接近降落點，並精確地落在上頭。

畢業那天沒有什麼盛況和特別慶祝，而這再次表示我來對了地方。幾個教官說了幾句話，然後把制服遞給我們，就這樣。除了一個人之外，班上其他人都順利畢了業，這說明了我們班有多堅強，作為一個團隊有多團結。蠻牛顯得興奮難耐，鬥牛犬眉飛色舞，她從沒辦法從二十呎高的平臺上往下跳，成長為我們班上最頂尖的跳傘員之一。

我也為自己感到自豪，因為那場讓我的消防員夢想變成不可能任務的手術，只不過是十個半月前的事。我付出了所有的耐力、決心和信念才做到了這一點。雖然我做到了，雖然為此感到滿足，但我確實年紀大了，做了夠多的艱難工作，因此知道一些身旁的快樂年輕菜鳥們不知道的事：真正困難的才剛要開始。

我已經目睹過這種工作是多麼危險而嚴肅。每一次跳傘都是高風險，雖然面對了高度的挑戰，但我們目前為止所做的一切，都只是在新手村裡。在訓練中，你可能會錯過降落點，可能會卡在樹上；而現在，我們正式成為空降消防員，必須確保每一個細節都做得妥善。發生火災時，沒有時間慢慢從樹上脫身，或徒步走出灌木叢來尋找等待你的隊員們。畢業的當天下午，所有新人都笑容滿面，我則是專注於即將到來的戰鬥。

這種「總是在尋找下一個任務」的心態是經驗的產物，而不僅僅是軍事經驗。我這輩子一直在發現、發展、完善並適應這種心態。許多人看到我接受新的挑戰時，會懷疑地竊笑或譏笑，好像在問：「怎麼會有人做這種事？」言下之意就是，我這麼做是爲了引起注意，爲了獲得更多「幹得好啊，孩子」的讚美，或爲了薪水。我操！在你認識我之前，我曾是幼童軍、威貝樂士童軍和童子軍。在你認識我之前，我曾加入「美國民間航空巡邏隊」，曾在預備役軍官訓練團中服役，然後我加入了空軍、海軍。我去了遊騎兵學校，去了三角洲選拔。現在，我是一名北方和平空降消防員，在卑詩省北部的一個偏遠機場執行任務。你以爲這些挑戰會哪天就隨隨便便結束？我再說一次：老子他媽就是這種人！

那個人為什麼不能是你？

一路上的幾乎每一站，我這種外貌的人向來很少。我不是第一個黑人海豹戰士，也不是第一個黑人空降消防員。早在一九四〇年代，就有一支名爲「五五五」的黑人空降消防隊在美國西部撲滅森林大火，不幸的是，他們的貢獻並未得到充分宣傳，基本上已被遺忘。如今，在北美任何地方都很難看到黑人撲滅野火。

但無論你來自哪裡或長什麼樣，我們都會受到所謂「固定的社會界線」的阻礙，無論你是什麼性別、文化、宗教或年齡，有些事情是你被告知「不是你這個群體該觸碰的」。

這就是爲什麼每個家庭、社區、文化、國家和世代都必須有人打破陳規，改變他人對社會及自己社會地位的看法。必須有人願意成爲異類，成爲一個野蠻人，看到那些不斷試著將我們封閉並分裂的牆壁和障礙，然後一再打破它們，方法是向每個人展示「什麼是可能做到的」。必須有人表現出何謂偉大，讓身邊的每個人都開始以跳脫框架的方式思考。

那個人爲什麼不能是你？

成功之路很少是直線，對我來說，更像迷宮。很多時候，當我以爲終於破解了密碼，弄清楚一切，並找到通往勝利的直線道路時，我就會碰壁或迷路。當這種情況發生時，有兩個選擇：可以繼續陷於困境中，但也可以重整旗鼓，退後幾步，再試一次。

進化就是從這裡開始。一次又一次地碰壁，會讓你變得堅強而迅捷。在沒有任何保證的情況下退後幾步，制定新計畫，將提高你的狀態意識，並培養你解決問題的能力和耐力。它會迫使你去適應。當這種情況在多年裡發生數百次時，你的身心都會疲憊不堪，幾乎不可能對自己或未來抱持信心。很多人就是在這時候放棄了信念，在安慰、後悔或遺憾的漩渦中打轉，也許大聲疾呼自己是受害者，也不再尋找走出迷宮的出路。其他人則保持信心並找到出路，但希望永遠不會再陷入這樣的陷阱，結果磨練和發展出來的那些技能就此荒廢，他們失去了鋒芒。

我總是在尋找另一個錯綜複雜的迷宮來迷失其中，因爲我就是在那種地方找到自己。平坦的成功之路，對我這種野蠻人來說毫無用處。那種路聽起來或許理想，但無法考驗我們，它不需要你抱持信心，所以永遠無法讓我們變得偉大。**我們每個人都是以不同的方式建立信念，我在健身房度過無數個小時，做了數千次舉重，跑步和騎車的距離漫長得誇張，這麼做就是爲了培養信念。**不管你怎麼想，我並不認爲自己是超馬運動員，因爲那些比賽並沒有定義我是誰，只是工具。每一項比賽都爲我帶來了大量的信心，所以當我像一個崩潰的野蠻人一樣陷入人生的迷宮時，我依然相信我有能力實現那些不合理的目標，像是在四十七歲時成爲空降消防員，無論這個社會或那位好醫生怎麼說。

我不是說必須跑個一、兩百哩，才能相信自己有能力達成想要的成就。長跑是我必須做的，爲了擺脫經歷過的深沉黑暗，也因爲我的雄心壯志就是那麼龐大。但如果你失去了信念，那你確實需要把它找回來。無論你需要做什麼，只要它能讓你相信自己有能力實現夢想，那就必須去做。而且記住，**你的偉大並不是**

和任何成果掛鉤，而是你有勇氣去嘗試。

有一天，風起雲湧，雷雲席捲卑詩省北部時，我的團隊是待命的四個小隊之一。上午十點左右，我們在麥肯齊的外圍基地，接到電話說發生了雷擊，納爾遜堡外發生了三英畝的火災。雖然我已經完成了新手訓練，但在跳進第一場火災之前，還不算是正式的消防員，而我即將接受火之洗禮。我們這支三人團隊和其他三個小隊跳上了DC-3運輸機（一架翻新的二戰古董），帶著足以撲滅大火的消防裝備，以及兩天的食物和水。

我們飛了九十分鐘，直到抵達滾滾黑煙之地，在一千五百呎的高度水平飛行。紙飄帶飛舞，觀測員指出一條雜草叢生的管道迴廊，寬度不超過二十呎，距離火災場大約四分之一哩，那就是我們的空降區。觀測員跪在敞開的艙門口，在螺旋槳的轟鳴聲中大聲喊出風向和危險因素。「收到。」我心想。

「請求跳傘許可！」我喊道。

飛機震顫搖晃，吵雜得我幾乎聽不到自己思考。我的心跳加速，腎上腺素如潮水般湧遍全身。我扣上引張帶，走到艙門口，用雙手抓住門外邊緣，然後把自己拋進天空，正好看到一名隊友的降落傘在我下方一百五十呎處綻放。我的降落傘一打開，螺旋槳的轟隆聲和風的狂野嘶吼就融化成平靜的低語。我低下頭，找到了空降區，辨識出所有危險地形，並看到了火災的全貌。危險無所不在，我眼中卻只有美景。

我的身體已經連續八年讓我失望。原本有十幾次想放棄，很多深夜和清晨，我腦子裡的自我懷疑比那架DC-3運輸機還要大聲。我不得不和那份自我懷疑一起坐下來，凝視它，而且通常找不到答案。我沒有充分理由認爲我能做到，因爲我總是出於各式各樣的原因而達不到要求。克服在心中累積的自我懷疑會比較容易，但當你知道自己已經失敗了不只一次，而且成功的機率很低時，克服自我懷疑就會變得更加困難。但因爲我的生活方式，也多虧了我努力培養的心態，我有足夠的信心讓自己再試一次。

我這輩子沒有哪一次是初次嘗試就成功。我花了三次才完成海豹部隊的訓練，考了五次軍職性向測驗才及格，失敗了兩次才終於打破「二十四小時內最多次引體向上」的金氏世界紀錄。但後來，「失敗」對我來說早已沒有任何影響力，當我設定一個不合理的目標而且達不到時，我甚至不再將其視爲失敗，那只是我的第一次、第二次、第三次或第十次嘗試，這就是信念帶給你的效果。它將「失敗」從方程式中徹底移除，因爲你知道這個過程將漫長而艱鉅，而我們就是喜歡做漫長而艱鉅之事。

我眞希望能更充分地表達在四十七歲時不顧醫生勸阻、跳傘進入野火是什麼感受，我發現這種感覺幾乎無法形容。我只能說，希望你和其他人有一天都能有這種感受，因爲**克服所有障礙並突破你能力的極限，這就是巔峰**。在那些轉瞬即逝的罕見時刻，當無限的可能與榮耀如潮水般向你湧來時，人們對你做過的一切或擺在你面前的一切——所有的擊倒、崩潰、傷害和每一絲痛苦、懷疑和羞辱——都他媽的值得了。但實現這一目標的唯一方法，是不斷追求卓越，並永遠願意再試一次。

我並沒有必要成爲世上最硬的硬漢，但這成了我的目標，因爲我知道這會激發出最好的自己。這就是這個一團亂的世界需要我們每個人做到的：**進化成最好的自己**。這是一個不斷變化的目標，也不是只做一次就行的任務。這是對更多知識、更多勇氣、更多謙遜和更多信念的畢生追求。因爲當你鼓起力量和紀律去那樣過日子時，唯一限制你視野的，就是你自己。

二〇二二年六月，跳入G90317火災。

該季的第二次跳傘滅火任務。

致謝

感謝**珍妮佛·綺希**：妳總是盡一切努力幫助我達到極限，陪伴我度過一些最困難的時期。感謝妳總是對我伸出那隻穩定的手，妳重新定義了何謂「同甘共苦」。

亞當·斯科尼克：感謝你每天都以開放的心態和態度，來設定對很多人來說不可能實現的新標準，這本書將流傳千古。

賈桂琳·加德納：媽，一如既往，我的感謝只有妳才能眞正理解。我眞希望他現在能看到我們！我和妳都沒變成他說的那兩種人。

安卓亞斯·戈莫爾醫師：由於你的工作，我的人生將會寫下更多的篇章。它總有一天會結束，但不是今天。

傑文·麥克米克和Scribe Media：傑文，在這個到處都有打著小算盤小人的世界上，我感謝你和你的團隊保持正直。你們總是照顧每一位客戶，而不是利用他們。你們所做的傑出工作乃是首屈一指。

喬・羅根：你多年來的友誼和支持對我意義重大。這顯示你是什麼樣的人，不僅相信每個人都能成功，也盡你的一份力量來幫助他人實現這一目標。願意做出這種事的人，需要罕見的信心和安全感的結合。

「巨石」德威恩・強森：說到大明星，你就是其他人需要效仿的榜樣。你的謙遜充分說明了你的性格。對你這塊巨石說聲「繼續當個硬漢」，眞的是白費口水。那我就對你說聲：「繼續當個眞漢子，巨石強森！」

湯姆・萊因博特：你在一個人們經常忘了謙卑的世界，創造了一種特殊的文化。你所建立的環境，不僅教導領導者如何領導，也教導他們如何跟隨。

Eurasian Publishing Group
圓神出版事業機構
方智出版社
Fine Press
www.booklife.com.tw reader@mail.eurasian.com.tw
自信人生 198

我，沒有極限：解除心智枷鎖，戰勝內在自我

作　　者／大衛・哥金斯（David Goggins）
譯　　者／甘鎮隴
發 行 人／簡志忠
出 版 者／方智出版社股份有限公司
地　　址／臺北市南京東路四段50號6樓之1
電　　話／（02）2579-6600・2579-8800・2570-3939
傳　　真／（02）2579-0338・2577-3220・2570-3636
副 社 長／陳秋月
副總編輯／賴良珠
資深主編／黃淑雲
責任編輯／林振宏
校　　對／林振宏・溫芳蘭
美術編輯／林雅錚
行銷企畫／陳禹伶・陳衍帆
印務統籌／劉鳳剛・高榮祥
監　　印／高榮祥
排　　版／杜易蓉
經 銷 商／叩應股份有限公司
郵撥帳號／18707239
法律顧問／圓神出版事業機構法律顧問　蕭雄淋律師
印　　刷／祥峰印刷廠
2025年7月 初版
2025年8月 4刷
Never Finished: Unshackle Your Mind and Win the War Within

定價480元　ISBN 978-986-175-849-7

我們最深的弱點，往往可能成爲最強大的武器。
力量始終在你手上，你只是需要親身體會這個眞理。

——《與眾不同，更有力量》

國家圖書館出版品預行編目資料

我，沒有極限：解除心智枷鎖，戰勝內在自我／大衛．哥金斯（David Goggins）著；
甘鎮隴 譯 .-- 初版 .-- 台北市：方智出版社股份有限公司，2025.7
368 面；14.8×20.8 公分 --（自信人生；198）
譯自： Never Finished: Unshackle Your Mind and Win the War Within
ISBN 978-986-175-849-7（平裝）

1.CST：哥金斯（Goggins, David, 1975-）　2.CST：自我實現　3.CST：成功法

177.2　　114005256